《话说阮元》编委会

话说阮元

曹永森 主编

中国人民政治协商会议扬州市广陵区委员会
中共扬州市广陵区纪律检查委员会
编

广陵书社

图书在版编目（ＣＩＰ）数据

话说阮元 / 中国人民政治协商会议扬州市广陵区委员会，中共扬州市广陵区纪律检查委员会编；曹永森主编. -- 扬州：广陵书社，2023.12
ISBN 978-7-5554-2148-1

Ⅰ．①话… Ⅱ．①中… ②中… ③曹… Ⅲ．①阮元（1764-1849）－生平事迹 Ⅳ．①K827=52

中国国家版本馆CIP数据核字(2023)第225295号

书 　名	话说阮元
编 　者	中国人民政治协商会议扬州市广陵区委员会
	中共扬州市广陵区纪律检查委员会
主 　编	曹永森
责任编辑	金　晶
出 版 人	曾学文
出版发行	广陵书社
	扬州市四望亭路 2-4 号　　　邮编　225001
	（0514）85228081（总编办）　85228088（发行部）
	http://www.yzglpub.com　　E-mail：yzglss@163.com
印 　刷	扬州皓宇图文印刷有限公司
开 　本	720毫米×1020毫米　1/16
印 　张	17.5
字 　数	260千字
版 　次	2023年12月第1版
印 　次	2023年12月第1次印刷
标准书号	ISBN 978-7-5554-2148-1
定 　价	98.00元

序 一

阮元是一位集"要位、成就、楷模"于一体的扬州先贤，2024年是他260周年诞辰。为纪念地方先贤，弘扬优秀传统文化，发挥"存史、资政、团结、育人"的重要作用，促进廉政文化建设，广陵区政协、广陵区纪委共同组织编写了《话说阮元》一书，以期借助先贤的影响力，进一步提高人们的精神文化素质，促进社会的全面进步。

习近平总书记指出："要治理好今天的中国，需要对我国历史和传统文化有深入了解，也需要对我国古代治国理政的探索和智慧进行积极总结。"我们研究阮元，正是要从阮元的生平和业绩中汲取经验和智慧，用于当下的社会治理和文化建设，这是我们今天纪念和研究阮元的意义与价值所在。

多年来，社会各界对阮元进行了广泛深入的研究，积累了丰富的资料，特别是在阮元的成就与风范方面，取得了丰硕的成果，概括来说有以下三个方面：一是他为官从政"力持大体"；二是他研经治学"经世致用"；三是他为人处世"有守有为"。换句话说，我们今人一是要学习阮元如何"从政"，二是要学习阮元如何"治学"，三是要学习阮元如何"做人"。

阮元生活的年代，是中国最后一个封建王朝由鼎盛走向衰落的时代，政局危殆，世风日下，社会矛盾日益加深。作为名冠当世的朝廷重臣,阮元一生都尽心尽力,及时处理了许多事关全局的重大事件,既革故鼎新,匡时济世,又严于律己,洁身自好。乾隆皇帝夸奖他"明白老实",嘉庆皇帝称誉他"有守有为、清俭持躬",文士颂扬他"水清沙自洁,官贤弊自绝",湖北民众为他供奉"长生牌",浙江士绅为他建造"阮公祠"。所有这些,都是社会对他的褒赞,是历史对他的肯定。当然,历史人物无法脱离其所在的历史时空,我们也要认识到阮元作为封建官员有其不可避免的局限性。

阮元给我们的启迪是多方面的,首要的是他的为人秉性——"明白老实"。他的"明白",是世事的洞明;他的"老实",是人格的崇高。阮元既为高官,又能博学,正是基于他的"明白"和"老实"。阮元把做官与做学问结为一体,做到了"仕与学合",即:对待做官,像做学问那样缜密严谨;对待学问,像做官那样经世济用。

更重要的启迪是他的精神境界——"沉其气,正其志,直其体"。阮元治政理事,基于他的博学长才,而他的大德厚望,又成就了他的伟者风范,阮元用毕生的言行实践了他提倡的"正理求仁"。阮元的学和用是知行合一的,二者的深度结合,使得华夏民族多了一位政坛功臣,多了一位学界泰斗,多了一位坊间圣贤。

我们今天纪念阮元,不是发思古之幽情,而是要在纪念这位先贤的同时,学习他的为政之本、为文之道和为人之德,学习他的"立身""事亲""留名",为家尽责,为民尽力,为国尽心。

"铁石梅花清气概,山川香草自风流。"阮元,是扬州城的骄傲,是扬州人的典范。

《话说阮元》编委会

2023 年 10 月

序 二

我是先祖阮元的五世孙。

扬州市广陵区政协主席王峰先生和扬州学人、扬州市文联原主席曹永森先生商请我为新作《话说阮元》写一个序,我欣然同意了。

我曾师从有"诗情画意,同济瑰宝"之誉的陈从周先生从事古城保护和规划的工作,几十年来,走遍了祖国的大江南北,并与山西的平遥、云南的丽江、江苏的周庄结下了深厚的情缘。扬州是我的故乡,曾留有我儿时的脚印和记忆。遗憾的是对先祖阮元学术的研究比较少,仅是参加过我侄锡安组织召开的几次阮元学术思想研讨会和纪念先祖阮元诞辰日活动。但是对推进先祖阮元研究的问题,却时常萦绕在我的心中:他对经学思想研究的高深造诣,对历史文化遗产的倾心保护,对诗词歌赋的浓厚兴趣,对金石之学的执着爱好,对兴办书院的创新热情,对教育思想及实践的独到贡献,对科技史的关注并产生的深远影响,以及他豁达开明,正确处理师生之间关系的高超艺术等等,都值得很好地学习和研究。

自上世纪八十年代以来,国内外出版的各类阮元研究著作有百种之多,其中有篇幅宏大、内容丰富、资料详实、考证允当的《阮元年谱》;有趣谈生活、尊重史实、排比生平、人物鲜活的

《阮元传》和《清中叶学者大臣阮元生平与时代》；有评论功过、辩证分析、阐发已见、披沙拣金的《阮元评传》；有专攻学术、系统研究、见解独到、逻辑严密的《阮元思想研究》《阮元书学思想研究》和《阮元与小学》；也有搜集逸事、生动有趣、参证史料、精心采编的《阮元诗书画印选》等，各类著作，各抒胸臆，各尽所说，各展所长，勾勒出阮元通儒达士的大家形象。

阮元是清朝中后期有影响的人物，距离我们并不遥远。每当我们在翻检清典时，就会在眼前闪现出他那脸庞清晰、充满睿智的鲜明身影；每当我们在爬梳史料时，就会在心中浮现出他那可亲可敬、受人景仰的先贤风采；每当我们在撰述史论时，就会在耳畔响起他的"实事求是，推明古训"的教诲之声……但由于种种原因，现在的人们已经不太了解他了，甚至淡忘他了，特别是他官高位尊的"三朝阁老，九省疆臣"之衔，掩隐了他"士林山斗，一代文宗"的道道光环。所以不少学者是一边怀着景仰之心，一边念着惋惜之情来讴歌、怀念历史上充满睿智的阮元。

由扬州市广陵区政协牵头、广陵区纪委参与，曹永森先生主持撰写的《话说阮元》一书，用雅俗共赏的语言、脍炙人口的故事，赞颂了阮元为政清明的才略功绩、为学勤勉的通儒风范、为人宽宥的先贤形象，不失为一本启迪心智又富有教育意义的普及读物。值先祖诞辰 260 周年之际，本书的出版无疑是一份精心的贺礼！

2023 年 12 月

序 三

　　阮元（1764—1849），字伯元，号芸台，又号雷塘庵主、擘经老人等，江苏扬州甘泉（今邗江区）公道人，占籍仪征，居郡城（今广陵区）。阮元青年早达，历官清代乾、嘉、道三朝，在清代中叶的政治舞台上活跃了半个世纪。他先后充礼、兵、户、工部侍郎，外放山东、浙江学政，浙江、江西、河南巡抚，漕运、两湖、两广、云贵总督，拜体仁阁大学士，加太子太保、太傅衔，有"三朝阁老，九省疆臣"之赞誉。

　　阮元政绩非凡，是中国督抚大员中以实际行动禁鸦片的第一人。他以卓越的军事才能，剿灭猖獗于东南沿海的海盗，为嘉庆朝军事上的显绩。作为清朝中后期社会改革的先行者，阮元在教育思想和教育实践的改革，选拔实用人才，改革用人制度，经济财赋管理的兴利除弊，吏治的整顿，军队组织和建制的改革等方面，作出重大贡献。他是开近代实学学风，推行新理学道德哲学和哲学转型的社会学的倡导者，主张汉宋持平、今古文经学兼采、中西学汇通，走通经致用、经世致用的道路。

　　阮元在思想建设、政治措施、盐政、漕政、河政、荒政、对外贸易、农田水利工程等事功，皆取得辉煌的实绩。他还是一位大学问家，凡经学、金石学、史学、文学、天文历算学等，无不涉猎，穷极隐微，有所发明。每到一地，他以启迪学风、弘扬文化为己任。清代学术首推乾嘉学派，为中国儒学四大学术流派之一。肇始于惠栋为领袖的吴派，得其专；昌盛于戴震为领袖的皖派，得其精；宏大于阮元为领袖的扬派，得其通。阮元研究名物制度，自出机杼，又善于归纳，能融会贯通；以通经致用为目的，结合社会实践，由经学而旁及其他学科，关注国计民生；又以高瞻远瞩、雄才大略之卓识，位尊学界山斗五十年，成为扬州学派的领袖、乾嘉学派的集大成者。

道光二十九年（1849），阮元以八十六岁高寿辞世。道光帝未及颁发祭文、碑文，于次年正月十四日驾崩。咸丰帝登基，三月十六日翰林院奉谕奏拟阮元的祭文、碑文。祭文中极尽表彰，誉其为"一代完人"。至于门生故吏、亲朋乡邻登门吊唁者络绎不绝，哀荣莫大矣！

20世纪以来，随着清史研究的展开，阮元受到学者的特别关注，各个领域的研究及成果日见日多。在文献整理方面，阮元主持编纂刊刻的典籍，如《十三经注疏校勘记》《经籍籑诂》《皇清经解》《宛委别藏》《儒林传稿》《广东通志》《云南通志稿》《山左金石志》《两浙金石志》等，相继影印行世；个人著述，如《揅经室集》《畴人传》《石渠随笔》等，也出版了点校整理本。在学术研究方面，专著如王章涛《阮元传》、李成良《阮元思想研究》、陈东辉《阮元与小学》、王章涛《阮元评传》、郭明道《阮元评传》、杨锦富《阮元之经学研究》、陈居渊《焦循阮元评传》、戚学民《阮元〈儒林传稿〉研究》、金丹《阮元书学研究》、钟玉发《阮元学术思想研究》、林久贵《阮元经学研究》等陆续出版，相关论文不胜枚举。此外，《阮元年谱》、新编《阮元年谱》的出版，也都为阮元研究的开展提供了重要的资料依据。

自20世纪80年代以来，阮元故里扬州地方政府和学界，为推动地域文化的研究,做了大量的工作。扬州市有关部门也以弘扬传统学术文化为己任,成立"扬州学派研究会",扬州社科院设置"阮元文化研究所",广陵区政府创立"阮元文化研究中心",组织编撰《扬州学派丛书》《阮元文化研究专辑》及阮元研究专著,扩大了阮元与扬州学派在学术界以及海内外的影响。扬州市政府又投入巨资,新辟阮元文化广场,修复阮元家庙、雷塘阮氏墓园。这些举措,扩大了阮元的影响,极大地推动阮元以及扬州学术文化的研究。

广陵区政协、广陵区纪委为弘扬传统文化,促进廉政文化建设,组织编写《话说阮元》。我通读了全书,深刻地感觉到此书在学术界与民众之间架起了一座桥梁,将艰深的学术话题通俗化,为非专业研究者、文史爱好者,乃至百姓大众深入了解阮元打开了大门。

《话说阮元》分为六章三十六节,每一章讲述一个主题,每一节讲述一个或一组较为完整的事项和事迹,章节之间相对独立,但承上启下,互有关联,可谓之"化整为零,积零成整",适应大众的阅读兴趣和习惯。

论及《话说阮元》的特色,可归纳如下:

一、通俗易懂,语言简洁明了。阮元宦历五十年、十三省,由中央近臣到地方大吏,由教育官员到行政官员,由封疆大吏复入皇城中枢,事迹不胜枚举,而该书能以精简的文字,基本上勾勒出阮元的生平和伟绩。

二、以独特的视角、丰富的资料、详实的论据,从受众的角度出发,抓住重点,易深入人心。

三、此书为多人合作,容易出现风格有异,用力不均的状况,所幸撰者多为扬州当地名教授、名学者,兼及多次讨论,均衡意见，更有主编曹永森先生认真统稿，全书各章节衔接自然流畅。

四、部分章节融入一些民间故事，增添了文本的趣味性，更接地气。书中呈现出的阮元形象不是刻板、僵化的，而是有血有肉、为政为学为民的良吏、学者形象。

屈指算来，明年年初将迎来第三届十年一次的阮元重大诞辰纪念活动——260 周年祭。应时代需要，呈景中万象，《话说阮元》的出版问世，无疑是献给纪念活动的最佳纪念品。

阮元及以其为领袖的扬州学派是扬州学术巅峰的代表、扬州文化精彩的成分、扬州非物质文化遗产宝贵的财富。阮元及阮元名下蕴涵的精神和物质层面的宝藏，都应本着"古为今用"的原则发扬光大。

将学术著作改写成通俗易懂的内容，将刻板的话题演变成鲜活灵动的话语，《话说阮元》作出样板，气象为之一新。此举于推动文化传播，功莫大焉！

2023 年 10 月 8 日寒露节

目　录

第一章　勤学奋进出茅庐

　　阮元出生在扬州城西白瓦巷。祖父是武官,但为官清贫;父亲没有功名,又不善经营。阮元小时候家境并不宽裕,祖宅变卖,多次搬家,但他从小受到较好的家教,母亲教他读古文,教他学作诗。六岁上学后,母亲不断督促他读书学习,规范他的交友行为,并克服经济困难,为他选择较好的老师。

　　阮元科举进阶的第一步,是在仪征县学就读。在这里,阮元有好心县吏的帮助,有幼年同学的陪伴,有同秀才、同举人、同进士的"三同好友"。他对寄宿的仪征资福寺有深刻的印象,对仪征县学充满了感情,日后多次捐资捐物,回报母校。八十一岁高龄时,再返县学,故地重游。

　　阮元参加乡试,顺利中举,随后赴京应考。经过几年的努力,终于考中进士;成为翰林院庶吉士;不到三年即升任正三品的詹事府詹事;两年后出任山东学政。在参加科举的过程中,阮元还结交了凌廷堪、钱大昕等学界师友,开始从事学术活动,校勘了《大戴礼记》、太学《石经》,撰写了《考工记车制图解》,辑成了《石渠宝笈续编》,为他日后在更广阔的天地里施展才华打下了坚实的基础。

雷塘盦主小像（选自《大雅芸台》，广陵书社2015年版）

第一节　科甲门第　家教启蒙

清乾隆二十九年（1764）正月二十日子时，扬州城西门白瓦巷一户居民的家中传出婴儿的啼哭声，一个男婴呱呱落地了。

他就是日后历经乾隆、嘉庆、道光三朝，在政治、经济、文化等方面做出重大贡献的"三朝阁老、九省疆臣"阮元。

阮元出生时，父亲阮承信（号湘圃）已经三十一岁，在那个时代，算是"高龄得子"。阮承信有块心病，常常萦绕心头：他有弟兄四人，可是二哥、三哥皆早夭，大哥虽早已迎娶李氏，至今未有子嗣；自己三十出头了，妻子林氏过门多年，也未生育，故而非常着急。阮承信夫妇曾长途跋涉，到泰山求子，拜谒碧霞元君，也常在家中祈求观音菩萨。如今得了子，对泰山碧霞元君和观音菩萨自然是感激不尽。乾隆五十九年（1794）五月十五日，三十一岁的阮元任山东学政，在泰安按试期间，想到父母求子一事，还专程登上泰山，拜谒碧霞元君，并作《泰山碧霞元君庙》诗一首，以示纪念。

阮元出生时，家庭并不富裕，甚至因缴不起高额房租，常常搬家。两岁时，全家离开了出生地白瓦巷，搬到"府门之西南"；四岁时，房子漏雨，"屋壁倾坏，家中书籍湿烂殆尽"；五岁时，举家迁居到新城花园巷；九岁时，又搬家到新城弥陀寺巷；十三岁时，又搬回花园巷；十八岁时再次搬到古家巷。因父亲阮承信远在湖北汉阳，搬家之事都是母亲林氏操劳。最后一次搬家是乾隆四十六年（1781）六月二十四日，天气炎热，母亲林氏过劳中暑，于八月初二日不幸辞世,此事成为阮元挥之不去的心病。

白瓦巷的老宅是阮元的出生地,也是阮元祖父阮玉堂置下的家业。转手让给别人三十多年后的嘉庆八年(1803)六月、阮元四十岁之际,孔子七十三代长孙女、阮元夫人孔璐华,率侧室刘文如等,变卖了首饰,赎回了白瓦巷老宅,将其改造成海岱庵,请来僧尼,虔奉香火。除了供奉诸神外,海岱庵内殿堂东序还恭立阮元母亲林太夫人的牌位。孔璐华《海岱庵》诗云:"慈姑昔所居,我改海岱庵。夫子诞生处,思亲常忆谈。慈亲昔祷祀,一一修神龛。旁亦设亲主,焚香泪暗含。"诗后小注:"龛列碧霞元君、观世音菩萨、天后神位。"

阮元在为父母写的行状中说:"(乾隆)二十九年甲申(1764),府君年三十一,正月二十日,生不孝元于西门白瓦巷旧第之南宅,即今所建之海岱庵也。"阮元七世孙、仪征二中原副校长阮家鼎回忆:当年的海岱庵有住持一人,小女尼二人。住持与阮家素有往来,1949年前,每年临近春节,都要给阮家送来天竺果、蜡梅花各一束和四色腌制素菜。庵故址就在今淮海路扬大附中东偏北处,20世纪60年代,旧庵仍然可寻,当时附中学生称之为"小庵",做过教室,也摆放过杂物。

嘉庆十二年(1807)四月,阮元在扬州丁忧期间,将扬州西山陈集(今仪征市陈集镇)林氏旧宅的中宅,改建为天后宫,除供奉妈祖天后牌位外,西侧还供奉阮母林太夫人牌位。旧宅西部,改作外祖父母及诸位舅氏的宗祠。阮家鼎回忆:1967年,当时陈集公社的大院东侧陈集农行的空地上还有阮元题写的"天后宫"隶书石额一方,可惜天后宫今已不存,石额也在"文革"中被砸毁。

天后,民间称妈祖,是福建湄洲人,姓林名默,又称默娘,生于宋太祖建隆元年(960),死时二十八岁,"死而有神",是沿海民众航海的保护神。陈集林氏家族,原籍在福建,明代天启年间,为躲避倭寇,全家迁居到安徽凤阳,后又迁到扬州西山的陈集,自称是妈祖的后裔,而阮元又为什么要将陈集的林氏旧宅改建为天后宫呢?除了对母亲和外祖家的感恩外,还有一层原因,那就是阮元在浙江巡抚任上征剿安南海盗时,相传是在天后的庇佑下大获全胜的。

天后宫内原有一副对联:"灵感著闻天,宋代从姑传子姓;神威宣浙海,中年荡寇覆安南。"上联说陈集的林氏传承了妈祖的姓氏,下联是指阮元剿灭了安南海盗。扬州一带并不是妈祖信仰的流传地,这副对联从一个侧面佐证了天后宫的来历。

阮元的外祖父林廷和,字致中,号梅溪,乾隆十八年(1753)举人,官福建大田知县。林廷和有五个儿子,三子叫林闽(阮元三舅父),林闽的长子叫林述曾(阮元的表弟),曾在阮元的巡抚衙署做幕僚,后出任浙江武康知县。林述曾的长子林溥(阮元的表侄),字少紫,道光十七年(1837)举人,咸丰二年(1852)进士,曾任山东即墨、高阳、东平等县知县,纂修过《〔同治〕即墨县志》。林溥又撰有《扬州西山小志》,用竹枝词形式记载了以陈集为中心的扬州西山十三集的名胜古迹、人文逸事等,计有诗一百余首,每首诗后都有简要的文字解释,是了解道光、咸丰年间扬州西山一带风俗民情的重要资料。

《扬州西山小志》记载:陈集,又叫陈家集,原名大唐村,宋元时改名为孟家岗。明洪武二十九年(1396),陈琰授监察御史,巡按云南,官至陕西布政使,退休后居住在这里,死后葬在集镇东面的慈荫庵旁,故而此地叫作"陈御史集",简称"陈家集""陈集"。陈集是仪征后山区的大集镇,《扬州西山小志》赞曰:"西山自古擅风流,乔木森森榮戟修。甲第极多商贾盛,由来人说小扬州。"

阮元的母亲林氏就生长在这样的家庭和人文环境中。林氏幼年跟着在福建大田县任知县的父亲走南闯北,既喜爱看书学习,又喜欢游览自然山水。林氏还通书史、明古今,有时候还作诗,但文稿没有留存下来。二十五岁时,嫁给了阮承信。

林氏嫁到阮家后,侍奉婆母,照应小姑,言谈举止必遵礼法,街坊亲朋无不称赞。阮元五岁时,母亲林氏就开始教他识字。因为家贫,多次搬家。幼年的阮元不得不经常随同母亲住到西山陈集的外婆家,在"荻勤堂"书塾读书。

陈集中学校园内阮元雕塑

　　林氏对阮元的教育抓得很紧，六岁起就把阮元送到私塾上学，阮元在学习上遇到困难，林氏总是耐心地辅导，直到其弄通为止。

　　林氏并不满足塾师所教的四书五经，她拿出祖父林文琏选编的王维、孟浩然、高适、岑参四家诗，嘱咐阮元诵读。她还手书白居易的诗篇《燕诗示刘叟》等，讲授平仄、音韵、对偶等作诗之法。阮元曾说：我八九岁即能作诗，是母亲传授，并不是塾师教的。

　　阮元并不以诗人享名，但他一生有诗作千余首，二十八岁时因《眼镜》诗而受赏于乾隆皇帝，足见其作诗功力。2010年安徽省高考作文题，选用的就是阮元的《吴兴杂诗》之一："交流四水抱城斜，散作千溪遍万家。深处种菱浅种稻，不深不浅种荷花。"这首诗看起来用词直白，也没有引用什么典故，却是蕴含着因势利导、因人而异、取长补短、顺其自然的人生哲理，还被浙江省湖州市编入小学乡土教材，谱了曲，在师生之间传唱。

　　林氏常以"读书做官，当为翰林"激励阮元勤奋学习。当时江西铅山蒋士铨在扬州安定书院讲学,蒋士铨母亲与林氏过从甚密,林氏对阮元说,我要像蒋夫人那样教育你,让你也考上进士,进入翰林院。对阮元的品行教育,林氏也抓得特别紧,特别严。她希望阮元交往的都是良友益友,鼓励他结交诚实正直的人。随着阮元离开家门外出交游的时间越来越长,他的朋友圈也越扩越大。阮元每次从外面回来,林氏必反复诘问:"今日见何人?言何事?"并教导说:"某之言益者也,某之言损者也。尔某言是也,某言非也。"使得幼年的阮元就懂得正邪是非,懂得如何为人处世。

阮元的祖父阮玉堂,在阮元出生前五年即已去世。阮玉堂任苗疆九溪营游击期间,参与剿灭土匪。在进攻时,山路被阻断,阮玉堂探知有小路,攀藤越岭而入,不幸坠落,伤了膝盖。他不顾伤痛,包扎后继续战斗。攻克贼巢后,对方退踞南岭,派十几人前来乞降。阮玉堂认为他们是真心投降,就请示总督张广泗。张广泗说,如果贼人是诈降,你承担得了这个责任吗?阮玉堂说,愿以自己身家性命担保。张广泗还不放心,下令发了三炮,见众人没有炸窝奔逃,方才同意受降。又有一次,攻打敌阵,捕获了千余人,张广泗要全部杀掉。阮玉堂力请留人,使妇女和十六岁以下男子都获得了赦免。

阮元的父亲阮承信,虽然没有中武举,但骑射之术娴熟,能弯弓射箭。年少时好读书,喜读《春秋左传》《资治通鉴》,熟悉古今成败之事。虽然为了生计长年奔走于外地,但对阮元的成长十分关心。阮元九岁时,开始在老师乔椿龄处学习,阮承信利用经商回扬州的空隙时间,教授阮元骑射,使得阮元学到了在塾师处学不到的武艺。日后,阮元能骑善射,精于韬略,在浙江剿灭海匪,在云南镇守边疆,显示出非凡的军事才能,这些都是得力于父亲当年的传授。

阮元祖父、父亲的言行,给阮元树立了榜样。晚清著名学者陈康祺评价:我观察世家巨族,他们的子孙如果庸庸碌碌、无所作为,那么他们的先人一定没有什么祖德;如果子孙政绩显赫、学问有成,那么他们的先人一定是有德行积累。醴泉芝草,确有根源,阮元的父亲和祖父就是有德行的人,所以阮元才会这么发达。

第二节　转益多师　日益精进

阮氏家族世代以武功为业，阮元的高、曾、祖辈中有七人为武举人。然而，阮元自幼体弱，不适合从武，但他聪明好学，遂从文。

五岁时，母亲林氏就开始教他识字。经过一年多的启蒙，林氏认为阮元需要进一步接受正规教育，特地将他送到三姑父贾天凝的私塾。

贾天凝，一作"天宁"，字载清，仪征县学生员，屡考举人不中，故而绝意仕途，当塾师度日。贾天凝对阮元要求极严格，知道林氏已经教过《三字经》《千字文》等启蒙读物，便教授阮元《论语》《孟子》。刚六岁的阮元，面对严厉的塾师、深奥的课文，再加上他有口吃的毛病，读到《孟子》中《孟施舍之守气》等章节时，期期不能上口。老师的责备、同窗的嘲笑，使得自尊心极强的阮元闷闷不乐，回家后独自愤泣。林氏见状，没有责备儿子，她搬来小桌凳，对阮元说：你坐下，不要着急，我来教你，你跟着我慢慢地读。终于有一天，阮元豁然开朗，掌握了要领，诵读如流。

阮元学习很用功，遇到疑问总要追本穷源，问个水落石出。面对阮元，贾天凝常常是无言可对。尽管这位塾师十分喜欢勤学好问的侄儿，但他知道自己不能胜任。随后，贾天凝推荐阮元前往栗溥的私塾学习。栗溥，字受堂，江都诸生，文字记载的资料很少，阮元编撰的《淮海英灵集》收录了栗溥的《平山堂观梅》诗一首。

乾隆三十六年（1771），八岁的阮元改从五十二岁的扬州名儒胡廷森学习。这一年阮元已能作诗，常常摇头晃脑地朗诵自作诗，引得小朋友羡慕不已。有一次，胡廷森让学生指物赋诗，小阮元有"雾重疑山远，潮平觉岸低"的句子，让老先生拍案叫绝，说道：若不是即席赋诗，真怀疑他是抄袭得来的。

蒙学读物和四书五经都已经熟读领悟，胡廷森安排阮元学习《昭明文选》。《昭明义选》是我国现存最早的一部文学总集，收录了周代至六朝一百三十位知名作者和少数佚名作者的作品七百余篇，各种文体的代表作大致具备。隋唐间，扬州学人曹宪、李善，以教授《文选》誉满江淮，弟子无数。李善还以毕生精力撰成《文选注》六十卷，讲学于汴郑之间，传其业者号"文选学"。清乾嘉年间，扬州学人任大椿、汪中、王念孙等人，都精通《文选》。在这样的环境里，阮元受到熏陶，对《文选》倒背如流。

阮元曾自述：胡老先生对于吏事、政刑等，也很精通，我自幼从先生那里学到的知识很多。胡廷森教授阮元，虽只有短短的一年，但为阮元日后五十年的官宦生涯打下了良好的基础。

第二年，阮元家从扬州城南的花园巷移居到城北的百岁坊弥陀寺巷，离胡廷森家较远了，只好另找先生。巧的是附近北柳巷有一位名士方笠塘家中请了乔椿龄先生授学，所以贾天凝就携阮元拜乔椿龄为师。

乔椿龄，字书西，扬州甘泉人，是一个乡试屡试不中的老生员，为人刚直廉介，非义不受，身居陋室，枕席皆书。他受聘于方笠塘，教他的两个儿子方仕燮（小名七虎）和方仕㑊（小名八虎）。在方家，阮元跟着乔椿龄学习了五年。这五年，阮元很快乐，他与七虎、八虎年龄相近，又与他们的兄长方仕煌（字幼晖，小名三虎）相识，几个小朋友朝夕相处，情同手足。

乾隆五十八年（1793），阮元出任山东学政，他将乔椿龄延请到学政署作幕宾。第二年春，乔椿龄随阮元督学登州、青州，因操劳过度，不幸在青州试院病逝，享年四十三岁。阮元很伤心，到野外寻得一株古木，亲自为老师伐木为棺，挥泪祭奠。

道光二十一年(1841),方仕燮与方仕俀的堂兄弟方仕焕手持"扬州八怪"之一罗聘所绘的《方氏兄弟孝廉春风并辔图》,请阮元题识。时年七十八岁的阮元回忆起儿时与方氏兄弟相处的往事,欣然撰写了《罗两峰画方氏兄弟孝廉春风并辔图跋》一文,此文收录在《揅经室再续集》卷三中。文中说道:我六岁的时候,跟着姑父贾载清(贾天凝)先生学习,九岁时由花园巷迁居到百岁坊的弥陀寺巷。方笠塘先生本是贾先生弟子,乔书酉(乔椿龄)先生是笠塘先生的弟子。方先生的家在北柳巷,与百岁坊很近,书酉先生在笠塘先生家做老师,教导他的两个儿子方赞元(方仕燮,即七虎)和方月槎(方仕俀,即八虎)。贾先生命我也跟着乔先生学习。因为我和他们家相近,可谓是朝夕相处。二虎与我年龄相仿,相处得很好,就像亲兄弟一样。他们还经常到我家来玩,见到我母亲都尊敬有礼。笠塘先生当时是仪征县学的廪膳生,文章学问好、名气大。……我家后来又搬回花园巷,虽然在家读书,但与二虎兄弟还经常往来。我十六岁时参加仪征县学童子试,就是笠塘先生做的保。甲辰那一年(乾隆四十九年,1784),我与八虎弟一起考中了仪征县学。这篇跋文不长,但字里行间充满了阮元对童年时期的小伙伴的款款深情。

阮元十五岁时,开始参加仪征县学童子试。阮元出生在扬州郡城,从小生活、学习也是在扬州郡城,为什么要去仪征县学参加童子试,而不是就近在扬州郡城的江都县学或甘泉县学入学呢?那是因为阮元是仪征籍。根据科举制度规定,考生要原籍应试。

那么,阮元出生在扬州郡城,如何成为仪征籍呢?

我们从阮氏家族的迁徙过程可略知经过。扬州阮氏的祖先,可追溯到东汉末年陈留尉氏(今河南开封尉氏县)的建安七子之一阮瑀和他的儿子、竹林七贤之一的阮籍。南宋迁至江西清江县,元末"以武功显"。明初,朱元璋迁徙豪强,阮氏迁徙到苏北淮安。明神宗时,阮岩从淮安迁来扬州,这是扬州阮氏的一世祖。其后,代代繁衍,到阮元正是九代。

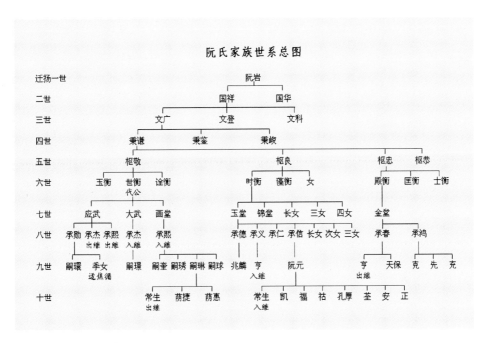

阮氏家族世系总图

明崇祯末年,清军压境,阮氏先祖离开扬州,到四十多里外的北湖公道桥定居。五世祖阮世衡(代公)于康熙二十九年(1690)在仪真白羊山购田地建墓庐,"衡置百亩,数楹墓庐,白洋山南,始尝祖业",二十年后为阮氏家族取得了仪征籍贯。最为幸运的是阮玉堂,这一年他刚刚十六岁,次年以仪征籍考中武举,随即迁居扬州郡城,从此阮氏大家族仍住北湖,而阮玉堂小家庭则在郡城扎根。阮元的仪征籍是承继他的父亲阮承信与祖父阮玉堂。故而《清史稿》说:"阮元,字伯元,江苏仪征人。"《清史列传》也说:"阮元,江苏仪征人。"《清代七百名人传》《清代学者象传》《同治续纂扬州府志》等都将阮元定籍为仪征。

十五岁的阮元在仪征应童子试,并未考中。此时父亲阮承信为生计所迫,跟着舅父江昉在汉阳打理盐务,阮元学业仍由母亲林氏督促。母亲意识到阮元落榜的原因是没有名师指点,又去找胡廷森。这一次,胡廷森向林氏推荐了进士李道南。

李道南（1712—1787），字景山，号晴山，江都人。乾隆三十六年（1771）进士，例选知县，不赴选，回乡教书，曾主讲泰州、通州、淮安书院。李道南的母亲临终前拉着李道南的手说：还是做读书先生吧！于是，李道南把自己开办的学堂定名为"还是读书堂"。乾隆四十五年（1780），阮元进入了李道南的还是读书堂，系统地学习诸子百家之书，为再次应试做准备。

乾隆四十六年（1781），由于搬家劳累，林氏不幸去世。遵从礼制，阮元辞别了老师李道南，在家一边守孝，一边自学。至乾隆四十八年（1783），守孝期满，二十岁的阮元完婚，娶妻江氏。

第三节　仪征县学　成功起点

乾隆四十九年（1784），阮元再次前往仪征应县试，他参加江苏学政谢墉主持的院试，发挥出色，"取入仪征县学第四名"，全家高兴不已。阮元妻子江夫人的长辈江春得知后，连声称赞："可造！可造！"

县试考生的报名手续十分繁琐。要将三代直系亲属的基本情况写清楚，还要缴报名费，俗称"买卷子"。报名后，考生要接受本县"属礼房"（相当于教育局招生办）的资格审查，审查的内容有：保人是否合格，考生三代以内的亲属是否清白，是不是倡优皂隶，有没有犯罪记录，是不是冒名顶替等。审查通过后，可得到一张"准考证"，"准考证"在考试时要带上，才能领取试卷。

"经手不穷"是旧时衙门的顽疾，皂隶常常会在规定之外再收费。阮元报名时就遇到了这种情况，有皂隶向他索要五百文，此时的阮元家境贫寒，只带了规定的二百文，阮元再三恳请，但"吏众咻之"。有一位好心的小吏看不下去，说：这小伙子也不富裕，参加考试也不容易，何必做这等敲诈事？众吏却将小吏痛骂了一顿，小吏气不过，自己掏了三百文，这才给阮元办好手续。嘉庆三年（1798），阮元浙江学政任满，回京述职，路过老家，特意来到仪征，当面酬谢了这位小吏，感谢他当年的关心和资助。

阮元就读的仪征县学，历史上曾是北宋真州州学，出过状元蔡薿、少宰吴敏。清代康熙年间出过武状元杨谦，雍正年间出过状元陈倓，还出过榜眼、探花、传胪等，泮池旁建有文状元桥、武状元桥，一旁还有校友的牌坊。当时，阮元住在仪征城里的资福寺。仪征有著名的真州八景,其中的"泮池新柳"和"资福晚钟"二景所在,分别是阮元上学和寄宿的地方。

资福寺是仪征三大寺之一,始建于北宋大中祥符元年(1008),寺址在建安军(仪征在北宋初年的地名)东岳庙的西侧。明万历十三年(1585),知县樊养凤听从风水之说,为了提高科举成绩,将县学与资福寺互换,资福寺改为县学,县学改为资福寺。中华人民共和国成立后,资福寺改建为仪征县人民政府,县学改建为仪征县人民医院(泮池北)和仪征县中学(泮池南)。

阮元在仪征县学就读期间,可查到名姓的同学有两位,一位是方仕俊,另一位是贵徵。

方士俊是阮元仪征县学的同学,也是阮元在扬州上私塾时的同学。嘉庆十九年(1814),阮元曾与方仕俊、王豫、丁淮、焦山僧人借庵等人同立焦

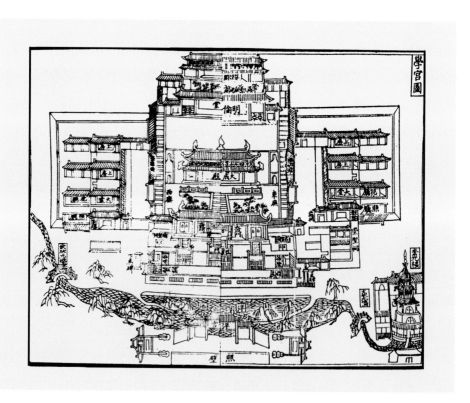

学宫图(选自《〔道光〕重修仪征县志》,广陵书社 2013 年版)

仪征文状元桥

山书藏,并分别撰有诗文以纪事。

贵徵(1756—1815),字仲符,号奕唐、一堂,仪征人,与阮元在仪征县学相识。二人同年中秀才,此后又同科中举人,同榜中进士,为十分难得的"三同"好友。

虽是同榜进士,但贵徵在官场不甚得意。《〔道光〕重修仪征县志》卷三十一《人物志》中有《贵徵传》,记载:贵徵任吏部文选司郎中时,犯了错误,被贬到新疆伊犁效力,入幕伊犁将军松筠署中,负责办理签奏(相当于文字秘书)。贵徵在校勘《钦颁蒙古王公表》时,校出了违例的字句,立了一功。松筠特疏保奏,获得朝廷批准,贵徵得以奉旨回京复职,在本部行走,后遵例加升为道员。经历过宦海的沉浮,贵徵无意仕途,便以母亲年老为由,申请辞官回乡。回乡后,贵徵参与了《〔嘉庆〕重修扬州府志》的撰修工作。家乡遭灾,灾民聚集,贵徵首倡捐资赈灾,缓解了灾民之急。嘉庆二十年(1815),贵徵老母去世。办完丧事,贵徵悲伤加劳累,竟一病不起,不治而

孔庙大殿（选自《仪征市卫生志》，中国工商出版社 2005 年版）

亡，享年六十。著有《安事斋制艺》《新疆道里图表》《扬州河渠志》等。道光十四年（1834），贵徵的长子贵正元将父亲的遗稿《安事斋诗录》寄到昆明，请云贵总督阮元选定并作序。

阮元在《题曲江亭图》一文中记述了他与贵徵的一段交往：扬州城东南三十里的深港之南，镇江焦山之北，有康熙年间新涨的沙洲，名叫翠屏洲，诗人王豫住在这里。我在扬州丁忧期间，经常到翠屏洲和他讨论诗事。嘉庆十二年（1807）秋天，我和贵徵及族弟阮亨屡次前往翠屏洲，与王豫见面，商讨编纂《江苏诗征》一事。阮亨看上了洲上小河边一块地，要买下。这儿竹林茂密，树木葱郁，他便在那里盖了三间房子，建了一座亭子。王豫从郭璞墓附近淘来一块佳石放到屋前，我就将屋子命名为"尔雅山房"，将亭子命名为"曲江亭"。我考证，此地是西汉枚乘观涛处，应是"广陵曲江"。嘉庆十三年（1808）秋天，我邀请王豫来杭州游西湖，王豫带来了一幅《曲江亭图》，要我题诗。我欣然应命，这也是对去年翠屏洲朋友聚会的一个纪念吧。

在仪征县学读书，阮元学业大有长进。乾隆五十年（1785）科试，二十二岁的阮元获得一等第一名，成了"廪膳生"（相当于获全额奖学金）。江苏学政谢墉当面"策问"时，阮元对答如流，条对无遗。谢墉非常惊喜：我上次在江苏督学时得了汪中，这一回发现了阮元！这样吧，你明年跟我去江阴学政署，帮我做做事吧。一个刚入学的生员被学政聘为幕僚，可是破天荒的事。乾隆五十一年（1786）春，阮元去了江阴学政署，随谢墉按试镇江、金坛等地，一边帮谢墉批阅试卷，一边跟谢墉学习制艺，迎考乡试。

秋天的乡试快要到了，八月初三日，阮元离开了谢墉的学政衙署，来到南京，等候秋闱。八月十六日，连续三天的秋闱考试完毕，阮元在返扬途中还游览了南京的永济寺。九月九日秋闱揭晓，阮元列为第八名，中了举人。十月二十日，谢墉任满北上，阮元跟随谢墉一同去了北京。

乾隆五十四年（1789）会试，阮元中式第二十八名。圆明园复试，钦取一等第十名。殿试，获二甲第三名（贵徵列二甲第十名），赐进士出身。朝考，获第九名，后引见，任翰林院庶吉士。乾隆五十五年散馆考试，钦取一等

小金榜一道

奉

金榜

天承運 皇帝制曰乾隆五十四年四月二十一日策試天下貢士錢楷等九十八名第一甲賜進士及第第二甲賜進士出身第三甲賜同進士出身故諮示

五十四年四月二十五日奏事太監王進福交来

第一甲賜進士及第
第一名 胡長齡 江南通州人
第二名 汪廷珍 江南山陽縣人
第三名 劉鳳誥 江西萍鄉縣人
第二甲賜進士出身
第一名 錢楷 浙江嘉興縣人
第二名 李鈞簡 湖北黃岡縣人
第三名 阮元 江南儀徵縣人
第四名 張錦芳 廣東順德縣人
第五名 張鍪戫 福建閩縣人
第六名 張經郊 江南江陰縣人
第七名 包敏 江南上海縣人
第八名 張位中 江南江陰縣人
第九名 貴徵 江南儀徵縣人
第十名

阮元参加殿试，列小金榜二甲第三名

花同敬齋慎齋兩弟芥子孔厚
庚子莫春坐宗舫進萬柳堂復入江回真州看桃
十日小楼坐不見一人間待慈
兄弟相邀共放舟湖中遊過又芳洲絕勝
花萬楊柳南記春治北湖清
春深何處古人情十幅輕帆雲雨晴萬樹桃

伯元

〔清〕阮元约仪征两儒学重游泮宫采芹后书作（扬州博物馆藏）

第一名,授职编修。乾隆五十六年大考翰詹,获一等第一名,后升少詹事、詹事。两年后,阮元出任山东学政。八年里,阮元从一介书生升为正三品的高官,时阮元也不过而立之年。

展翅高飞的阮元没有忘记母校之恩。仪征县学及文庙的设施多有残缺,部分建筑也已破损,阮元得知后多次捐资。嘉庆八年（1803）,已任浙江巡抚的阮元捐灵璧石编磬一套十六件;嘉庆十三年（1808）,阮元再次捐编钟一套十二件;道光元年（1821）,已任两广总督的阮元会同淮南监掣同知巴彦岱、仪征知县马嗣援等人,共同捐资修缮大成殿、尊经阁、庑斋等县学建筑,县学面貌焕然一新。阮元等人的义举被镌刻在仪征县学（文庙）大成门旁的石碑上。

阮元非常想念垂柳摇曳、绿水涟漪的县学泮池。道光二十四年（1844）,退休在家的阮元已经八十一岁了,这一年是他入学县学六十周年。三月十日,阮元先到仪征礼祀洲,在长芦庵小住几日,然后乘舟至真州,在学官和生员的陪同下,来到仪征县学的泮宫。老人豪情满怀,欣然作诗:"春水长芦夜泊舟,齐肩蒹葭满沙洲。烟江叠嶂寻常见,月色柴门相见不。赏雨茅檐留宿客,重游芹泮到真州。

青衿六十年前事,感忆先生颂鲁侯。"道光二十六年(1846),阮元又为县学题写"明伦堂"匾额。

阮元是从仪征县学走出来的学生。如今,在县学原址、仪征市实验中学校园内,建有一尊阮元汉白玉雕像,以纪念这位扬历中外的校友。

仪征市实验中学校园内阮元雕塑

第四节　师友砥砺　更上层楼

乾隆五十一年（1786）十月二十日，谢墉任满北上，阮元跟随谢墉一同到了北京。

从乾隆五十年（1785）的科试至乾隆五十六年（1791）的翰詹大考，在这六年里，阮元一边勤奋学习，一边结交师友，为日后的发展打下了良好的基础。在众多的师友交往中，阮元与凌廷堪、钱大昕、孙梅、王引之等人的关系最为密切。

凌廷堪（1757—1809），字次仲，安徽歙县人。乾隆五十八年（1793）进士，任宁国府学教授。凌廷堪学识广博，对礼制和乐律有专门研究，著有《礼经释例》《燕乐考原》《校礼堂文集》等。

凌廷堪家贫，初为商贩，耻于与人争利，生性喜欢读书。他的母亲督促他游学四方，结交师友，以提高自己的学识。乾隆四十六年（1781），他收拾行装，

凌廷堪画像

离开居住地海州板浦，来到了扬州。适逢两淮巡盐御史伊龄阿奉旨于扬州设局修改曲剧，凌廷堪应聘入局助总校黄文旸成其事。期间，结识了正在李道南"还是读书堂"上学的阮元，"合志同方，谊若兄弟"。

凌廷堪很自负，从不轻许他人，又长阮元七岁，但对阮元却是刮目相视。乾隆四十九年（1784）春，阮元与凌廷堪相会于扬州，凌廷堪诵李白《大鹏遇希有鸟赋》有感，作《后大鹏遇希有鸟赋并序》赠阮元，自比为大鹏，喻阮元是希有鸟。这一年秋，凌廷堪将游京师，七月二十八日，阮元、钟怀、何孙锦、江安邀约凌廷堪泛舟瘦西湖，在蜀冈酒肆为凌廷堪饯行。阮元赋五古一首，云："何当说远行，忽忽意无着。昔贤拜责言，孤陋感杂索。惟思双鲤鱼，素心或可托。握手更赠言，持为此后约。"凌廷堪答诗曰："今春来邗上，饥寒守空橐。眼底忽逢君，不异云中鹤。共语三日夜，解衣肆盘礴。刀解庖丁牛，斤去郢人垩。新秋我北上，与君乍离索。君赋送我诗，深情具杯酌。"

入京后，凌廷堪谒见了著名学者翁方纲。谈及学界人才，凌廷堪说：有一位仪征阮君，名元，字梁伯，年逾弱冠，还没有入县学，他的学问造诣很高，不仅我不如他，即使是汪容甫（汪中）、江郑堂（江藩）也与他难分高低。素知先生您爱才若渴，所以推荐给您。

凌廷堪后来仅做到宁国府学教授这样的小官，阮元却是年少得志，展翅高飞，但二人的友谊未受影响，相互间一直以学问相互砥砺。凌廷堪去世后，阮元搜集他的遗作，亲加校订，谋付刊刻。后来，凌廷堪的刻书经费为某茶客侵吞，阮元得知后，致函安徽巡抚钱楷，请其协助追回。阮元还亲至海州板浦的凌廷堪墓前，赋诗悼念亡友："山海应如旧，斯人世已无。因文明礼乐，本孝砺廉隅。耐久真成友，成名定作儒。那堪三十载，到此式君庐。"

乾隆五十一年（1786）春，阮元跟随谢墉到江阴学政署做幕僚，结识了在太仓娄东书院任教的钱大昕。

钱大昕（1728—1804），字晓徵，一字辛楣，号竹汀，江苏嘉定（今属上海）人。乾隆年间进士，初授编修，后充乡、会试考官，官至少詹事、广东学政。乾隆四十年（1775）因丁父忧，辞广东学政任北归，隐退在家。因博学多才，精于史学、经学，兼通历算、金石，被江南各著名书院相继聘为山长。钱大昕比阮元长三十六岁，两人相见恨晚，结为忘年交，于经史诸学无所不谈，时人目为怪。钱大昕有一弟子李赓芸，其时正在娄东书院受业，亦与阮元交，成莫逆。二人论学无休止，时而面赤耳热，时而促膝长谈。钱大昕断言，二人乡试，必定中式。果然不出所料，二人双双高中。

随着钱大昕与阮元的学术交流日益增多，二人的友谊也日臻深厚。嘉庆初年，阮元为钱大昕刊刻《三统术衍》《恒言录》等书。嘉庆八年（1803）岁末，钱大昕刊《十驾斋养新录》，请阮元作序，阮元在序中列举了钱大昕的九大事迹（九难）：一是讲学上书房，辞官归里甚早，教书授业、为人师表；二是深于道德性情之理，持论实事求是；三是潜研经学真知灼见，洞察原委；四是校勘正史与杂史，订千年之讹误；五是精通天文、数学；六是校正地志，于古今沿革考核明确；七是于文字、音韵、训诂诸学，无不融会贯通；八是勤于金石之录，精于官制史事考证；九是擅诗词，主盟诗坛。对钱大昕的道德、学问作了概括性的总结。

序成，正在邮寄的途中，钱大昕逝世的讣告忽至。报丧者说：当日（嘉庆九年十月二十日）钱大昕手书一札寄阮元，抵暮即无疾遽卒。阮元看到绝笔之札和讣告，十分伤感，立即命人追赶邮寄者，加上新撰的祭文，以示哀思。

乾隆五十一年（1786），阮元参加乡试，这一科的主考官是朱珪、戴心亨，荐批阮元试卷的房官是孙梅。

孙梅（？—1790），字松友，号春浦，浙江归安人。《〔同治〕湖州府志》记载：乾隆二十七年（1762）南巡，召试，取二等，赐彩缎荷包；乾隆三十四年（1769）进士，授中书，出为太平府同知。在那一年的乡试中，孙梅发现并推荐了阮元，非常高兴，一口气吟了六首诗。《〔同治〕湖州府志》载《吴兴诗话》云："历校南闱,得阮阁学芸台。曾一夕六选潘司马和聚星堂韵。"乾隆五十二年(1787),孙梅著成《四六丛话》一书,特地请刚刚中举、年仅二十五岁的阮元作序,可见他对阮元的器重。阮元对这位房师亦是竭诚追随,在序中说:我才疏学浅,但是我非常喜欢骈文,有幸读到老师的高论,斗胆写序,我的心愿是一直追随老师,哪怕千里之远。

初抵京师,阮元还拜访了时任工部制造库郎中的高邮王念孙。阮元以"乡后学"的身份,执子弟礼,拜谒请教。

王念孙自幼师从戴震,研究声音、文字、训诂,造诣很深。王念孙很乐意将自己的学问传教给这位后学。阮元回忆,自己的声韵、文字、训诂方面的知识,得益于王念孙。

高邮王氏是大家族。王引之的祖父王安国(1694—1757),字书臣,号春圃,雍正二年(1724)进士,一甲二名(榜眼),官至吏部尚书;王引之的父亲王念孙(1744—1832),字怀祖,号石臞,乾隆四十年(1775)进士,二甲七名,官至直隶永定河道;王引之(1766—1834),字伯申,号曼卿,嘉庆四年(1799)进士,一甲三名(探花),官至工部尚书。高邮王氏有"祖孙鼎甲、父子鸿儒""一门绝学、两代宗师"之誉,特别是王念孙、王引之父子,被后人称为"高邮二王"。阮元也高度评价王氏父子的学术成就,说:"高邮王氏一家之学,海内无匹。"

在京期间,阮元还拜访了兴化任大椿和余姚邵晋涵。任大椿(1738—1789),字幼植,又字子田,号芝田。乾隆三十四年(1769)进士,累官御史,精于考据,尤其擅长名物训诂,参修《四库全书》。阮元视任大椿为同乡前辈,"相问难为尤多"。邵晋涵(1743—1796),字与桐,又字二云,号南江,浙江余姚人。乾隆三十六年(1771)进士,入四库全书馆,经学、史学并冠一时,久为海内推崇。阮元慕名拜谒邵晋涵,得其教授甚多。

阮元心折于上述各位先生的学问与品行,加之才思敏捷,谦虚好学,各位先生皆乐意传授。由此,阮元又得以与各位先生的弟子交往,相互砥砺切磋,学业突飞猛进。

通常,会试是三年一次,阮元只等了两年,就遇到乾隆五十四年(1789)己酉恩科会试。因为翌年适逢乾隆皇帝八十岁诞辰,所以恩加一科,将乾隆五十五年的正科改为恩科,正科提前一年举行。

恩科的主考官是王杰(1725—1805),字伟人,号惺园,又号畏堂、葆淳,陕西韩城人,乾隆二十六年(1761)以一甲一名进士授修撰,五迁至内阁学士。副主考官铁保(1752—1824),栋鄂氏,字冶亭,号梅庵,满洲长白人,乾隆三十七年(1772)进士,累官至两江总督,曾充《八旗通志》总裁。副主考官管幹贞(1734—1798),字阳复,号松崖,江苏武进人,乾隆三十一年(1766)进士,累官至漕运总督。这一科得人才较盛,阮元以第二十八名中式。

礼部考试后没隔多日,四月间在圆明园复试,阮元钦取一等第十名。紧接着是殿试,阮元为二甲第三名,赐进士出身。这一科的状元是胡长龄,榜眼是汪廷珍,探花是刘凤诰。与阮元同科且为好友,日后成为名流、名臣的还有钱楷、卢荫文、那彦成、伊秉绶、贵徵、刘镮之等。

进士参加殿试后虽已取得出身,但仍须再应一次考试,特派大臣阅卷,称为朝考。根据朝考的成绩,结合殿试及复试的名次,由皇帝分别授予各种官职。阮元参加朝考,以第九名被钦点为翰林院庶吉士。翰林院的掌院学士、锡山人嵇璜,认为阮元是江苏庶吉士中年纪最轻的,安排他学习国书(满文),后因学习满书的人数较多,奉旨改习汉书。乾隆皇帝任命大学士和珅、吏部尚书彭元瑞为庶吉士大教习。阮元进入庶常馆后,旋充《万寿盛典》纂修官,国史馆、武英殿纂修官。

在庶常馆的学习,通常是在三年后进行考试,按成绩授官,称为"散馆"。因乾隆皇帝即将八十大寿,这批翰林一年左右即散馆。乾隆五十五年(1790)四月,阮元参加散馆考试,作了一篇《一目罗赋》,被钦取一等第一名,授职编修(正七品)。

这年八月，乾隆皇帝八十寿辰，盛况空前，翰林院的文臣们都要备一篇献寿诗文，阮元恭进《皇上八旬万寿宗经征寿说》，对乾隆皇帝的文治武功，特别是"十全武功"歌颂了一番，其中有句："皇上奋武开疆，勘暴柔远。荡伊犁、平回部、收金川、定台湾，为亘古未有之功业。"乾隆皇帝亲览，龙颜大悦，特赏阮元大缎一匹。

乾隆五十六年（1791）二月初十在圆明园举行大考翰詹，乾隆皇帝亲自命题，题为《拟张衡天象赋》《拟刘向请封陈汤、甘延寿疏，并陈今日同不同》，赋《眼镜》诗。阅卷大臣见阮元写的赋很好，但是其中有一个"峉"字不认识，将其置为三等，后来觉得不妥，查字典发现有这个字，遂置为一等，封卷进呈御览。次日奉谕："第二名阮元比第一名好，疏更好，是能作古文者。"乾隆皇帝亲改擢为一等第一名。

阮元《眼镜》诗全文如下：

> 引镜能明眼，玻璃试拭磨。佳名传叆叇，雅制出欧罗。窥户穿双月，临池湛一波。连环圆可解，合璧薄相磋。玉鉴呈豪颖，晶盘辨指螺。风中尘可障，花下雾非讹。眸瞭宁须此，瞳重不恃他。圣人原未御，目力寿征多。

"眸瞭宁须此，瞳重不恃他"意思是说，视力好何须戴眼镜，重瞳之人是不用眼镜的！重瞳是圣人的象征，传说舜帝、晋文公重耳、楚霸王项羽等人都是重瞳，阮元在诗中既表达了皇上身体健康，又暗喻不戴眼镜的乾隆皇帝为至圣之人。

徐珂《清稗类钞》把阮元获得高分的原因归结于和珅泄题，事先告诉阮元，乾隆皇帝不戴眼镜。乾隆皇帝年事虽高，但视力并未明显衰退，他不用眼镜，是为了表示自己身体仍然很好，这一点，上朝的大臣和他身边的侍卫人等都是知道的，并不是什么秘密。故而此说只能视为坊间传闻、道听途说。

阮元自己有解释："所以改第一者，实因三不同最合圣意。"这"三不同"

分别是：

第一，中外一家。我皇上奋武开疆，平定西域，拓地二万余里，那些汉、唐以来不服管理的地方，都入了我大清版图，开荒屯垦，各民族和睦相处，中外一家。不像郅支、呼韩单于，忽降忽叛，甚至还杀辱汉使。

第二，有功必赏。我皇上自用武以来，出力的大臣无不加赏高爵，即使有些过失，也不会不顾及他的功劳，下面的人哪怕只有小功，也不会遗漏，从未出现像甘延寿等有大功而不封赏的情况。

第三，英明领导。我皇上运筹九重之上，决胜万里之外，领兵大臣都按照皇上的旨意行事，有战必克。即使有偶尔的策略失误，不能达到预期目标，也是及时纠正的。

阮元说"三不同"最合圣意，还是有道理的，较为可信。嘉庆十七年（1812）八月，阮元升任漕运总督，此时已四十九岁，也开始用眼镜了，巡视山东临清运河时，他写了《初用眼镜临清舟中作》一诗，其中云："高宗寿八旬，目无矮硋照。臣赋眼镜诗，褒许得优诏。"可见大考翰詹的《眼镜》诗，也是阮元被识拔的因素之一。

乾隆皇帝对年轻的阮元非常赏识。乾隆五十六年（1791）二月十日考试，十一日得第二名，十二日改为第一名，十三日任命为詹事府少詹事（正四品），旋入南书房行走，奉旨参与修纂《石渠宝笈续编》。十四日谢恩，乾隆皇帝在勤政殿东暖阁召见阮元，语重心长地对阮元说："要立品，毋躁进。"十五日充日讲起居注官，乾隆皇帝对军机大臣阿桂说："阮元人明白老实，像个有福的，不意朕八旬外又得一人。"十八日入南书房办书。九天时间，阮元连升三级，一飞冲天。

夏至前两日，乾隆皇帝在乾清宫西暖阁又一次召见阮元，问他书画、天文、算法等事，并问："汝父母年纪多少？"阮元回答说："臣只有严侍，今年五十八岁。"乾隆皇帝说："年纪甚小。"离开时，乾隆皇帝还赏赐给阮元羽扇、香葛。十月，阮元奉旨补授詹事府詹事（正三品）、文渊阁直阁事。十一月,奉诏充《石经》校勘官。

新科进士,不到三年就升任詹事,又未及二年出任山东学政,当时有人评议:阮元升迁太快,怕日后没有官给他做了。

阮元在事业上突飞猛进的同时,家中却是遭遇了重大变故,可谓"祸兮福所倚,福兮祸所伏"。乾隆五十六年(1791)五月,父亲阮承信带着儿媳江氏和孙女阮荃进京与阮元团聚。谁知天不遂愿,阮元五岁的女儿阮荃,进京不久得了痘症,于乾隆五十七年(1792)冬十月早夭。江夫人悲伤之余,加上水土不服,竟也一病不起,于十一月二十二日随女儿而去。

连遭丧乱,阮元在给王引之的信中称自己"心乱如蓬,不能执笔"。

第五节　京师奋发　饮誉翰苑

　　乾隆五十二年，丁未科会试，阮元参加了，但是名落孙山。父亲阮承信说，你不必回扬州，就在京城学习，等待下一次会试。阮元安心住下来，一边交师友，一边做学问。

　　期间，阮元撰写了《考工记车制图解》，并由此而拜见了大学士纪昀；为房师孙梅《四六丛话》写序，并助其付梓；开始校勘《大戴礼记》，与凌廷堪相互探讨；联络江藩、焦循，商讨编写《经籍籑诂》。"三更灯火五更鸡"，阮元十分勤勉。

　　《考工记》是春秋战国时期记述官营手工业各个工种的规范和制造工艺的文献，乾隆年间的著名学者江永、戴震对此都有研究。二十四岁的阮元不为江、戴二氏之说所囿，初生牛犊不怕虎，以己新意撰《考工记车制图解》一书。写成后立即付梓，并将成书遍散京华，为当世名公和诸多学者所识。时任《四库全书》总纂官的纪昀，见书后击节称赏。

　　《考工记车制图解》对年轻的阮元而言非常重要，不仅因为这是阮元的第一本书，更重要的是该书奠定了阮元的学者身份，并帮助他以这个身份结识了纪昀等学者和高官。有人认为，这本书刚撰好就付梓印刷，成书后阮元又立即见到了权威性的关键人物，可见阮元背后的运作团队，实力非同一般。阮元在《揅经室三集》卷五中写道：我到京城不久，公（纪昀）看到我的《考工记车制图解》，表示赞许。

　　后来，阮元将此书收入《揅经室一集》卷六、卷七中，并为之跋：《车制图解》是我二十四岁寓京师时所撰，撰成后立即刊刻。文中有些观点是我提出的，江慎修、戴东原这些专家从前并未讲过。按照我的办法，可以闭门造出车来，而且可以套上马匹，正常行驶。金辅之、程易田两先生也写过类似的文章，但出书在我之后，其中有些观点，与我的有所不同。我的观点，可以与江、戴之说并存，期待学者们加以讨论、辩证，精益求精。

　　梁启超对此书评价说："阮芸台之《考工记车制图解》，乃其少作，亦精核。"

　　《大戴礼记》是研究上古社会和儒家思想的重要著述。但是唐宋以来佚失大半，存留的三十九篇也难以卒读，阮元想一一校勘并重新注释。乾隆五十二年（1787）六月初，阮元寄书凌廷堪，就《大戴礼记》的注疏体例等提出自己的想法。六月二十七日，凌廷堪收到阮元的信，立即函复，对阮元校注《大戴礼记》一书提出自己的建议。

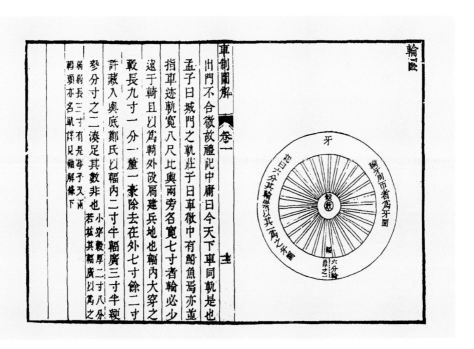

〔清〕阮元撰《考工记车制图解》书影

阮元校注《大戴礼记》用功甚勤,多年研究,已有成稿。嘉庆十二年(1807),学者王聘珍著《大戴礼记解诂》,并请阮元作序。阮元将自己的校注稿全部交给他,对他说:我这个校注稿,给你做个参考,加以弃取。阮元校注的《大戴礼记》没有独自成书,但从王聘珍的书中,可以看到阮元的许多见解。

就在阮元撰写《考工记车制图解》的同时,这年春天,经学家江藩致函焦循,就阮元委托其编撰《经籍籑诂》一事与之磋商。此后,江藩复函阮元,并委托焦循代寄。乾隆五十四年(1789)十二月,江藩又致函焦循,继续讨论此事。信函往来都是围绕《经籍籑诂》的体例、资料、撰稿等方面进行商讨。《经籍籑诂》是一部大型的汇辑古书中的文字训释编排而成的训诂学词典,采用古书一百多种,收字一万三千三百四十九个,嘉庆三年(1798)付梓。此书从阮元入京之初就开始谋划,直到付梓问世,前后长达十多年,有二十多位学者参与。阮元主持该书编纂,其中最大的收获是结识了一批顶尖学者,组建了一支学术团队,为日后的诸多学术活动打下了人脉基础,可谓一举多得。

乾隆五十六年(1791)二月,阮元入詹事府。五十八年(1793)六月,出任山东学政。两年时间里,阮元又参与修纂《石渠宝笈续编》、校勘太学《石经》。

《石渠宝笈》集清宫书画收藏之精华,收录了上自魏晋、下至清初,一千多年间中国最优秀的书画作品,数量达一万两千余种。共有四十四卷,分为卷(书卷、画卷、书画合卷)、轴(书轴、画轴、书画合轴)、册(书册、画册、书画合册)九类。每类又分为上下两等:真而精的列为上等,记述详细;不佳或有问题的列为次等,记述较简。《石渠宝笈》有过三次编纂。第一次是乾隆九年(1744)二月,乾隆皇帝命张照、梁诗正等编纂,成于乾隆十年十月,是为"初编";第二次是乾隆五十六年(1791)正月,乾隆皇帝命董诰、阮元等编纂,成于乾隆五十八年,是为"续编";第三次是嘉庆二十年(1815)二月,由英和、黄钺、姚文田等编纂,成于嘉庆二十一年闰六月,是为"三编"。清廷内府所藏的字画多是历代名家的精品力作,常人难得一见,乾隆皇帝让阮元参与此事,对阮元来说,机会难得,眼界大开。

在清宫内府,阮元朝夕品鉴历代名画。他看到王振鹏的一幅界画《岳阳楼图》,画面上楼阁、槛楹、户牖,细微之处都有细心的描绘。阮元还注意到画幅上方好像有题识的笔迹,特地拿到明亮处辨别,发现有"至正七年四月二十二日"字样,字迹很小,却是鉴别这幅画创作年代的依据,殊为重要。阮元按照《石渠宝笈》的辑录要求,一一撰文存录。

阮元还见到了唐代画作《大禹治水图》,惊喜万分。画面上崇山峻岭、深沟大川,大禹躬持斧凿,身先士卒。又有众多力士、工匠各司其役,有执锥者、施锤者、构架者、绲铁者等等。看到这幅画,阮元想起当年两淮盐政在扬州建隆寺开玉局一事:乾隆四十年(1775),新疆和阗进贡了一座玉山,高七八尺,围丈许。玉山初运至北京,后转至扬州。内府造办处以这幅《大禹治水图》为蓝本,进行了玉作设计,画得正、背、左、右四面纸样,再依画制成蜡样,发往扬州。两淮盐政收到蜡样和玉料时,担心蜡样日久融化,又照蜡样雕成木样,再依木样雕琢成玉器《大禹治水图》。少年阮元在扬州曾多次见过玉器制作,如今见到内府的画稿真迹,不胜欣喜。

历时两年半,《石渠宝笈续编》四十册终于编成。乾隆皇帝十分欣赏阮元鉴别字画的能力,赏给阮元多幅名人字画,有赵孟頫《无量寿佛》、元人《戏婴图》、宋人《货郎图》、蒋廷锡《牡丹》、恽寿平画册、董其昌尺牍册、王维烈《九如图》、杜琼《溪山瑞雪图》等。

阮元还将字画的甄别方法、鉴赏要点及钤印、纸质、装池、修补等逐一笔录,汇成《石渠随笔》八卷。在书中,阮元记录了许多自己的见解,例如看到燕文贵的《匡庐清晓图》,阮元认为:北宋的画家们,工笔极细,尺幅大小的画,没有数十天工夫,不可能成画。今天有些人作画,妄称"泼墨",顷刻间就成功了,这能叫画作吗?看到宋人摹顾恺之的《洛神赋卷》,阮元评点说:

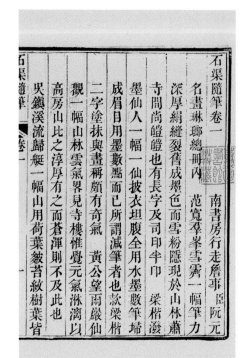

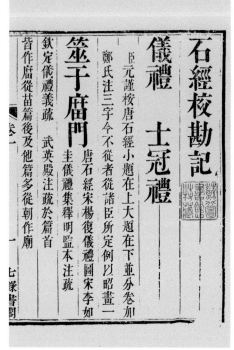

〔清〕阮元撰《石渠随笔》书影（清扬州珠湖草堂阮氏刻本）

〔清〕阮元辑《仪礼石经校勘记》书影（清乾隆五十七年七录书阁刻本）

此画有古拙之趣，有汉石室、石阙的古意，非唐宋后画史所知。

清代著名藏书家、实业家伍崇曜评骘阮元《石渠随笔》时说：从前北宋宣和皇帝（宋徽宗），治理政事没有一件值得称道，但他对书画的鉴赏却是造诣甚高，独擅千古。同期的米元章（米芾）精于辨别，经他鉴定的《宣和书谱》《画谱》至今仍被收藏家奉为圭臬……而先生（阮元）的学识，与米元章相比，毫不相让，所以说《石渠随笔》实在是非常宝贵。再说了，米芾的《宝章待访录》，有些是亲眼所见的，有些是听闻的。高士奇的《江村消夏录》、卞令誉的《书画汇考》，也不可与《石渠随笔》相比。

《石渠随笔》有扬州珠湖草堂自刊本，后收入《文选楼丛书》中。另有《粤雅堂丛书》本、《笔记小说大观》本，为书画研究者所重。

校勘太学《石经》的缘起，是乾隆五年（1740）江南河道总督高斌向乾隆皇帝进贡了蒋衡书写的《十三经》。

蒋衡,字湘帆,一字拙存,晚号江南拙叟,江苏金坛人。工书法,历时十二年,书写了八十余万字的《十三经》。乾隆初年,蒋衡在扬州,寓居蕃釐观(今琼花观),书写《十三经》,所以这部作品有一半是在扬州所书,且最后完成也是在扬州。书写完成后,为两淮盐运使卢见曾所赏,复由马曰璐费数千金装潢成册,最后由河道总督高斌进呈给乾隆皇帝。乾隆皇帝龙颜大悦,赐蒋衡任国子监学正,并命人将蒋衡所书的《十三经》勒石,共一百九十块石碑,立于国子监学宫内,称为太学《石经》。

乾隆五十六年(1791),太学《石经》即将动工,乾隆皇帝命彭元瑞校雠,金简司工。彭元瑞面奏:校勘《石经》是垂训万世的大事,臣学问太浅,金简是高丽人,只有臣与金简二人,不足以完成这项工作。乾隆皇帝准奏,随即加派和珅、王杰为总裁,董诰、刘墉及金简、彭元瑞为副总裁,金士松、沈初、阮元、瑚图礼、那彦成随同校勘。

国子监太学《石经》

作为晚生，阮元承担了分校《仪礼》十七篇的任务，还协助那彦成校勘了《尔雅石经》。彭元瑞是老前辈，亦邀请阮元协助校勘《毛诗石经》，多有商讨。校勘过程中，阮元虚心求教身边的师友，还写信与各地学者商讨，以求确证。在校勘《仪礼·丧服大功章经》时，阮元发现有舛误，拟删除"下言"至"亲也"的二十一字，但是没有十分把握，曾写信请教宝应刘台拱。刘台拱认为阮元是正确的，阮元便毅然删除了舛误的文字，并将此写入了他的《仪礼石经校勘记》中。遗憾的是阮元很快出任山东学政，刻石经者重新校对时，不敢轻易删改，又将这二十一字刻入了碑中。日后，阮元在《十三经注疏校勘记》中复加精校，强调说："近儒诸说纷歧，皆非也。"并为之撰《仪礼·丧服大功章传注舛误考》，以正视听。

一系列的文章学问，使得阮元饮誉京华。乾隆五十八年（1793）六月二十五日，阮元奉旨出任山东学政。

第二章　为官从政惠民生

　　阮元自乾隆五十四年（1789）步入仕途，迄道光十八年（1838）致仕归里，为官从政长达五十年。担任过山东、浙江学政，浙江、江西、河南巡抚及漕运总督、湖广总督、两广总督、云贵总督等职，历仕乾隆、嘉庆、道光三朝，有"三朝阁老、九省疆臣"美誉。在半个世纪的宦海生涯中，除在嘉庆十四年（1809）因刘凤诰科场案受牵连外，一生仕途较为顺利，并在生前就获得了"太傅"之衔，堪称"极三朝之宠遇，为一代之完人"。

　　作为清代名臣，阮元从政有鲜明的特点：一是务崇大体，阮元善于把握全局，抓住重大问题，着力解决；二是以仁施政，宦迹所至，以惠爱为首务，做了许多有益民生的善事；三是兴学教士，阮元深知教育、人才的重要，不仅及时地识拔人才，还通过设立学堂，着力培养人才；四是学术经世，作为学者型官僚，阮元亦仕亦学，以学辅仕，以仕倡学，堪称是将学术与事功有机结合的典范。

　　阮元仕宦时间长，政绩突出，影响深远。有人称赞："任封疆数十年，所至必兴利除弊。凡所建立，皆计功利于数百年后，各省受其福、享其利者，遗爱之颂，至今不辍云。"

歷山銘

乾隆六十年龍集單閼七月庶戊朔越五日府君唐軍提督

山東巡撫政儀徵阮元淵閣直閣事喜

登山巔翠碧堂基戴石元游螢歷山髮田銘樂啟雷雨坐日出

峰顯六丈下桂樓十三重屋岑縣分陰爛虹閣容曲海

野氣沈邦輝林煙隱泉屋兩宙交水秋千栖壽佛皇飛泉

晚日開天燕齊道直蓬萊來景圓山具栖壽

淺之來者亦百十年

〔清〕阮元撰、〔清〕桂馥书《历山铭》

第一节　督学鲁浙　识拔高才

乾隆五十八年（1793）六月二十五日，阮元奉旨出任山东学政，开始了前后达五年之久的外省学官生涯。

学政，全称提督学政，俗称学台，肩负着为国家培育、选拔人才的重任，掌管一省学校政令和岁、科两试，巡历所属各府、厅、州，督察师儒优劣、生员勤惰。临行前，乾隆皇帝在热河避暑山庄召见阮元，对其深寄厚望。阮元座师王杰时任上书房总师傅，伴驾于热河行宫，阮元好友凌廷堪也在王杰幕中，二人知阮元放外任，特地为他饯行。王杰也曾做过学政，席间说了许多勉励的话，告诫阮元要"耐贫"。

七月二十三日，阮元到达济南，立即考察济南府属的各个州县，发现有各种陋规，一一予以裁撤。他还不辞劳苦，莅临山东各地的考场，亲自主持考试，留心甄选人才，唯恐有所遗漏。

阮元初任学政，幕友较少，协助阮元遴选佳作、识拔人才的，有学者顾述、从叔阮鸿、舅父林苏门等人。

顾述，字子明，江苏武进（今属常州市）人，师从著名学者卢文弨，于汉魏古书用功极深，受王念孙赏识。他跟随阮元赴任，阮元称他"助余衡文，又参校群经，多有精核处"。阮鸿长阮元四岁，应童子试时就和阮元友善，当时入京应顺天乡试落选，阮元知道他品学优长，延请他协助衡文。他助阮元阅卷最为认真、得力，每衡文，"静坐高楼，闭门阅卷，不草率"。阮元对他十分倚重，"因叔公正明察之力，得士无错误"。林苏门原本就职于山东曲阜衍圣公府，得知阮元督学山东，不久就乞休，以师席入幕。此后，阮元调任浙江学政，简放浙江巡抚，林苏门都跟随左右。

此外，阮元又延聘了幼年的业师乔椿龄和族姐夫焦循等人入幕。乾隆五十八年（1793）十一月，阮元与乔椿龄相见于曲阜，衡量孔、颜、曾、孟

四氏子弟之文。次年春，乔椿龄随阮元按试登州（今烟台市蓬莱区）、青州，因操劳过度病逝于青州试院。乾隆六十年正月二十一日，阮元出试东昌（今聊城市）、临清，邀请焦循至东昌助试。三月，焦循随阮元出试青州、莱州、登州、武定四府。阮元、焦循在潍县（今潍坊市潍城区）识拔了仅十几岁的少年郎炳，旋即召至济南深造，可惜郎炳不久夭亡，令二人十分痛惜。试青州时，阮元以《白桃花》诗试士，得昌乐阎学海、掖县（今莱州市）翟云升、诸城王榕龄、潍县陈官俊等人。其中，十三岁的陈官俊尤为出

焦循画像（选自《焦循全集》，广陵书社 2016 年版）

色。陈官俊后来中嘉庆十三年（1808）进士，官至吏部尚书、协办大学士，成为一代名臣。

乾隆甲寅（1794）恩科乡试，山东考官是礼部侍郎铁保和编修陈万青。是年秋，铁保抵达济南。铁保是阮元会试的座师，专门写了一首诗赠阮元："六千髦士汇群英，半是宗师作养成。我向齐州悬玉尺，门生门下中门生。"果然不出铁保的意料，是科得士极盛。次年乙卯（1795）恩科乡试，得士与前科不相上下。

阮元督学山东的一大政绩，是编撰颁布了《示生童书目》（今藏美国哈

佛大学燕京图书馆,以下简称《书目》),这是他在山东文教建设方面的重要举措。编撰此书,是为了让考生摈弃坊刻删节本的经书,遵循官方的要求,研读全经以及其他四部要籍。阮元的《书目》大量收录了清儒考据名作,体现了阮元以考据学为宗旨的价值取向与训士导向。

科举考试中,学子们也的确需要有针对性的指导,故而阮元在《书目》中多予以提示。如阮元强调:学子要在礼乐、兵刑、食货、选举、氏族、官制上认真用力,因为“廷试、乡会策问,非此不可”。山东考生的土音问题由来已久,阮元督学山东时,依然是“东省土音平仄错者居半”,这对山东考生入仕形成巨大障碍。对此,阮元在《书目》中强调音律的重要性,并给出两条路径:一是学习山东本地擅诗之前辈的诗作;二是多读唐宋人诗。《书目》有针对性地列出了相关书目,供学子学习参考。此外,阮元的《书目》在诗赋题材与风格方面,对士子也多有指导。《书目》还兼顾学子的科举考试与学术研究,与道光末年湖北学政龙启瑞的《经籍举要》、光绪初年四川学政张之洞的《书目答问》,并称为清代三部最重要的学子推荐书目。

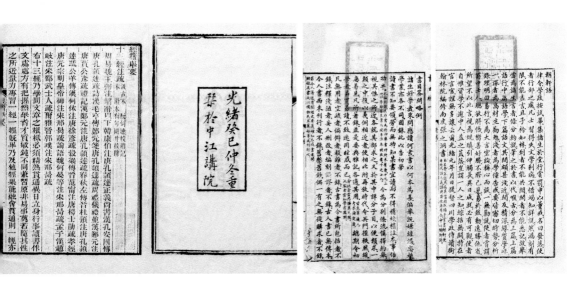

〔清〕龙启瑞著《经籍举要》书影　　　　〔清〕张之洞著《书目答问》书影

阮元按试山东的业绩,得到朝野上下的一致赞许,乾隆皇帝对他的工作也很赏识,乾隆六十年(1795)八月,朝廷下旨让他赴浙江任学政。经过山东的几年锻炼,阮元对学政事务驾轻就熟、得心应手,在浙江学政任上,阮元得以有余暇从事文化建设工作。

江浙一带向来是人文渊薮,阮元按试浙江,胡廷森、焦循及其子焦廷琥、何元锡、林道源、陈鸿寿、蒋徵蔚、张若采、赵魏、程赞和、江安、江镠、张农闻、陆继辂、臧庸、臧礼堂等师友纷纷来投。阮元幕友如云,人才济济。有了师友的支持,阮元在浙江学政任上大显身手。他利用职务之便,一方面选拔基础知识扎实、八股文极优的聪慧好学之士,进入各级官学,加以深造,以备乡、会两级考试的选拔,为国家储备优秀人才。同时他也注意挑选精于专门之学的士子,以及博古通今的饱学之士,或资助他们深造,或延请他们入幕,切磋交流,让他们各展所长。尤其是选拔积学之士编纂《经籍籑诂》一事,重视音韵训诂之学,对于浙江学风乃至全国学风都产生了深远的影响。

阮元的父亲阮承信不以功名为念,教育儿子重视实学,学以致用,曾对阮元说:"读书当明体达用,徒钻时艺,无用也。"阮元担任学政后,父亲常说:"取士当先器识,取文亦当无所不收。若以一隅之见为去取,必有弃材矣。"因而阮元很早就意识到八股制艺的弊端,对科举制度和八股取士有改良之意。任学政期间,他虽然不能从根本上改变八股取士的状况,但在具体的考核方法上,却是积极地进行改良,融入新意。比如,对考试内容,不是考"四书五经"中死记硬背的知识,而是注重实学,每每夹以诗赋文章,以此来考察学子的器识和学问。即使为学子登第考虑,所讲授的八股文之法,也力求去除浮滑空乏。阮元甚至以天文、算学别为一科,按试各地,不拘泥于八股制艺,重在学用结合。每至一地,得人甚盛,士子纷至沓来,或追随于阮元左右,或经阮元荐举进入杭州各书院深造,一时浙江学人比他省更优。

钱塘(今属杭州市)严杰,字厚民,国子生,潜研经术,得汉唐经师家法,科举考试却每每名落孙山。阮元任浙江学政时,看到严杰试卷,大为赞赏。当天,阮元刚处理完考试事务,即屏退左右,亲自查访严杰住址,因天晚而作罢。第二天天刚亮,阮元就到了严杰住所,推门直入拜访。此后,严杰成了阮元的幕客,追随阮元至天南海北,参与编辑了《经籍籑诂》《皇清经解》等,成为阮元的得力助手。

临海洪颐煊、洪震煊兄弟,同以学问优良得到阮元器重,阮元让他们到诂经精舍深造,组织编纂《经籍籑诂》时亦将二人网罗其中。后来洪颐煊在广东当知县,苦于政事,恰逢阮元总督两广,知道他擅长经史

〔清〕阮元辑《浙士解经录》书影

文学,不擅做官,特邀请入幕,使其扬长避短,发挥才能。洪震煊精校勘,尤精《文选》之学,阮元让他协助校勘《十三经注疏》,分校《礼记》。

仁和(今属杭州市)金廷栋,擅长经学,屡应童子试不第,因家贫,在杭州流浪。适逢阮元督学浙江,根据他的特长,让他担任《经籍籑诂》的编韵工作,解决他的生活问题。后来,又将他选入诂经精舍深造。

仁和钱林,学问渊博,于书无所不览,二十五岁才入学为附生,阮元以"本朝兵制"策问诸生,钱林对答如流。阮元叹赏不已,置口试第一。钱林后来中进士,官至侍读学士。

平湖朱为弼,字右甫,品学兼优。嘉庆元年(1796),阮元以经学、诗、古文试士于平湖,认为他的文章"根柢深厚,不为俗学",即予赏拔。后来朱为弼于嘉庆十年(1805)中进士,由主事擢御史,屡次上书言事,有直声,累官至漕运总督,以清操著名。

乌程(今属湖州市)张鉴,博学多通,工诗古文,家贫卖画自给。嘉庆元

年,以学识、诗才受知于阮元,被选入诂经精舍深造,学问更加精进。后入阮元幕,阮元剿寇、赈灾都得力于张鉴的筹划。

临海周治平,困于童子试。嘉庆二年四月,阮元按试台州,发现其精于天文、数学。考核时仅考其数学,以成绩优异特拔入学,后来又招入诂经精舍肄业。阮元看到他写的《曾子·天圆篇》"偏则风"一节的解释,称其能融合中西之说,其理甚明,把他的观点辑入自著的《曾子十篇注释》中。阮元自言,编撰《畴人传》,得周治平参校之力甚多。

清人陆长春《香饮楼宾谈》记载,阮元为浙江提督学政时,喜欢以《大学》《中庸》中语句命题。一次按试杭州府,有一位仁和童生王子微为试题所困,竟在试卷上作了一首诗:"学台惯出《学》《庸》题,难倒西泠王子微。今日我拼交白卷,状元归去马如飞。"阮元见其诗,问他擅长哪类题目,王子微回答说议论文稍有把握。于是阮元另外出了一题考他,王子微顷刻之间作成,才思相当敏捷。阮元大为欣赏,当即录取为生员,让他入学。阮元不拘一格地选拔人才,由此可见一斑。

嘉庆四年(1799)三月,阮元奉旨充任会试副总裁,时任吏部尚书的朱珪任正总裁。朱珪是阮元乡试中举的主考官,他提倡朴学,曾多次主持乡、会试。朱珪取士重经术,曾告诉弟子阮元,试场中经解、诗赋最易得人,对阮元影响很大。他非常赏识阮元的人品和学识,对阮元阅卷取士非常信任,是科的二、三场文策,嘱托阮元一人披阅试卷。阮元十分感戴,振奋精神,谨慎从事,穷日夜之功,先选出一千三百余卷,再从中筛选出二百卷,分为三等,加以录取。己未会试榜揭晓,共录取二百零九人,多积学之士,一时名流网罗无遗。以经术、文章名世者,举不胜举,如姚文田、王引之、陈寿祺、郝懿行、张惠言、张澍等均被取为进士。是科,浙江中式的进士有二十二人,都是阮元在浙江学政任上培养选拔的,这些人后来在从政、治学上都有建树。后人谓阮元慧眼识人,功不可没。

第二节 两任浙抚 平定海盗

嘉庆四年（1799）十月，阮元署浙江巡抚（次年正月实授）。这年，阮元三十六岁，开始掌握军政实权，跻身封疆大吏行列。

乾嘉之际，东南沿海盗匪猖獗。以浙江而言，最大势力为安南夷艇洋匪，其次则有凤尾帮、水澳帮、箬黄帮等土盗，共有盗船数百只，盘踞浙江洋面，各行劫掠。嘉庆四年十二月，定海镇总兵李长庚会同闽浙舟师，攻捕安南夷艇于温州三盘洋，击沉盗船一只，击毙盗匪无数。嘉庆五年正月，阮元亲赴台州，督捕夷闽海盗，考察敌我军情。阮元指出，艇匪"船高炮大，舷边围裹牛皮，网纱甚厚。兵船炮子重者不过斤许，匪船炮子重至十三四斤"，而且敌众我寡，"三镇兵丁合计不过三四千人，匪船二百余只，总计约万人"。因此，他上奏朝廷，请求添设大船、大炮，增加兵员，如此"始能痛加剿除，以绝其窥伺内地之路"。阮元还指出，沿海一带奸民偷漏米粮、淡水、火药，出洋接济匪盗，应严密搜查捕拿。如果艇匪外无所掠，而内地米粮不偷漏，艇匪必定靠近海岸滋扰，沿海口岸尤应严密防守。阮元沿途调查，发现兵少之处，立即遣调陆路守兵，严密守御。二月，阮元檄调黄岩镇总兵岳玺剿箬黄帮土盗，获船十二只，生擒盗匪一百七十六人，箬黄帮自此剿灭。同月，擒获南沙窝盗犯陈阿三等人。嘉庆皇帝闻讯称赞："阮元到浙未久，甫经实授巡抚，于积年窝盗要犯即能留心查察，饬属严拿到案，具见缉捕认真。"

在擒获南沙劫匪的同一天,阮元还擒获了钱塘江乌鸦船匪首韩球等人。当时钱塘江有乌鸦船,船中仅容数人,船夫卧船尾,以足踏桨而行。乌鸦船船体小巧,行动迅捷,即便遭遇大风,大舰有时也不免覆没,而乌鸦船却能随潮上下,踏浪如土。钱塘江潮未来之前,江边寂无一舟,潮过转瞬间已十百为群。亡命之徒常常藏身船中,以操舟为名,乘黄昏劫掠,危害沿江萧山(今杭州市萧山区)、诸暨(今诸暨市)、仁和(今属杭州市)、钱塘(今属杭州市)、富阳(今杭州市富阳区)等县。此境收捕,则逃入他境,聚散无常,栖泊不定。加之奸猾的官吏、害民的差役隐匿实情不报,使得乌鸦船盗越发猖獗,成为行旅大患。

阮文达严捕乌鸦船(选自《舆论时事报》1909 年第 14 期)

阮元密派富阳县典史韩棨,侦得虎爪山等处船户的姓名、居址及隐匿之处,尽得盗匪情形。阮元随即以赴南沙捕盗为名,密令萧山老役二人到抚署,召至密室,质问二人:你们纵容乌鸦盗船,为害商民,我已尽知,现在要取你们的性命!二人叩头出汗,辩称:并非不知盗,只是以一县之力不能缉捕,而数县之力又不能齐心。阮元说:我以官兵百人帮助你们,可以吗?二人说:如此可矣。于是阮元亲授二人密函,命他们到教场与带兵之官同去。当时,阮元已预选水师、抚标官兵,令他们日落时会于教场。二人至,登水师船,行至钱塘江心,遵命拆开密函,方知所命并非前往南沙捕盗,而是要去缉捕乌鸦船盗,函中还一一标明了乌鸦船盗匪的姓名和住址。于是,官兵立即返棹向西,夜间四鼓时分赶至盗匪老巢,围屋鸣枪,一举拿获匪首韩球等人。在区分首犯、从犯后,这些盗匪都得到了应有的制裁。在乌鸦船盗擒获之前,省城文武官员无一知其事,阮元的缉捕行动,既机密又迅速。自此,乌鸦船盗覆灭,民众安宁,江上行旅无不称颂阮元卓越的军事才能。

当时广东、福建艇匪大多集中于浙江。阮元认为与其分而御之,不如合而擒之,请求朝廷下令调闽粤两省舟师来浙,会剿艇匪,"使外夷匪徒知内地兵力之厚、策应之灵,不敢妄生窥伺,实于三省均为有益"。在奏章中,阮元还指出:"粤、闽、浙三省皆有洋匪,而艇匪为尤甚,日多一日,年众一年。若不急为剿灭,渐致酿成巨夥,侵扰岸民。前明东南倭寇,人民财赋为之伤耗,甚可鉴也。"为了剿灭海盗,阮元又制定《缉匪章程》七则,制造船炮、训练陆师、杜绝接济,明确官员的责任,断绝海盗的补给。他还采取保甲制度和团练制度,建立严密的组织和信息网络,调动乡民的积极性,大大增强了剿盗的力量。

嘉庆五年(1800)五月,安南夷艇七十余只窜入浙江。原定的策略是:浙江水师定海镇、黄岩镇、温州镇分区剿捕,遇到大帮贼匪,再予会剿。但海面辽阔,军情瞬息万变,攻守进退,难以协同。为此,阮元赶赴台州,任命素以英勇敢战而闻名的定海镇总兵李长庚统率三镇水师,以专号令。

六月,夷艇窜入浙洋之松门山,纠合凤尾、水澳等帮,屯聚一处,伺机劫掠。阮元坐镇台州,先布间谍,令互相猜忌,水澳帮驶退。二十二日,飓风突起,夷艇及凤尾帮盗船沉没甚多,余众登山,官兵搜捕盗匪八百余人,缴获安南伪总兵印,二十五日擒获安南盗首、伪总兵伦贵利,战绩辉煌。

七月,阮元上奏朝廷,将伦贵利处死于杭州。其后,阮元命台州、宁波、绍兴分别审讯安南海盗,予以法办。至此,安南艇匪、凤尾帮皆被歼灭。九月,水澳帮也被擒。夫人孔璐华听闻丈夫在台州剿灭夷匪,作诗志喜:"安南夷匪寇宁台,炮火风涛一战摧。从此海疆民不扰,那教番舶再能来?"

雕菰集卷十九

神風蕩寇記

江都焦循著

阮侍郎撫浙之明年夏六月禦賊松門有神風蕩寇及
禽倫貴刊事備始聞傳述互異未獲其詳也冬至浙寓
居撫院菁中閱諸文移手札又詢諸從至海上者乃得
其本末艇匪者自安南來者也浙賊曰鳳尾閩賊曰蔡
牽曰水澳初平陽縣海濱老龍頭石山橫互於海為烽
火門其東大嶼小嶼兵守巖密乾隆五十一年調任臺
灣代者不嫻於防閩賊始議運路而窺浙嘉慶元年閩

侍郎承命為兩浙巡撫照歲至者四稔矣先是吏
有採之者賊欲之酒指艇大言曰吾駕大艇賞十月糧
試家台有諸生之家破掠者瀆母力不及媍媍乃慘死
生泣怒於侍郎有剪滅之志而非其職也四稔冬
賊李發枝引艇賊深入而浙賊附之時侍郎方督學按

礮重數千斤來收稅耳爾大吏宜自計非吾敵也當是
時權眾算強弩之勢實不足以殲賊而土賊闖賊將艇
賊之強益橫巡撫既汕浙艇賊循踞台州大陳山及溫
州三盤器三路犄角十二月丁未定海鎮總兵李公長
庚帥舟師趨入賊中搏戰自午及酉焚其梯出有陷於

〔清〕焦循撰《神风荡寇记》书影（选自《雕菰集》卷十九，道光四年刻本）

安南艇匪及凤尾帮、水澳帮被剿灭后，以蔡牵为首的海盗，势力最为强大，也更加猖獗。蔡牵（1761—1809），福建泉州同安（今属厦门市）人。乾隆六十年（1795）前，蔡牵下海为盗。嘉庆六年（1801），蔡牵设计杀害了异己势力侯齐添，势力壮大。随后，活动于广东的海盗朱濆和张保加入了蔡牵帮，周边的土盗也与其遥相呼应，蔡牵帮成为福建乃至中国东南沿海最大的海盗势力。

为增强浙江海防，阮元率官商捐金，交由李长庚赴闽造大舰。嘉庆六年（1801）四月，阮元莅临镇海招宝山，验收新造战艇。新造战艇每号编以"霆"字，高大坚固，配以大炮，兵威因此大振。嘉庆八年（1803）正月，蔡牵率部抵达浙江定海，到普陀山进香，李长庚统领水师及时出击，打得蔡牵措手不及，损失惨重。李长庚抓住战机，穷追不舍，一直追到福建省的三沙洋面，打得蔡牵仅剩盗船二十四艘，且破损不堪。走投无路之际，蔡牵诈降于闽浙总督玉德,得以修好船只,备足米水,扬帆逃脱。

蔡牵畏惧阮元督造的霆船,贿赂闽商,建造大艇,高于霆船。蔡牵得到大艇后,联合广东海盗朱渍,势力又复壮大。嘉庆九年(1804)六月,蔡牵、朱渍联军的八十余只战船入侵浙江,杀害了浙江温州镇总兵胡振声及同船官兵八十余人。阮元听闻后,不胜悲愤,奏请将救援不力的闽将治罪。此前,阮元曾与闽省督抚会奏,请以提督李长庚为总统,两省各派总兵一员,听从李长庚调遣,不分闽、浙,严拿蔡牵。由此嘉庆皇帝下诏,治闽将不援之罪,任命李长庚总统两省水师,以专号令。

胡振声阵亡后,浙闽两省官兵气馁胆怯。嘉庆九年八月,蔡牵率八十余船与朱渍再次会合于浙江海面,来势凶猛。李长庚与阮元商议,不轻举妄动,等到各镇兵船齐集,于秋半之时,合力击之。按事前定策,阮元统筹,李长庚于定海北洋率领四镇兵船围剿蔡牵、朱渍,海寇惨败。此后,蔡牵与朱渍分手,蔡牵南逃福建,朱渍逃回广东,其势始衰。经此一战,官兵士气大振。

嘉庆十年闰六月,阮元的父亲病逝于杭州,阮元奏请解职,归里居忧。嘉庆四年至嘉庆十年的六年间,阮元与李长庚等人同心协力,剿灭了安南夷艇及凤尾、水澳、箬黄等匪帮,捕获盗船数百余艘,盗匪万余人,并给蔡牵势力以沉重打击。

嘉庆十二年冬,浙江水师提督李长庚又一次追击蔡牵,将其逼至黑水外洋。蔡牵仅存三艇,但艇上盗匪皆是百战之寇,死命抵抗。李长庚以火攻船挂其艇尾,意欲跃船,与敌搏杀。不料蔡牵忽发一炮,击中李长庚的喉颈,一代战将李长庚因伤重而亡。福建水师提督张见陞不战而退,使得蔡牵绝处逢生,遁入安南外洋。

嘉庆十二年十二月,阮元再任浙江巡抚。阮元离任浙江的三年中,浙江土盗也死灰复燃。其中,窍嘴帮张阿治有船三十余只,为大帮,滋扰地方,劫害商民,成为浙江大患。阮元再任浙抚后,亲赴宁波督剿,添配船炮,加募义勇,申明禁令,一月之内,擒获多船。土盗之势大衰,张阿治等向南逃窜,不久投案自首。

嘉庆十三年(1808)十二月,阮元奏请以水师名将邱良功补授浙江提督,统率水师。而闽浙总督阿林保以浙洋土盗将净,提督无须统帅水师为由,反对阮元所请。经议,嘉庆皇帝准阮元奏。邱良功在台湾水师中为干练之将,向为李长庚所赏识。嘉庆十四年秋蔡牵败亡,邱良功实立首功。

嘉庆十三年,蔡牵两次入浙,来去飘忽不定,阮元接到各地的禀报多有迟延,不能及时调度兵船。针对这一情况,阮元制定了军务传单,预发到各地县衙,一旦盗匪窜犯,地方官即用军务传单,星飞传报。无论昼夜风雨,每一时限行三十里,并于单内注明接收时间,以便稽考。嘉庆十四年正月,阮元将军务传单颁发到浙江沿海。这年七月,蔡牵刚到浙江平阳洋面,平阳速发军务传单,直达台州、宁海。沿海民船及时知晓,蔡牵到时,海上无一民船,已是坚壁清野。蔡牵一无所掠,一切接济全断,在海战中狼狈不堪。

嘉庆十四年六月,阮元针对蔡牵研究出"分船隔攻之法"。前一年,蔡牵两次入浙,兵船皆已逼近蔡牵的坐船,因蔡牵的坐船高大,官兵无法登船与之搏杀,让蔡牵一次次逃脱。有鉴于此,阮元密札各地提镇,约定:一旦蔡牵入浙,分兵船若干,分隔蔡牵的其他船只,不以捕盗为功,而是以不能救蔡为要。另外,阮元选精锐大船,专注蔡牵的坐船,将其篷舵节节打破,令其不能再逃,然后尽力攻击,以期擒获蔡牵本人。阮元致函邱良功,强调分船隔攻之法的要点:"认定蔡逆本身坐船,连环施放枪炮,先将篷胎舵牙节节攻打破坏,使彼不得行驶,然后替换攻击,多用火箭火瓶,贼行与行,贼止与止,久久相持,便可得手也。"

此后,蔡牵在闽、浙水师的会剿下,屡战屡败。嘉庆十四年八月十七日,闽、浙水师合击蔡牵于台州渔山外洋,蔡牵坐船的船帆破如渔网,舵亦损坏,穷一夜之力不能逃远。次日,被兵船追击到温州外洋,绝望之时,蔡牵自炸坐船,连同妻小及部众二百余人全部沉海而死。

杭州阮公祠

　　蔡牵之死,标志着横行东南海域长达十余年的海盗团伙全部覆灭。蔡牵败亡,无疑是得力于阮元的"军务传单之法""分船隔攻之法",显示了阮元卓越的军事才能。因刘凤诰科场舞弊案的牵连,阮元于嘉庆十四年（1809）八月二十二日进京受审,到京后接到邱良功的书信,方才知晓八月十七、十八两日剿灭蔡牵的详细情形。

　　《清史稿》称赞:"元两治浙,多惠政,平寇功尤著云。"平定海盗,是阮元浙抚任内最为突出的政绩,他为维护海疆稳定、保障人民生命财产安全作出了重要贡献。

　　除平定海盗外,阮元以振兴文教为己任,创建诂经精舍,培养了大批著名学者。他还修筑海塘,竣治西湖,建普济堂、育婴堂,戒溺女婴等,诸多爱民善政,不胜枚举。阮元之于浙江,先为学政,后为巡抚,功德在民。光绪初,杭州士民公请设立阮文达公祠,以表感念之情。

第三节　总督漕运　综括全筹

嘉庆十四年（1809）九月，阮元受浙江学政刘凤诰科场舞弊案牵连而遭革职，嘉庆皇帝因其"两任浙江巡抚，官声尚好，且学问素优"，加恩赏给编修。嘉庆十五年四月，补授翰林院侍讲。九月，充署日讲起居注官。十月，兼国史馆总辑，辑《儒林传》。嘉庆十六年七月，补授詹事府少詹事。十二月，补授内阁学士兼礼部侍郎。嘉庆十七年四月，奉旨到山西查办吉兰泰盐案，议吉兰泰盐务章程。五月，补授工部右侍郎，兼管钱法堂事务。八月，改任漕运总督。

所谓漕运，是指中国历史上将征自田赋的部分粮食，运往京师或其他指定的地点，以供宫廷消费、百官俸禄、军饷支付和民食调剂。唐代初步建立了漕运制度，江淮田赋主要靠隋代所凿运河运往京师。宋代东南和西北地区的粮食分由汴、黄、惠民、广济四河输入汴京（今河南开封）。元建都于大都（今北京），漕粮主要通过海运。明清两朝都非常重视漕运，设立了管理漕运事务的最高长官——漕运总督。清代的漕运与河工、盐政并称为"三大政"，漕运通畅与否，事关朝廷安危。因此，清廷对漕运总督的选任慎之又慎，只有对清廷忠心而又具备才干的官员才能充任。

乾隆中叶后，政治腐败、官吏贪污，漕运体制内部的矛盾加剧，嘉庆朝开始陷入危机。嘉庆十七年（1812）八月，嘉庆皇帝鉴于漕运总督许兆椿年近七旬，精力不济，而漕运总督事务繁剧，非年富力强、办事周密之人不能胜任。这年阮元四十九岁，正当盛壮，且办事干练，给嘉庆皇帝留下了良好的印象，因而选任他为漕运总督。好友翁方纲赋诗送阮元赴任，诗中说"阮公名翰林，政声满越杭。受诏出冬官，漕渠肃纪纲。圣谟仰工厘，利弊慎修防"，称赞阮元出身好、政绩佳，期待其整肃纲纪、兴利除弊。

阮元对漕运并不陌生。浙江是供应漕粮的省份之一，在浙江巡抚任内，阮元处理过漕运事务。据张鉴等撰《雷塘庵主弟子记》记载，阮元曾奏请暂缓漕帮扣项，以纾丁力。他处理浙江漕务，"未尝重敛于民，于仓库无亏赔，于弁丁无苦累，未尝参一官，亦未尝革及生监，生监亦无一人入京妄控者，而运皆妥速"。嘉庆九年（1804）十月，洪泽湖水低弱，力不足以刷黄，以致河口淤沙，七省粮船全不能渡，阮元"暗筹海运一法"，拟招募商船四百艘，"每艘可载米一千五百余石，略用兵船护出乍浦，即放大洋，其装卸之程、脚价之费，俱与之议立章程，以待不虞。交卸如速，一年可以往返三次，较河运省费三之二"。后因河道复通，阮元的漕粮海运设想未能实施。但阮元深感"近年民困于丁，丁困于河，东南之力竭矣，运费增则民力困，运费减则民力纾"。他认为："使海运行之而效，以其余力宽东南之财赋，其得益岂专在国哉？"

漕粮海运较河运可节约开支，实为利国利民之举。因而，阮元还就漕粮海运一事，"重理旧说，凡考之于古与参之于今者，纤悉著之于简"，辑成《海运考》一书。后来阮元弟子陈文述撰成《海运议》，其见解与阮元相合。他在《勒宫保阅兵海上》诗注中说："时有旨试行海运，盖琅嬛中丞（指阮元）始发此议，与述见相合。"至道光年间，漕粮终于改行海运。

阮元就任漕运总督不久，创立了粮船量米捷算法。当时"应过淮盘算者共五千船，船十余舱，舱载米数十石至百余石不相等"，而旧时沿用名曰"三乘四因"的方法测算运粮数量。这种测量方法十分落后、繁琐，既不准确，又费时费力。于是，阮元派专人向精通数学、测算的焦循求助，制定新的测算方法，焦循为之立小尺、大尺二法。阮元据此制定量米新尺，创立粮船盘粮尺算法，并撰写《粮船量米捷法说》加以介绍。

这种新的测算方法不仅"较旧法捷省一半,简便易晓",而且"但用纸笔,不用珠盘",可以"笔笔具存,勿能改变",方便日后查核。《粮船量米捷法说》载有尺形,并绘铺地锦法,阐明其中道理,人们只需"静玩半时,即可通晓",由此"营卫军吏皆不敢欺"。阮元《仿铸汉建初铜尺歌和翁覃溪先生》诗中有句"测量粟米创捷法,一尺算遍船五千",说的正是此事。后来,阮元奏请将此法颁行各省,并将《粮船量米捷法说》刻石嵌在淮安漕院壁间。新方法提高了测量漕粮的工作效率和精准性,也为防止偷盗发挥了重要作用。

漕船运粮北上,谓之"重运";到达通州后卸粮南旋,谓之"回空"。清代漕船运送有着严格的时间限制,如若延迟,不仅影响京师用度,更会影响下一年的征粮计划。因此,朝廷规定沿途的地方官皆有催运之责,谓之"趱重催空"(简称"催趱")。漕运总督必须亲力亲为,一路催趱,以求准时。史料记载:嘉庆十七年(1812)十一月,阮元督催空漕,回至淮安。嘉庆十八年(1813)正月,赶赴扬州瓜洲,迎盘新船,催督过江。五月,奉旨到临清督挖运河,以利通行。随后又赶到江南韩庄,督催重运。九月,督运空船至德州。从这些记载可见,阮元奔走于运河之上,竭心尽力,催趱漕运。

嘉庆十八年春,阮元泊船瓜洲,督四千余船过江,运粮四百万石,绘制《江乡筹运图》,并赋七律一首,诗中说:"高台日映海门红,杨子春江二月中。猎猎千帆开北固,幢幢一纛引东风。"其后自注:"台建大旗,风顺则鸣炮升之,粮艘始由北固渡江来。"阮元以诗歌真实描绘了他亲督漕运的盛大场景。

嘉庆十八年春夏大旱,阮元护漕过邳州入山东,一路上看到有饥民数万,天理教徒乘势煽惑饥民,汹汹相聚。阮元"乃阳分其民为纤夫。帮若干夫,船若干夫,使运丁食以粗粝,实阴散其势以安之也"。阮元有《纤代赈》一诗记述了此事,诗中说:"今年春夏旱,山东二麦枯。农民无收获,握粟如珍珠。俯首掘草根,煮及荠与荼。仰首剥树皮,屑及柳与榆。鲁宋数万民,

运河扬州瓜洲段（选自美国大都会艺术博物馆藏《运河图》）

贸贸来川途。川途亦无麦，守死能须臾。饥民尔勿死，为我牵舳舻。一船加廿人，数万抵飞刍。加夫不得力，不惯相曳娄。不惯鸣欸乃，不惯合步趋。虽不合步趋，聊使相挽扶。才牵闸河船，便得饭数盂。腹饱心且安，人分势自孤。何尝说相赈，与赈实无殊。"阮元为了保证漕运的安全，以工代赈，客观上起到了救助灾民的作用，化解了危机。阮元弟子张鉴在《题阮师〈江乡筹运图〉》一诗中也说到此事，云："粟米五百万，量尺算豪发。计地及八州，限时止六月。一百廿一纲，纲纲费牵捽。牵夫十万人，振力免饿殍。今年山东旱，沙壅待疏掘。糜费在浅阻，丁力极颠蹶。试看图中颜，劳悴何时歇。欢声腾锦绣，忧思损肌骨。会当涉河汶，报政秋朝阙。所筹在国计，思对命书笏。"从诗句中可以看出，阮元因辛劳过度而心力交瘁。

　　漕运总督有军权，除统辖各卫所外，又统辖旗、绿、漕标三营，兼辖淮安城守营，故漕运总督又称"漕帅"。承平时，漕运总督统领的军事力量负责

淮安总督漕运部院

护送漕粮、镇守地方；战乱时，则需维护朝廷安危。嘉庆十八年（1813）九月，林清、李文成率天理教众在京畿、河南、山东等地起事。当时漕标兵远不济急，阮元担心起义军截断运道，于是令每船出兵丁八名，"在临清造铁矛头数千，分授各帮，齐以号令，令五帮前后连环，相保护而行"。尽管如此，仍有"邪徒时时渡运河而东，中夜惊叱，赖壮丁聚御，声势壮盛，不至骇乱"。阮元调动漕兵沿途设防，其中调漕兵四百名赴丰县、砀山县防御，调漕标海州营兵三百名至济宁护漕，调盐城营兵来淮安贴防，调淮安兵赴高家堰协防。及全漕已入邳州，又以护漕兵三百往徐州，协助两江总督百龄守城。

为维持漕运，运道的修治十分重要。任漕运总督期间，阮元多次对运道整治提出建议。嘉庆十八年二月，阮元督漕北上，遇到微山湖水浅，不敷济运。他亲自沿途勘察，分析造成微山湖蓄水枯绌的原因：一是湖底日趋淤高；二是邳州、宿迁等地用水太大；三是上年降雨量小，蓄水量不丰。微山湖蓄水历来以一丈为度，乾隆三十年（1765）漕运总督杨锡绂以一丈不足济运为由，添设石漕闸板，增高二尺，可蓄水一丈二尺。后因黄河之水入湖，遂致湖底淤积，湖面渐窄，蓄水渐少。阮元建议增高石漕闸板一二尺，运河各堤岸，无论石砌工程，还是土筑工程，凡地势低洼者一律加高，以湖面加高之尺寸抵算湖底受淤之尺寸。待盛涨时，多蓄一二尺水，即可以畅济重运，兼可浮送回空，不但足灌东河，兼可远济邳州、宿迁。只要一年有余，即可数年不绌。阮元的这一建议，经朝廷批准后实行。

邳宿运河为漕运要道,但河程绵长,难以蓄水,重载漕船经常阻浅。嘉庆十八年(1813)五月,阮元上疏朝廷,请于汇泽闸上下添筑二闸,可期无患。他在奏折中说:"臣再四思维,博加访问,千人共见,万口同声,皆以为今昔情形不同,因地制宜,利添二闸……该处地面虽系浮沙,下掘即皆坚土,若添闸束水,更收束水攻沙之益。臣职司漕运,有所见闻,今已将秋,时日迫促,不得不直陈于圣主之前。"虽然阮元的这一合理建议未能实行,但贺长龄、魏源所辑《皇朝经世文编》收录了阮元的疏文,可知其价值。

运道浅阻,漕运不畅,与河工懈怠也有关系。嘉庆十八年五月,山东临清运道浅阻,阮元奉旨赶往临清办理,亲临现场察看,发现淤滩并不多,原因是河工不肯多出力,于是派漕船上的水手,会同河夫挑挖,两日即通行。由此,阮元感慨河工之官敷衍误事。

阮元尽心尽力于漕运事务,同时也热心支持漕运总督驻节地淮安的教育事业。乾隆三十一年(1766),漕运总督杨锡绂在淮安府城兴建丽正书院。阮元任漕运总督后,邀请学者江藩任丽正书院山长,阮元本人亲临书院讲学,并识拔了后来成为著名学者的丁晏。丁晏在《丽正书院课艺序》中说:"漕帅阮文达公延江郑堂先生主讲,海内之经师也。尝发策问汉魏《易》十五家,及许君《说文》隐义。时余十九,对万余言,文达公激赏之。……文达公临讲院,以《城东书院雪后早春》命题,余走笔成二律,公嘉其敏。"字里行间充满了对阮元热心教育、奖拔人才的感激之情。

在任漕运总督期间,阮元"回空重运一万六千余船,无一船漂失亏米",出色地完成了漕运任务。嘉庆十九年三月,阮元调任江西巡抚。阮元任漕运总督不到两年,但其为官作为,颇可称道,没有辜负朝廷和好友的信任和期望。

第四节 巡抚赣豫 移督湖广

嘉庆十九年(1814)三月,阮元调任江西巡抚。八月,接江西巡抚印。巡抚江西期间,阮元最主要的政绩是镇压邪教会匪。

嘉庆十八年(1813),直隶(今河北省)、山东、河南三省邪教作乱,江西的余党亦欲煽惑滋事。嘉庆十九年,清廷扑灭邪教之乱,但江西仍然是人心惶惑,南昌贡院旁忽然竖立悖逆黄旗,最终也未能拿获竖旗之人。又传匪徒将于各官在黄亭拜龙牌时谋乱,冬至、元旦期间官府不得不增加士兵守卫。

江西向来有邪教会匪活动,嘉庆皇帝命阮元到任后着力加以整治。阮元"窃思摘奸发伏,必以力办保甲为先务",抵任后,即饬令各地编查保甲,使匪徒无从匿迹。

到任不久,阮元接到进贤县报告,有匪首聚众谋逆。阮元亲赴余干县缉拿各犯,并下令地方官员全力搜捕案犯,命按察使恒敏赶往各地,提审已获之犯,细审案情。他还派拨精干人员,严密侦缉逆首,并通知福建省协同查拿。经阮元督率搜捕,除逆首未获外,其余各犯次第拿获。经审讯,阮元将从犯胡秉耀、邱忝泽、杨易等人依律处死。阮元破获谋逆巨案,嘉庆皇帝对此大为称赞:"阮元到任未久,即能饬属于各地方编查保甲严密,遂将巨案立时发觉,办理迅速,实属可嘉。"赐加太子少保衔,赏戴花翎。嘉庆十九年十一月,阮元赋诗《冬至日雪窗偶成》,夫人孔璐华步其韵和诗一首,赞扬阮元破获余干谋反巨案,诗曰:"持节洪都日,官清耐岁寒。军威皆肃静,民业共平安。臣力原当用，君恩欲报难。已消乖戾气，瑞雪压阑干。"诗中夹注："夫子到任甫及一月，即发余干逆案，不致日久成事，多害生民。仰蒙圣恩，赏加太子少保，并赐花翎。又上谕内云'去岁林清一案，如能似此早办，何致酿成大事'。圣谕谆谆，特此书志。"

此案破获后，阮元继续严查秘密结社，镇压会匪活动，又相继侦破了一批案件。

嘉庆十九年（1814）十一月，拿获龙南县会匪钟锦泷。同月，阮元得知崇义县天地会会匪钟体刚等聚众结社，奉湖北逆犯马朝柱为祖师。阮元命按察使恒敏前往督办，最终在广东南雄州将钟体刚捕获。

嘉庆二十年正月，捕获进贤县结盟匪首曾文彩等。当时，南安（今属赣州市大余县）、赣州一带以及毗连进贤县的南昌、余干等处的匪徒，白天为乞丐，夜晚为盗贼，并与捕役勾结，索钱勒赎，为地方大害。阮元闻讯，严饬所属，认真缉拿。四月，贵溪县（今贵溪市）、安仁县（今鹰潭市余江区）发现会党传单，钤九龙朱印，云：各路首领将在江苏江宁聚会。阮元闻报后，立即派人急驰四百里，将传单送达两江总督，嘱其就近查明，并联合署名上奏朝廷。嘉庆皇帝命两江总督查办，不久，捕获了逆犯，按律正法。同年七月，又捕获了会匪蒋先铋等人。

嘉庆二十一年（1816）正月，奏报拿获泸溪县（今抚州市资溪县）天地会匪党。此前，泸溪县南乡藻坪一带有人与福建匪徒暗相勾结，传言嘉庆二十年十二月二十八日福建、河南、江西三省均有刀兵之灾，造成泸溪、新城（今抚州市黎川县）等地百姓疑惧不安。后因捉拿了匪首，社会恢复了平静。

阮元离任时，江西"大局肃清，邪教全熄，民心始不惶惑"。阮元在江西两年多，处置社会动荡及时有效，稳定了江西社会秩序，安定了江西民心。

在江西巡抚任内，阮元在政务繁杂之际，一如既往地关心学术研究，主持校刻了宋本《十三经注疏》，并将校勘记附于每卷之后，共计四百一十六卷，世称"南昌府学本"。但因阮元移抚河南，校书的人疏于昔时，错讹较多，校勘记去取也不完善，因此，阮元自己并不以此本为善。该版本影响至今，号为"阮刻本"，受到学术界的广泛赞誉。

嘉庆二十一年（1816）闰六月，阮元改任河南巡抚，其时新任巡抚未至，仍留江西。七月，阮元改建的江西贡院号舍落成，阮元应邀撰记。

江西贡院在南昌东湖之东，"舍屋卑狭，士之试者，檐触其首，雨淋其膝"。舍屋以石片覆盖，"漏者居半"，舍中长巷，"地惟涂泥，每遇秋雨，旋汀陷足"。舍尾厕屋，"雨泛日炙，其臭甚远"。东湖容纳一城污水，民众取以为饮用水。雨水过多之年，湖水浸入场舍，"深辄及眍"。遇到国家恩典，放宽考试录用的名额，号舍不够用，则"猝增芦席棚号千余座，夜不得卧，雨不能盖"。嘉庆二十年十月，阮元决定改建贡院，"于是扩买院东墙外地基，展地增舍若干号，东、西场旧屋咸彻之，改建高宽且深者"。又挖掘东湖淤土，"增培舍基，舍高而湖浚"，收一举两得之效。"舍屋之橼尽覆以瓦，舍巷接石为路，舍尾改造厕室，以穴远流其秽于屋之外"。又开凿瓮井三十二口，供士子汲取饮用。此外，"闱内纵横甬道，皆易其石。棘墙外东、南、西三面之路，亦培湖土高之，且加石焉"。改建后，江西贡院焕然一新。

以往江西乡试之年，士子、考官常有串通舞弊之事。贡院号舍落成后，阮元发布告示，禁戒："如官吏、士子必欲犯法，本部院亦惟有日砺白刃，以待蹈者。"嘉庆二十一年秋季江西乡试，阮元时已离任，未能监察巡视。阮元门生吴其彦主试，考场内外肃清，阅卷考拔公正，士子称之为"清榜"，江西科场风气为之一变。

当时，省城南昌每遇章江水高，即由水闸门灌入城内，先充满各湖，继而淹没百花洲，再淹及贡院以及沿湖民居，浸入街市。阮元将贡院重修增高之后，发现水闸已坏，下令重设两层闸板，加固水闸，闸上两翅用闸耳系绳，以便启闭。

阮元又将玉带沟疏通，排泄城内雨水。豫章沟是由城内弯曲而出东南的排水沟，有人建议也要深浚。阮元勘察后发现，城内地脉有里许高仰，即使水沟深掘,虽有流通之益,恐伤地脉。如果章江水位达到最高,则南昌的北围堤容易溃决。一旦溃决,则水入贤士湖,导致倒灌入城。因此,玉带、豫章两沟虽修无益,关键还在于加固闸门,以待启闭。谕饬刚发布,阮元即奉调河南,地方绅士仍遵照阮元谕饬予以修建,此后南昌城内极少有水患。

嘉庆二十一年(1816)八月,阮元到达开封,接任河南巡抚。十一月,迁湖广总督,奉旨陛见,再赴新任。

嘉庆二十二年正月,阮元正式接任湖广总督。阮元任湖广总督虽然仅有八个月,但他重视修堤造闸,对农田水利建设多有贡献。

刚到任,阮元便视察江堤,奏修武昌江堤。对于江水泛滥成灾,阮元虽然没有提出具体的治理方案,却是做了细致的考察、分析,写出了有分量的《江堤说》。他指出:"古江自岷山导源,会汉,分三江入海,故其就下甚畅。然其夏秋间挟泥载沙,浑流而下,几与黄河无异。"结果,晋朝以后先淤塞浙江之南江,唐以后又淤塞高淳之中江,如今唯有扬州北一江而已。镇江金山、焦山之东在汉代皆为大海,唐以来渐淤渐远,现已远至海门外数百里。扬州江都县之瓜洲,唐时在江中,现今连平陆。焦山北之佛感洲,康熙间逐渐淤高,今成大乡。这些所淤之新地,"皆江、汉上游之泥沙所积而成之者也"。"自荆州下至江南,两岸皆堤,堤内民田古高于江,今则江高于田者,盖因有田之处皆筑堤以防水,水所不到,泥沙亦不得而淤之。使不筑堤以防之,则堤内之地岁淤分寸之泥,百年亦必积丈尺之土,久高于江矣。故江水之所以日高者,三江塞其二,且江南海口之远也。江愈高,田愈低,堤愈险,诚末如之何矣。"这种有价值的见解,为后人治理江水提供了先期的思考与启示。

阮元还亲临荆江南岸调弦口等地考察,撰成《荆州窖金洲考》。窖金洲在荆州江陵县(今荆州市江陵区)南门外大江之中。乾隆五十三年(1788),荆州万城大堤崩溃,江水入城。大学士阿桂认为窖金洲阻遏江流造成溃堤,于是在江堤外筑石矶,以改变江水流向,冲击该洲之沙。阮元经实地考察,认为造矶分流并不能攻窖金之沙,且沙倍多于三十年前。他发现江水分别从洲之南北两边流过,但流经北边者十之七八,洲南冬季时则会干涸。他根据《水经注》《宋书》的记载,认为窖金洲自古有之,非人力所能攻,治理之法应该是坚峻两岸堤防。当时有人主张开荆江九穴以分江流。经过考察,阮元发现荆江旧有之九穴,现今唯南岸虎渡口、调弦口二穴尚通,北岸郝穴等口皆已淤塞,而调弦口水流平缓,竟有不流之势,郝穴口内低于外,更无可开之理,因此通九穴分流之议不具有可行性。

嘉庆二十二年(1817)七月,阮元奏建江陵县范家堤、沔阳州(今仙桃市)龙王庙石闸。湖北素称泽国,而江陵、潜江、监利、沔阳四州县尤其低洼,且位居长江、汉江之间,一年之中,仅冬春数月内地高于外水,其余各月皆外水高于内地,仅依赖长堤及堤内各垸周环保护。每遇伏秋江水盛涨,一堤决口,串及多垸,水入低田,不能复出,积涝严重。即便堤垸坚固,外水不内侵,而上游荆门等处雨潦流停,内外所注,无路疏导。阮元建议择地添建石闸,以疏导积水,如此于农田、水利均有裨益。他亲自到江陵、沔阳,勘定江陵范家堤、沔阳龙王庙二处,准备各建石闸一座,并开凿引渠,引水入江。当时有近闸居民聚众阻挠建闸,阮元不为动摇,将为首出阻者重笞于江堤之上,建闸工程得以顺利推进。

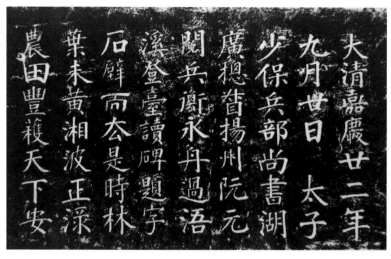

阮元浯溪题刻

嘉庆二十二年（1817）八月，阮元由武昌（今属武汉市）到湖南衡州（今衡阳市）、永州阅兵，于途中奉旨调补两广总督。十月，阮元由永州取道广西，驰赴新任。

嘉庆二十五年（1820），阮元已离任湖广总督。此时，沔阳龙王庙闸建成，数百里内无水患，成效显著，士民在龙王庙中供奉阮元长生牌位，表达感激之情。当地士人还特意致函阮元，写道："沔阳地势洼下，水潦频年。仰蒙大人轸念民艰，临堤审度，洞澈机宜，以龙王庙地处适中，俾建闸座，启闭及时，较茅江口更觉畅达，万民免受沉溺之苦。遥瞻仁宇，矢衔结于无穷；谨建旧祠，酬恩慈于罔极。"对阮元建闸之功倍加称赞。

第五节　总督两广　禁烟固防

　　阮元总督两广之时,大清国势已江河日下,政治腐败、军备废弛,鸦片走私贸易猖獗,严重威胁着清廷统治。面对这种严峻局面,阮元积极执行清廷禁止鸦片的政策,妥善处理中外交涉,鼓励平等贸易,采取了一系列措施巩固海防。

阮元坐像

　　鸦片俗称大烟,是用罂粟果实的汁液提炼制成的毒品。英国殖民者从 18 世纪初期即向中国贩卖鸦片。虽然清廷明令禁止鸦片贸易,但英属东印度公司在垄断鸦片贸易后,便开始向中国大规模地走私鸦片,获取了巨额的利润。鸦片给中国人的身心健康带来巨大伤害,造成社会财富的巨大消耗,也对清王朝的统治构成严重威胁。因此,清廷从 18 世纪初便开始推行禁烟政策。嘉庆皇帝继位伊始,即颁布诏令,停征鸦片税,禁止鸦片进口,将鸦片贸易视为非法。

广州是当时鸦片走私贸易的中心。阮元任两广总督后，及时向朝廷奏报鸦片走私情况，会同粤海关破获了多起鸦片走私案。

嘉庆二十五年（1820）二月，阮元向嘉庆皇帝奏报广东鸦片走私的积弊，主张查拿盗匪、严禁鸦片。据马士《东印度公司对华贸易编年史（1635—1834年）》记载，嘉庆二十五年二月、五月，阮元与粤海关监督两次发出谕令，严禁各国船只私运鸦片，如有违抗，"一经发觉，定将违禁者驱逐，不许贸易"。行商如有包庇违法，"一经破获，即予惩处"。

道光元年（1821），阮元采取前所未有的严厉措施，对广州的鸦片走私进行打击。他向清廷奏报，洋商伍敦元徇私舞弊，隐瞒了外商夹带鸦片的不法行为，奉旨摘去其三品顶戴，以示惩儆。在奏请惩戒伍敦元的奏折中，阮元痛陈了鸦片之害："鸦片一项，来自外洋，流毒内地，最为人心风俗之害。"洋商"只图见好于夷人，不顾内地之受害"，伍敦元作为总商居首之人，竟包庇外商走私鸦片，应加以严惩。阮元又遴选干员，会同地方官兵，查拿贩卖鸦片的香山等县的内地商人。道光二年，阮元奏擒叶恒澍等鸦片烟贩，一一审办。另有外商走私鸦片船，亦将其货物、货款一并充公，并驱逐出境，不准来粤贸易。阮元还下令所有外国商船必须在黄埔办理入境手续，出具无鸦片的"甘结"，方准开舱验货。行商如包庇隐瞒，事后查出，加等治罪。

据格林堡《鸦片战争前中英通商史》记载，道光三年（1823）后，外商的鸦片投机开始崩溃，鸦片价格大幅下跌。格林堡对此分析说："崩溃的主要原因，除了很多小鸦片户过分投机以外，是清朝官吏重新发动禁烟运动和东印度公司在印度的新的白皮土政策。"这里说的"清朝官吏重新发动禁烟运动"，就是指嘉庆二十五年（1820）至道光二年（1822）由两广总督阮元采取的一系列打击鸦片走私的措施。这场禁烟运动，被鸦片贩子们描述为"记忆中最火辣的查缉"。在这种打击下，外国鸦片贩子不得不退出广州附近的珠江水域，在珠江口外的伶仃洋一带建立鸦片走私的新基地。"此后烟虽不能净尽，然只在伶仃洋，不入口矣"，愈演愈烈的鸦片走私贸易在一定程度上得到了抑制。

钱穆在《中国近三百年学术史》中说:"其(指阮元)致仕归里之年,清廷以林则徐为钦差大臣查办广东鸦片烟事,奏禁鸦片,固芸台督两广先言之也。"在今人熟知的林则徐禁烟之前,阮元不仅倡言禁烟,而且切切实实地用力禁烟,成效显著。阮元是历史上最早禁烟的总督,历史功绩不容忘却。

鸦片战争前,广州是中外交往的中心城市。阮元任两广总督期间,处理过多起涉外事件,对清朝的中外交往产生了一定影响。

阮元处理的第一起涉外事件,是嘉庆二十五年(1820)十月发生的"巴罗其利法枪杀事件"。

据阮元上报此事的奏折可知,英国商船上的名为"巴罗其利法"的英国水手,为寻取淡水,驾驶小艇进入官洲海面,有中国幼童喊叫来看"番鬼",巴罗其利法立即用鸟枪射击,致使三名儿童被击伤,一名成年人被射死。当时,清廷处理外国人犯罪的刑事命案,在程序上一般是由外国人自行查出凶手,然后再由地方政府按律处置。在广州发生的外国人伤害华人的命案,都是如此,先由外商头目(多为大班)负责查出真凶,由大班核实清楚凶手身份与涉案过程以后,再将凶手交给清朝地方政府审判,按大清律例处以相应的刑罚。"大班查凶"主要是中外之间语言沟通障碍所致。阮元曾对此有过说明:"查各夷船,日久停泊粤洋,与民人争殴伤毙,事所常有,内地官吏与夷人言语不通,是以向办章程,均系责令该国大班查出正凶,询问明确,即将凶夷交出,传同通事,提省译讯录供究办。"

"巴罗其利法枪杀事件"发生后,阮元立即通过保商黎光远,勒令英国东印度公司大班咸臣交出凶手,并暂停贸易,显示了强硬姿态。就在查问期间,传闻凶手自杀身亡。阮元委派官员,带领洋商、通事、刑仵及死者家属、幼童、见证人等,前赴商船,验明凶手巴罗其利法确系畏罪自杀,事件得以平息。据马士《东印度公司对华贸易编年史(1635—1834年)》记载,杀人的水手根本不是巴罗其利法,而是一位名叫皮戈特的水手。英国方面并未交出这个凶手，而是安排他搭船离开了广州。由于是大班具体负责查出凶手，因此很难保证所交出的"凶手"就是真凶。对中方来说，大班所交凶手是否为真凶并不重要，重要的是要有外国人为命案承担刑事责任。

道光元年（1821），又发生"土巴资号事件"（亦称"伶仃事件"），这是阮元处理的又一起中英司法交涉事件。

十一月二十一日，英国护货兵舰"土巴资号"上的水手至伶仃岛寻取淡水，并牵带羊群放牧，摘食当地村民的番薯，羊群亦践踏了薯苗，并误将屋边酒坛踢翻，与村民发生斗殴，造成中方村民两人死亡、四人受伤，英方声称自己有十四人受伤，其中六人重伤。事件发生后，"土巴资号"舰长理查森通过洋商致函阮元，认为中国人首先对英国人发起攻击，他们是正当防卫，不予负责和赔偿。阮元首先对于英方伤亡人数提出了质疑，要求英方将受伤之人送官检验，但英方拒不同意。阮元根据清朝法律规定，坚持"该夷兵在内地犯事，应遵内地法律办理"，要求大班交出凶手。

对于阮元提出的交出凶手的要求，英国东印度公司大班咸臣声称，公司无权管辖皇家战舰，将责任推给"土巴资号"舰长理查森。理查森态度蛮横，始终坚称自己的士兵是自卫杀人。阮元认为，大班咸臣负有不可推脱的责任。他在上报朝廷的奏折中陈述："兵船系为保护货船之用，既是因买卖事务而来，该大班何得将买卖、兵船分为两事？"因此，阮元下令停止中英贸易，要求英方交出凶手。

面对阮元的强硬态度，英方做出了让"土巴资号"驶离广州的决定。广州英国商馆也不妥协，将人员和货物撤退到珠江口外的穿鼻洋上，并致函阮元，重申商船与兵舰分开的原则，表示会把整个事件上报给公司总部，由总部报告英国国王，再由国王对涉事凶手按英国法律进行审处。面对这种情况，阮元在坚持了一段时间后，最终做出了妥协，恢复了贸易，但追凶一事了无下文。

"巴罗其利法枪杀事件"和"土巴资号事件"当事人咸臣，从广州外销画画家手中获得了一幅阮元画像，咸臣在画像上写了一段文字："这是中国一品官员的肖像。他是 1821 年广州的总督。这一年我在这里与他和他的下属有过非常持久而艰难的谈判，是关于'土巴资号'的事情，一般也称其为'伶仃事件'。……总督姓阮，他是一位非常聪明、精力充沛、坚定的官员。但是我在跟他的谈判中取胜了，他接受了我的意见。"这说明阮元在"土巴资号"问题上的妥协不是无奈和被动的，他一直在积极争取谈判，利用灵活、折中的方式处理争端，虽然最终妥协，英方也未交出凶手，但英国给予阮元一个承诺："今后在和平时期，陛下战船不得前往中国，除非有印度大总督或广州大班特选委员会的要求。"《清史稿》本传亦称："终元任，兵船不至。"

道光元年（1821）八月，阮元又处理了突发的"德兰诺瓦事件"，这是早期中美关系史上的重要事件。

该年八月二十八日，停泊在广州的美国商船"爱米里号"上的水手德兰诺瓦，因购买水果与妇女郭梁氏发生争吵，并从船上掷下瓦坛砸伤郭梁氏，致其落水身亡。后番禺知县在随员及广州商行八名保商的陪同下，在"爱米里号"商船上对德兰诺瓦案进行了审理。根据验尸报告、中美双方证言等，中方认定德兰诺瓦故意杀人，要求美方交出德兰诺瓦。但美方坚称德兰诺瓦是无辜的，拒不交人，中方一再催促无效。

阮元知道此事后，经过调查，发现保商和通事等人"不秉公确查，向其质辩明白，辄以该夷人饰混之词，率为据情转禀，均属玩违"。依照保商制度，外商在中国犯法，保商须负连带责任。由此阮元决定，保商黎光远等被一并收监。美国商船因拒绝交出凶手德兰诺瓦，被"全行封舱，暂禁贸易"。此后，德兰诺瓦被中方从船上强制带走。经审讯，依清朝法律判定其犯斗殴杀人罪，"照例绞决，以彰国宪"。中美贸易亦得以重开。

继而阮元发布谕令，告诫外国人"当知天朝法度尊严，该夷人既赴内地贸易，自应安静守法。该大班及船主等，务须时时戒饬船内水艄人等，毋许滋事逞凶"，如果已酿成事端，"该大班即应查明肇衅生事之人，立时指名交出,听候地方官查审究办,切勿祖庇诿延,自取重咎"。

以阮元为首的广东地方政府对"德兰诺瓦事件"的审理,完全符合国际法基本原则,是依照清朝律例及司法程序进行的合理的司法行为。"德兰诺瓦事件"结束后,美方对中方的审判仍然不断批评,真实反映了当时中西关系背景下的社会差异。

面对中外矛盾和冲突,阮元虽然比较强硬,但他并非一味排外,而是从国家大局出发,主张发展对外贸易,以济民生。他在《蔗林》诗中写道:"高蔗若芦林,霜谱甘且白。海外多棉花,有无正相易。"可见他鼓励出口两粤盛产的蔗糖,以换取国内紧缺的海外棉花,互通有无。

广东地少人多,米价昂贵,而洋米颇贱,仅有内地平价之半。以前允许洋米进口,但不准载货出口。阮元发现,近年洋米罕到,经询问洋商,原来洋商运米远来,虽免进口税,但空空回国,无货压舱,难御风浪,且无多利可图,因此不愿贩米来粤。为此,阮元于道光四年(1824)正月奏请允许米商装载货物出口,照例征收货税。这年五月,阮元作《西洋米船初到》诗纪其事:"田少粤民多,价贵在稻谷。西洋米颇贱,曷不运连舳?夷曰船税多,不赢利反缩。免税乞帝恩,米舶来颇速。以我茶树枝,易彼岛中粟。彼价本常平,我岁或少熟。米贵彼更来,政岂在督促。苟能常使通,民足税亦足。"此后,"凡遇水旱,米价增昂,米船即鳞集,粤民永赖之,并广西米亦不致踊贵",可见阮元制定的"洋米易货"政策效果显著。

阮元认为"英人恃强桀骜,性复贪利,以目前情形论,似宜多镇以威,未便全绥以德"。基于此,阮元抵任后不久,便检阅水师、视察海防。《雷塘庵主弟子记》记载:"是日(嘉庆二十二年十二月初四日),往海口阅兵,登沙角炮台阅水师,即乘水师提督之兵船,过零丁、鸡颈诸外洋,遍观内外形势及澳门夷市情形。"视察时,阮元作《登沙角炮台阅水师毕,即乘水师提督之兵船过零丁外洋,看大崳山,望老万山,回澳门阅香山兵,因题船额曰瀛舟》诗,以纪其事,诗曰:"茫茫沙角外,巡海一登台。潮向虎门落,舟从龙穴开。瀛帆乘夜月,火炮动晴雷。回楫澳门外,西夷迎节来。"诗后自注"夷人奏夷乐迎瀛舟",是指澳门葡方"迎节"。阮元此行,遍阅内港内海各处炮台兵房,认为"俱为得力,足资控制",但需进一步改进,为此上奏朝廷,获得批准,新建了大黄滘炮台和大虎山炮台。

《〔同治〕番禺县志》记载:"大黄滘(炮台),在大黄滘口海心洲龟冈,安炮二十二位。嘉庆二十二年总督阮元奏准添建。"经过实地考察,阮元认为,"大黄滘地方有大河一道,南通香山,东南通黄浦、虎门,为商船之所必经",具有重要的战略地位。如果由大黄滘直抵省城广州,便可不走广州东城之猎德,"仅建猎德炮台,不足以严两路门户"。

为选择新建炮台的地址,阮元实地查勘,认为大黄滘边的小岛龟冈,四面皆水,是添建炮台的最佳位置。新建的大黄滘炮台(也称龟冈炮台)与猎德炮台分头扼守通往广州的珠江南路和北路,成为广州的两大咽喉。刊刻于同治年间的《防海纪略》记载:"广东省河广阔,惟东路二十里之猎得、二沙尾,西南十五里之大黄滘河面稍狭,可以扼守。"自阮元始,大黄滘炮台得到历任两广总督的重视,多次重建、扩建,大黄滘炮台由单一炮台发展为炮台群,成为清代中晚期广州江防的重要堡垒。

大虎山位于狮子洋外江中心,独当一面,形势险要,但此前未建炮台。时人认为大虎山江面宽广,如果敌船不近山,便无法使之受炮,起不到封锁江面的作用。阮元认为,"水虽弥漫,而沙厚积于远水之底,外潮内江急水深泓所浚涤",行船势必靠近大虎山。他亲乘小舟测量,果然发现"近山(指大虎山)者其深数十丈,若远至百丈以外渐浅矣,二百丈大舟不能行矣",于是"筑台周一百廿丈,高丈八尺,女墙三十六,神庙、药局、兵房毕具,置大炮自七千斤至二千斤者三十位,发之能击三百丈之外。此无异对面有山,逼而束之,使近出此山之前也",从而达到炮击敌船、封锁江面的效果。

大虎山炮台工程告竣时,阮元撰写了《广州大虎山新建炮台碑铭》,指出:"此台之外,有沙角炮台,为第一门户,进而横档、镇远为第二门户,此大虎为第三门户。又于大虎之内新建猎德、大黄（即大黄滘炮台）二炮台为第四门户。"阮元以其非凡的军事地理眼光，新建炮台，初步构建起虎门要塞防御体系，这对加强广东海防具有重大意义。

东涌口汛房、石狮炮台的建设亦与阮元有关。《〔道光〕广东通志》记载："新安县属大屿山，孤悬海外，四面皆水，为各夷船必经之处。内惟大澳口、东涌口二处可以收泊。……嘉庆二十二年，总督蒋攸铦、阮元先后题准部咨，委候补知府彭昭麟，会同新安县，于东涌口建汛房八间，又于东涌口石狮山脚建炮台二座、兵房七间、火药局一间。"值得一提的是，涌口汛房后扩建为寨城，遗址至今犹存，成为观光胜地。

除上述外，阮元在两广总督任上的政绩还有：奏请筑桑园围石堤，减轻了广东珠江三角洲的水患；创建学海堂，培养出众多的著名学者和经世人才；设立恤嫠公局，救济贫困寡妇；修一百余年未修之英德县至清远县峡江纤道，变险途为坦途；主持修纂《广东通志》，梁启超赞"其价值久为学界所公认"等。

道光六年（1826）六月，阮元调任云贵总督，此时阮元已六十三岁。二十六日，阮元启程赴云贵总督任。广州的文武官员、军民人等为阮元送行，各书院山长及在城士绅，并学海堂诸生、各书院生童，纷纷赋诗送行。

自嘉庆二十二年（1817）九月至道光六年（1826）六月，阮元任两广总督近十年之久，在此期间兼署广东巡抚七次，还兼署过广东学政、粤海关监督等。他竭心尽力，在政治、军事、教育等方面均有建树，且影响深远。广州越华书院山长刘彬华说："我朝百九十年来，名卿宰相帅广之久于其位，而盛名足以压百蛮，明略足以训群吏，慈惠足以洽黎庶，学问足以式秀髦，威令足以整师旅，系人去思不已者，惟宫保大司马阮公为最。"

第六节　执政云贵　载誉归田

云南、贵州是中国的边陲紧要之地,清廷历来委以重臣治理。道光六年(1826)五月十六日,云贵总督赵慎畛卒于任所。六月十三日,阮元接到上谕,调任云贵总督。道光皇帝要阮元将两广总督篆务交给广东巡抚成格暂行兼署,"即赴云贵总督之任",连任职前"来京请训"的惯例都免了。

六月二十六日,阮元启程赴云贵。二十八日,舟至肇庆,由广西取道湖南、贵州赴滇。九月十三日,入云南界,至平彝县(今曲靖市富源县)接印。九月十八日,抵达云南省城昆明。一到衙署,阮元立刻"询饬各营务及各边务、铜政、盐政"。在奏折中,阮元提出:"窃照滇省政务,以沿边外夷及土境各种夷人设法防驭为最重,铜务、盐务次之。"

边疆重地,营伍最为紧要。阮家以武功起家,阮元曾自诩"半为将种半书生",深知保国必须治军的道理,因而一贯重视军务。到昆明两个月后,他不顾年高、足疾,立即赶到开化镇查阅军务。算来,自道光六年春粤西阅兵之行,至斯时,历时近一年,水陆行程万余里。道光七年二月,阮元赴云南东川、昭通二府及贵州威宁镇等地,检阅营伍。三月,阮元又至昭通镇、寻霑营、曲寻协,校场阅兵。同年九月,出碧鸡关赴滇西阅兵,在大理府驻三日,检阅提标大理城守营官兵,并调考鹤丽、维西、永北、剑川四镇协营。同月,到永昌府(今保山市)驻一日,检阅永昌协官兵,并调考腾越、龙陵、顺云三镇协营。十月,到赵州(今属大理市),调考普洱、威远、景蒙三镇协营官兵。

道光八年(1828)九月,阮元赴贵州检阅全省营伍,在安顺府检阅提标兵三日,兼阅新演速战抬炮阵,在省城贵阳检阅了抚标城守各营阵伍。十月,到镇远府,检阅镇远、松桃各镇协官兵。十一月,专题奏报了查阅营伍的情形。道光皇帝谕旨:"边疆重地,营伍最关紧要,随时认真整饬,不可稍忽。"阮元始终谨记。此后,阮元每年都赴各地阅兵,努力提升驻军素质,为保卫西南边疆打下了坚实基础。

维持社会治安是封疆大吏的首要政务。阮元督滇九年,主要事务都是围绕"保境安民"展开的。

阮元从政治着眼,从经济入手,首先整治盐政。盐课是历代王朝重要税收之一,盐政为各省要政,是关系国计民生的大事,盐业也很容易引发各种社会问题,引起社会动荡。云南历来食用本省出产的井盐,全省盐井最有名的有二十六处,行销省内,某井之盐行销某州县,都有定额。自乾隆末年,云南盐课日趋短绌,嘉庆八年(1803),云南盐务改为民运民销,情况有所好转,民众稍稍称便,至嘉庆、道光间,又出现销不足额的问题。由于盐业利益丰厚,官员中饱私囊,奸民趁机谋利,官盐短课,私盐泛滥,云南盐务弊端百出,民众深受其苦。

阮元到云南后,整饬废弛的盐务,成为他心心念念的大事。经过调查,阮元发现,官员在盐务管理上无所作为,受贿敛财;井员隐瞒实情,逃缴政府课银;井丁或私采走私,或以次充好。上下勾结,沆瀣一气,致使盐业凋敝。阮元认为,盐政种种弊端的根源在吏治。道光七年(1827)六月,他在给皇帝的奏报中指出:"奏销滇盐,总在省中。吏治澄清则井员不敢欺课,井员不欺课则井丁不敢走私舞弊。惟在严饬该管官吏实心实力办理,自然上下肃清,官课充裕。"

通过稽查,阮元将为害盐务的官员高崇云等人参劾、削职,杜绝井灶走私之弊。又饬令属员查实各盐井衰旺情况,以旺补衰,实行以溢销之井代征抵补,并提成以充公费,作边费之用。针对私盐侵占销路,妨碍官盐销售,导致国家无税收、民众无实惠的弊端,阮元大力打击私开私采,封闭私井,增加国家盐井产量,同时开通昆明以东地区销路。

在阮元接任前数十年，云南盐课每年都不足朝廷定额，欠缺课银达十余万两。经过阮元的整饬，严格纪律，慎选井员，盐政大为改观。道光皇帝特下谕旨予以褒奖："滇盐大有起色，所办甚好。"道光七年（1827），盐课奏销不仅全数完成正额，且有溢余之银至一万五千两之多。道光八年，溢余课银又数倍于上年之数。阮元又上奏，请求将溢余银两在每年奏销时，截留一半存于藩库，以备沿边诸事之用，得到了道光皇帝的允许。这为安定边陲提供了财力，为及时处理边事提供了财政支持。

云贵地区是众多少数民族聚居的边疆地区，阮元作为云贵总督，首要任务就是安定边防，安定少数民族，维护边疆稳定。在云贵总督任上，阮元对于边疆事务始终能够沉着应对，妥善处置。处理与周边越南等国冲突时，刚柔相济，有礼有力有节，维护国家尊严，坚决捍卫疆界，又不干涉他国内政，展现出镇抚一方的疆臣风采。

历史上云贵地区民族间纠纷频发，寻衅械斗也是常事。阮元处理少数民族事务，注重搞好民族团结，化解民族矛盾，避免民族冲突。

道光十年（1830）三月，龙陵厅芒市土司所属少数民族头领波岩剪纠聚夷众，盘踞山寨，且纠引野匪，时出焚掠。阮元檄调官兵剿捕，波岩剪被杀，余匪溃散，地方肃清。道光十四年，阮元又平息思茅厅所属车里土司叔侄互斗事件。普洱府思茅厅车里土司刀绳武与其叔刀太康因矛盾而互相争斗，而"刀绳武先之同室操戈，犹为可恕，后之纠结外夷，胁官跋扈，骚动内地，实属罪无可逭"。阮元本着"当以边地安和为重，未便以叔侄嫌疑，拘泥微节，以致另起争端，贻误将来"的原则，一方面对刀太康表示支持，另一方面为刀绳武父刀太和"立嗣继袭"，平息了动乱。

阮元引入傈僳族屯驻腾越（今云南腾冲市），制服"野人"一事，影响最大，也最为人们所津津乐道。史料记载，腾越地处云南极西南之地，汉族与苗族杂居，其边界有一种"野人"（实为少数民族部落），终年在山，巢居穴处，过着身披树叶、茹毛饮血的原始生活。"野人"性悍好斗，言语不通，难施教化，常于秋收之时进入内界抢劫粮食牲畜,伤害人命,出没无常,为患已久。虽已构筑工事防御,尚有香柏岭一带空虚,未能堵截。阮元通过调查,得知保山泸江外有一种边夷名傈僳,以垦田射猎为生,精于桑弩毒箭,"野人"虽然彪悍,但惧怕傈僳人。阮元采取"以夷制夷"的方法,招募傈僳三百户来腾越,发给口粮,建筑棚户,让他们在边界耕种田地,达到防御"野人"的目的。阮元对这批亦农亦军的傈僳人一直十分关心,当得知他们不敷食用时,每年另给盐粮接济。他又从长远考虑,奏请清廷准于司库备边项下借银二万两,发放到腾越厅,购置田亩,分别招佃,等田亩置齐后再停发盐粮。所借之银,先由本省捐廉,再分期归补完款。由于措施得当,傈僳人安居乐业。十余年后,傈僳人已增长逾千人。"野人"乞降,并献上木刻的誓言以示诚意,永不侵扰。

云贵地区随着流民(主要是汉民)在苗区的增多,产生流民侵害苗民田土的现象,导致一些苗民生计困难,激化了苗民与流民之间的矛盾。道光十四年(1834)十二月,阮元奏报流民租种苗田章程,禁止外省流民私佃苗田,亦不准附居苗寨之客户续置苗产,"俾苗人得以自耕自食,亦可自垦余荒,稍饶生计,不致与汉民交涉,辗转租佃"。章程对于保障苗民的田土所有权,维护苗区社会稳定有积极意义。

云贵与越南接壤,早在乾隆年间,越南就曾以"游民混越"为理由,挑起过边界事端。此后又要求重划部分中越边境,多次借故生衅。阮元对此深加戒备和防范。

道光十年(1830)六月,阮元忽然接到越南国王咨呈,大意说,接到下属报告,云南建水县衙多次"擅派军人出境生事","不行移报",捉拿越南人头目,并捉监致死,请求云贵总督饬查,要求建水县衙交回头目及器械财物税银,要求中国临近边界的各府县州"严戢兵民,毋许私越"。

阅此咨文,熟悉边境事务的阮元,一眼便看穿越南借故启衅、图谋占据中国领土的险恶用心。九月,阮元复越南国王照会,他首先指明:越南疆界虽与中国边境毗连,但两国界线处处分明,临安府属建水县所管之猛梭、猛赖等六猛之地,纳入天朝版图已一百数十年。接着阮元据实逐条驳斥咨文中的无稽妄言,并列举历史事实,证明六猛所属。阮元严正指出,六猛久为中国领土,屡次明白饬会,越南不会不清楚。今国王承黎氏、前阮之后,黎氏、前阮皆理屈词穷,不再有申辩,新阮岂可不守旧规?最后,阮元责成越南国王饬令下属,严束地方,仍遵旧规,不得听信浮言,越境滋事,致失恭顺素志,有负皇帝怀柔重恩。他警告越南:如胆敢越境滋事,必将遭到大军剿灭,勿谓言之不预!这份照会义正词严,态度坚决,同时又恩威并重,讲清后果,有力挫败了越南企图染指中国领土的图谋。越南国王理屈词穷,只得作罢。

道光十三年(1833)秋,越南国内发生内乱,越南土目农文云等杀官侵地,越南国王调兵分三路进攻追捕,战火绵延多地。因滋事地方接近中越边境的开化、广南等地,可能发生败逃者潜入中国境内或越南官兵追剿叛军越过边境的情况。阮元本着不干涉别国内政的态度,不在军事上支持任何一方,一面静观事态的发展,一面饬令沿边文武官员调集兵练,严密防堵,不准越南官兵、叛兵进入中国境内,也不得贪功生事,妄为杀戮。前后防堵长达两年之久,因内地防卡军威严肃,旗帐连接,号炮不断,成股之匪不敢近边内窜。至道光十五年三月,越南官兵追捕叛军头目农文云逃至燕岩洞,用火逼攻,农文云自杀,叛军全数剿灭。经阮元核查,边外归于安静,开化、广南边隘无须再防,方才裁撤兵练。

在云南,凡有便于民生者,阮元无不讲求尽善。昆明仓储兵米易朽,造成折耗。阮元立"一米易二谷之法",谷较米易藏,且民众改米纳谷,可省舂碾之劳。道光八年(1828),阮元在昆明城内建新仓五十间,名为"太平仓","从此兵民两便,官亦易于交收",为粮储之善策。

阮元宦迹所至,注重赈灾。道光十三年七月,云南发生大面积地震,"自省城南至临安(今云南建水县)、开化十数州县同时被灾,压毙男妇大小口数千人,房屋坍损数万间"。时阮元在贵州阅兵,闻报迅速回滇,派员分头查看灾情,动用银十数万两救济灾民。由于救灾及时,农田损失不大,史载

《复云贵总督阮元等奏〈云南昆明等州县地震折〉,着逐一查明震情,
动银赈恤谕旨》(选自《明清宫藏地震档案》,地震出版社2005年版)

"滇省老人言,滇省虽易地动,然数十年无此重灾,所幸赈恤不迟,而且实惠,
田稻无损,即速丰收,尚可补救"。

阮元担任云贵总督长达九年,有效加强了对云贵地区的治理,为维护少
数民族地区的稳定和多民族国家的统一作出了贡献。

道光十五年(1835)三月,阮元奉谕旨补授大学士,管理兵部。六月,离
滇北上。八月,抵京,旋入内阁任事,并到翰林院任,又到兵部办事。十一月,
兼署都察院左都御史。次年二月,充经筵讲官。四月,充殿试读卷官,教习
庶吉士。道光十七年三月,道光皇帝谒陵,阮元被派同惇亲王、长龄、汤金钊
为留京办事大臣,轮宿禁城。道光十八年(1838)三月,复因道光皇帝谒陵,
被派同肃亲王、惇亲王、奕经为留京办事大臣,轮宿禁城。

道光十八年四月、五月,七十五岁的阮元因"右足湿热,行走艰难",两
次以"老病"请求解任致仕归田,最终得到道光皇帝的同意。八月,阮元奏
回家乡日期,道光皇帝谕曰:"大学士阮元扬历中外,宣力五十年,清慎持躬,

云南昆明翠湖阮堤

克尽职守。……着加恩晋加太子太保衔，从兹怡志林泉，善自静摄。"至此，阮元长达五十年的官宦生涯画上了句号。

道光二十二年（1842），阮元作了一首《夕阳楼》，诗云："多年耐暑复耐寒，三十蒙恩亦耐官。今日夕阳楼上望，迟迟耐倚此阑干。"诗前有小序："老桑东小楼一间，西向，可望远林，二仆舁椅登之，余题此名。"诗后有记："余自二十三岁入都，三十二岁官内阁学士，历兵、礼、户部侍郎，总裁己未会试。三十四岁巡抚浙江，安南夷寇荡平。四十二岁丁艰，服未满，起复福建巡抚，告病。服满，复任河南、浙江巡抚，蔡逆及群盗灭。四十六岁为失察刘凤诰科场舞弊案落职。此二三十年似人生仕己之速，一世也。四十六岁复入翰林，居蝶梦园。四十八岁官内阁学士、侍郎，出督漕运，任两湖、两广、云贵总督。道光十三年癸巳正月七十岁，在贵州途次，旋总裁会试。七十三岁拜大学士，入都。七十五岁因足不能行，予告致仕归田，居别业。此又似人生仕宦之速，又一世也。昔三四十岁时，同年友曾曰：'云台如此速迁，以后无官可做。'彼时自惧不寿。后复入翰林，如两世人，耐官耐老。嘉庆中，蒙'清俭持躬，有守有为，显亲扬名'之谕，京察议叙。道光十八年，蒙'扬历中外，宣力五十年，清慎持躬，克尽职守'之谕，前后未尝少改素操。题《夕阳楼》句成，略识于后。"

此诗及序、记，是阮元对自己五十年仕宦人生的自我总结，是阮元一生中难得的一次心迹流露。这里面有宦海沉浮、如履薄冰的心态表白，也有眼望京畿、无以兼济的情绪流露，更有五十年来清俭持躬、恪尽职守的自我评价，言语中肯，得失自知，世事洞明。

第三章　与人处世彰品性

"水能性澹为吾友，竹解心虚是我师。"这是阮元的一副集句联，上联咏水，水淡泊恬静，可以作我友；下联咏竹，竹正直虚心，可以作我师。上下联形象生动，借物喻义，勉励一个人在与人处世的过程中要做到如水似竹。这无论是在当时，或是在今世，都是极有启迪、极富教益的。

其实，阮元不仅这样说，也是这样做的。他的一生做到了学优、位优、绩优、品更优，却是从不位显自骄，也不恃才自傲，而是"先行谊，而后文艺"，堪称与人处世的古今楷模。

阮元的许多生活片段，如山东却购、竹林茶隐、无意置园、以纤代赈、识拔陈莹、绿野泛舟等，都是扬州人耳熟能详的故事，我们从一个个真实而有生活情趣，机智又具传奇色彩的故事情节中，看到了一位形象丰满而又亲切感人的名相、前辈、老乡、读书人。故而阮元受到了人们的普遍尊敬，好友龚自珍称赞他"知人若水镜"，刘毓崧评价他"生平持身清慎"。这种"功德在人品""计功德于数百年后"的先贤，在古代不多见，在当代也受到人们的景仰和颂扬。

水能性淡為吾友

竹解心虛是我師

觉生世讲属

阮元

阮元行书七言联

第一节　恒自肃警　严于律己

阮元有一方"一品清廉砚"，是用端溪石中的子石制作的，其色青紫，其质如玉，砚底刻着一枝荷花，古朴大方。更有意义的是，阮元还为这方砚台书刻了别具一格的砚铭。据李欧《清代阮元题联题款端砚赏析》一文介绍，该砚堂上方是"一品清廉"四字，左右两侧是一副楹联："处世当克己短，交友应学人长。"砚座外侧又有一副楹联："世事洞明皆学问，人情练达即文章。"一旁有落款："乾隆五十四年秋阮元。"砚铭，是在砚台上镌刻各种文字，或抒发心声，或阐述性情，意趣各异，形式多样。自西周始，历代都有文人喜好为之。阮元在自己的这方砚台上书刻铭文，显然是以砚铭志，表达了将以"一品清廉"来严格要求自己的信念。

阮元书刻砚铭是在乾隆五十四年（1789），当年的阮元二十六岁。从十四岁开始应童子试，阮元一路上经过了府试、乡试、会试、复试和殿试。殿试后还有一次朝考，根据朝考的成绩，结合复试、殿试的名次，最后由皇帝授予相应的官职，其中最优秀的，授予翰林院庶吉士，入翰林院深造。乾隆五十四年的朝考，阮元以第九名的成绩，得到了乾隆皇帝的钦点，入翰林院任庶吉士。对于一个年仅二十六岁的青年来说，无疑是风华正茂，达到了学业辉煌的顶点，接下来的一定是厚禄高官，无量前程。然而此时的阮元，却在砚台上刻写了"一品清廉"四字。

砚台是日常用物，旧时的文人和官员每天都要使用，阮元在砚台上刻写砚铭,无疑是告诫自己:春风得意之时更要清慎持躬,每天看到砚台,都要警示自己。书刻砚铭的第二年,即乾隆五十五年(1790),翰林院的庶常馆散馆。散馆考试中,阮元以《一目罗赋》一文,钦取为一等第一名,授予了翰林院编修之职。乾隆五十八年,刚刚三十岁的阮元,出任山东学政,开始了前后长达五年的学官仕途。

学政全称是"提督学政",俗称"学台",是主持一省科考的最高长官,执掌全省各个学校的政令和岁、科两级考试,职级在巡抚与布政使、按察使之间。一日,阮元来到山东潍县,督查即将举行的科考。在街头,见有人售卖一件涂金造像记铜碑。这块铜碑高三寸五分,宽一寸二分,没有底座,额作双龙饰,上有"阿弥陀碑"四字。碑文是一笔不苟的正楷,每个字有谷粒大小。碑的正面涂金,背面有斑驳的铜绿,古朴可爱。

阮元小像(选自《清代学者象传》)

阮元对金石素有研究。六朝以来,佛教盛行,到了唐朝,除了名山大刹,大户人家也有佛堂,这种小铜碑,就是佛堂所供。阮元断定这是一件罕见的唐代文物,内心十分喜爱,便与卖主谈定了价钱。约定第二天见面,付款取货。回到衙署后,有人告知阮元,这件文物是某考生的家藏之物,这位考生将参加年内的科举考试。阮元发觉购买铜碑十分不妥,为了避嫌,尽管自己十分喜爱这件文物,但他还是断然却购。后来,阮元一直关注这件唐代文物,知道这件文物为山东临清知县张度收藏,文物有了归属,不致毁损,方才放心。此事在阮元撰《小沧浪笔谈》中有详实记载。

如果说阮元因文物价值不菲,为了避嫌而却购,那是从政之初的小心,他后来任职两广总督时,有一次为了几枚水果也十分谨慎,则可看出阮元时时处处都在顾及自己的形象,一生都是明是非,识大体,清正廉明。

北宋时史学家范祖禹遭贬来到广东化州,范公因为饮了州署苏泽堂一口井里的水,缓解了咳嗽的老毛病。他还发现井水里飘浮着许多小白花,取水细加品味,感觉有股奇异的芳香。抬头四望,原来井旁有两棵树正开着白花。于是范公又摘了一些小白花泡茶。过了一段时间,范公的气喘咳嗽全好了。范公又走访了当地乡民,终于弄清了这是化州橘红,有医治痰多咳嗽、食积呕恶的疗效。此后,橘红成为化州的一宝。

任两广总督时,阮元也来到了化州。阮元听说这儿的橘红树很多,就药效来说,城外的不如城里的好,城里的又以州衙附近赖氏园中的老树为最好。这棵老树原先枯死,后来从根部冒出了新枝,许多年后,新枝长成了大树,人们还是称为"老树"。赖氏一家世世代代守护着这棵老树,藉以谋生。凡是有人来买,赖氏就到树上现摘,以示货真价实。若是花和果实不多的"小年",一枚果实竟然要卖到一千文。阮元也想买一点橘红,但是他首先想到,凭他现在的身份,赖氏很可能不会收他分文,如果让地方官知晓,说不定还会以此来送礼。为了避免惊动他人,阮元特意关照家人不要声张,悄悄地命仆人以数千钱的价格购买了几枚橘红。事后,阮元还写了《化州橘红记》一文,讲述了化州橘红治病的故事。

道光六年(1826),阮元由两广总督转任云贵总督。阮元任两广总督近十年,其间又身兼数职,下属的文武官吏、书院生徒众多。大家得知阮元要离开两广,送行之日,万巷皆空,由督署至十里长亭,人群夹道,盛况空前。有许多好友和下属馈赠了若干赆银,供阮元作路途和安家的费用。赆银,是分别时友人馈赠的钱财,这在封建社会里是一种礼仪,被视为人之常情,然而阮元却将赆银悉数转给了广州的学海堂,作为办学和刻书的经费。赆银留下了,阮元带走的仅是四车图书和两袖清风。在赶赴云贵的途中,他吟哦了一首长歌《检书》,其中吟道:"十载居岭南,积书数十架。兹为南诏行,安得全弃卸。戚友可以别,此事岂能罢。损之又损之,已劳四牡驾。"

在云贵总督任上,总督府的西南原有一座旧楼(碧鸡台),倒塌已久。修缮时,阮元对属下强调:"工朴用省,成之甚易。"后来他在《碧鸡台记》中记述:"不必有所更张设施,惟以崇国德威、休养民生为事。"这显然出于对民众舆情的担心,以免有人批评他大兴土木、假公济私。此后,阮元作诗一首:"草草荒园起一台,不劳民力不伤财。两层白纸糊虚牖,四壁黄泥叠大坯。"从诗中可以看出,阮元一直秉持着严于律己的心态。

其实,一个人做一两件好事容易,做一辈子好事则难,特别是身居高位、有人阿谀奉承时,更是难上加难。历史文献中有多则资料说到阮元慎独、慎微,其中就有阮元一辈子不为自己办寿的故事,这就是被人们广为传颂的"竹林茶隐"。

民间习俗中,人到中年后,子孙就会为其操办隆重的生日仪式,以为孝敬之举。对于不法官员来说,过生日正是敛财的好时机,更是大操大办。然而阮元从政五十年,却是从不为自己办寿。有一方阮元拟撰的石碑,刻于嘉庆二十四年(1819),立在广西桂林隐山北牖的洞口,碑文中就记录了他"生日避客"之事:"每于是日(阮元的生日是正月二十日)避客,独往山寺。……窃以为此一日之隐也。"

事实上,阮元的生日避寿始于浙江巡抚任上,当年他四十岁,生日这天,为了避开贺寿的亲友下属,他独自前往海塘工地视察。此后,每逢过生日,无论是在家乡、在官衙,或是在旅途,阮元都是避开众人,或煮茶于竹林,或独游于山寺,寻找一处僻静之地,独自隐居一日,以至于"茶隐"成为阮元的特殊习惯。

〔清〕阮元撰《隐山铭》（选自《品读桂林石刻
文化》,广西科学技术出版社 2018 年版）

　　道光三年(1823),阮元六十岁。民众中有"生日年年有,八十为寿首"
的说法,六十岁作为人生的大寿,理应庆贺一番。然而生日的当天,身为两
广总督兼广东巡抚的阮元,仍然带着一家人来到竹园中品茗自乐。他还自
绘了一张《竹林茶隐图》,又欣然在画上题诗:"万竿修竹一茶鑪,试写深林
小隐图。岂得常闲如圃老,偶然兼住亦庐吾。传神入画青垂眼,揽镜开奁白
满须。二十余年持使节,谁知披卷是迂儒。"诗题中说:"道光癸未正月廿日,
余六十岁生辰,时督两广,兼摄巡抚印,抚署东园,竹树茂密,虚无人迹,避客
竹中,煮茶竟日,即昔在广西,作'一日隐'诗意也。画《竹林茶隐图》小照,

自题一律。"读这首诗可知,阮元所绘的《竹林茶隐图》,画中的人物即是他自己。

这首诗的诗题提到"即昔在广西作'一日隐'诗意也",是指作者所写的另外一首诗。这首诗的诗题是《隐山三章章四句》,诗前也有小序:"余生辰在正月廿日。近十余年所驻之地,每于是日谢客,独往山寺。嘉庆廿四年,余岁五十有六,驻于桂林。是日,策数骑避客于城西唐李渤所辟之隐山,登降周回,串行六洞,煮泉读碑,竟日始返,窃以为此一日之隐也。"诗云:"隐山之峰,苙轴可容,一日之隐,客不能从。""隐山之北,覆岩幽泽,一日之隐,栖此泉石。""隐山之中,云岫四通,一日之隐,我辰所同。"由此可知,自四十岁后,阮元过生日一直是"竹林茶隐"。

阮元的"竹林茶隐"虽然简朴,却不单调。日常生活中,阮元的次子阮福一直陪伴在父亲身边,经常为父亲汲泉煮茶。阮福听说广州城外番禺县

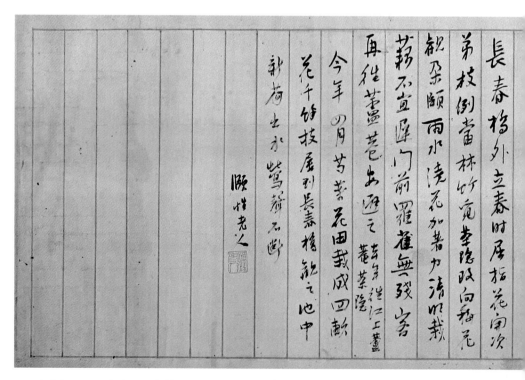

〔清〕阮元"茶隐"行书横幅(扬州博物馆藏)

境内有一个学士泉，人称"岭南第一泉"，就前往汲水。辨别学士泉有一种方法，滴入一滴墨汁，墨沉而不散。阮福亲自到学士泉，滴墨试验，果然与记载无异，于是汲取了一担，送到父亲身边。六十岁生日的当天，阮元喝着学士泉水煮的茶，兴致极高。事后，阮元又在《再题〈竹林茶隐图〉》一诗中记述了"福儿汲得学士泉，煮茗作诗"一事，诗云："酒中有至乐，恨我绝不谙。近岁作茶隐，聊以当沈酣。禺山到咸海，已是珠江南。怕汲斜水斜，戒酌贪泉贪。忽闻学士泉，轻与云相涵。滴墨辨真伪，符调得一担。松柴与石硙，煮试来吾男。茗投龙井叶，咀味清且甘。诸孙与杯勺，可抵饴弄含。七碗吃不得，赊饮可及三。先生非醉吟，隐几何醺醺。此时竹林下，蝶化罗浮蚕。"阮元的《竹林茶隐图》上一共题有四首"茶隐"诗，除上述二首外，另外二首是《正月廿日雪晴煮茶于竹林中题〈竹林茶隐〉卷》和《丙申正月廿日茶隐于城南龙树寺题癸未〈竹林茶隐小像〉卷中》。

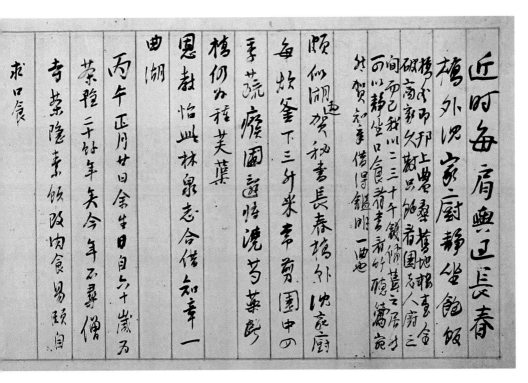

次子阮福为父亲汲泉煮茶，长子阮常生也有一份特别的贺礼，这就是他为父亲组织编写了一本记载父亲行踪与业绩的《年谱》。这本《年谱》共二十四卷（按：此本亡佚，当是《雷塘庵主弟子记》初稿本）。阮元的门生、大理寺少卿程同文等人知道此事后，与时任内阁中书的龚自珍商议，请龚自珍为《年谱》作序，龚自珍欣然应允，门生们即以此作为阮元的祝寿之礼。

八十大寿时，阮元已经致仕返乡，仍然与往年一样，来到扬州公道桥的老家——桑榆别业，作竹林茶隐之乐。道光二十五年（1845），八十二岁的阮元还对他一生的"茶隐"进行了回顾："乾隆癸丑，臣三十岁，正月茶宴，赐御题杜琼《溪山瑞雪》一轴。御笔题云：'雪景溪山写杜琼，玉为世界不孤名。老翁驴背循溪路，输与凭窗望者情。'谨案，此等旧画，皆办《石渠宝笈》时挑落次等之件，御制诗己酉春题此轴，圣旨留待茶宴时分赏近臣，而臣适分得此轴。至臣四十岁时浙江巡抚任内，凡寿日皆茶隐于外。五十隐于漕舟，六十隐于兼粤抚之竹林，七十在黔溪雪舟中，终身避此哗嚣之境。及今八十二岁，茶隐于长芦庵，巧遇溪山瑞雪之景，是六十年前圣人随手分赐之件，即定臣终身茶隐之局。"阮元说自己的生日茶隐源于乾隆皇帝的一次"茶宴"，当是谦逊之语。能够年年如此，成为终老一生的常例，应是性情与自律所致。

道光二十二年（1842）三月上旬，阮元拜访因病休致的江苏巡抚梁章钜。梁章钜刚到扬州不久，还没有拜访过阮元，也不知道阮元家中的具体情况，闲聊时问："府中之园如何？"阮元回答："我本无买园之力，即有资亦断不买园。扬州仕宦人家，无不有园者，郡人即以其姓名之，如张姓则呼为'张园'，李姓则呼为'李园'，若我有园，则亦必被呼为'阮园'，是诚不可以已乎。""阮园"与"阮元"谐音，口语里似乎是直呼其名。阮元以不合礼仪作为托词，为自己无意置园做了巧妙的回答。其实，在职为官时，阮元克己奉公、告老还乡后依然自警自律，他把有限的积蓄全都用在刊刻典籍、救济难民等各种公益活动上。

用铭文来告诫和要求自己,除了书刻"一品清廉"砚铭外,阮元还为他的书房"节性斋"撰写了《节性斋铭》,文曰:

> 周初《召诰》,肇言节性。周末《孟子》,互言性命。性善之说,秉彝可证。命哲命吉,初生即定。终命弥性,求至各正。迈勉其德,品节其行。复性说兴,流为主静。由庄而释,见性如镜。考之姬孟,实相径庭。若合古训,尚曰居敬。

训诂学是阮元学术研究的一个方面,阮元一贯主张"以训诂求义理",这篇《节性斋铭》即是一例。所谓节性,就是节制性情,有守有为。在这篇铭文中,阮元认为人的本能和道德都与天性有关,过分地追求人的本能,听之任之,必

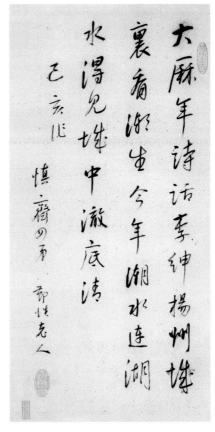

〔清〕阮元款署"节性老人"(选自《寒英馆珍藏集》,荣宝斋出版社2015年版)

然导致性与命的分离。由此阮元认为,正直向上的人一定要"节性",并以此作为自律的"义理"。阮元在《释敬》一文中引用《释名》之句:"敬,警也,恒自肃警也。"正直善良的人一定要做到"恒自肃警"。晚年,阮元还把自己的书房命名为"节性斋",自号"节性老人"。

从"一品清廉砚"到"节性斋",从"避嫌却购""化州购橘"到"赆银助学""竹林茶隐""无意置园",这些现实生活中的点点滴滴,都是阮元用自己的一言一行实践着"恒自肃警"。如此清廉自律,堪称古往今来"学与仕合"的典范。

第二节　示范传承　家风久远

　　封建士大夫以"立身""事亲""留名"为三大功业,既是人生奋斗的目标,也是自我激励的动力。阮元就是这样一位勤勉自好的封建士大夫。

　　年轻时的阮元与人处世,与他父母点点滴滴的教导是分不开的。当年,阮元的父母不仅教他勤奋读书,更是教他如何做人,父母自己也在日常生活中时时处处做出表率。父亲阮承信"性正直刚毅,心事光明,复忠厚仁慈,生平不为欺人之语,不为刻核之事",母亲林氏"操持阃内,礼无不举"。阮元在《诰封光禄大夫户部左侍郎显考湘圃府君显妣一品夫人林夫人行状》一文中,满怀深情地讲述了父母教育自己与人处世的往事。

　　母亲林氏是一位注重子女教育的女性。十五六岁时,阮元交了一些朋友,每次从外面回家,母亲都要反复问他,今天和谁在一起,讲了什么话。阮元回答以后,母亲就会说:某人讲得对,某人说的没有道理;你的这句话说得好,那句话欠妥。渐渐地,阮元所交的朋友,都是有学问的,品行也非常端正。母亲善于治家,阮承信常年在外面忙碌,子女教育等家务事常常顾及不到。有时谈起,母亲都会说:你不必操劳,这些我早就安排好了。有了这样一位贤内助,阮承信无后顾之忧。阮承信的亲戚常说,阮夫人"真女中丈夫,且世之丈夫亦不及也"。

　　阮元是独子,母亲去世得早,他的父亲"严慈交至,鞠育训诲,迄于成人,爱子之心,无所不至"。阮承信爱读史书,精研《春秋左传》《资治通鉴》,

对于战阵、谋略有自己独到的理解。他对幼年的阮元"口讲指画""训诲谆切",告诉阮元"读书当明体达用,徒钻时艺无益也",希望儿子将来能够有所成就,成为国家的栋梁。阮元则是"侍立倾听,警心一志"。

阮元青年得志,三十岁就外出为官,成为主政一方的大员。虽说阮元机敏聪慧、学养深厚,但是面对复杂多变,甚至是凶险狡诈的官场和社会,应该说还是有些稚嫩、力不从心。幸而,外出为官后,父亲阮承信一直陪伴在阮元身边,及时予以指点,使得阮元避免了许多麻烦,少走了许多弯路。甚至可以说,阮元一生的勤勉与廉洁,很大程度上得力于父亲的教诲和辅佐。

阮元督学浙江时,恰逢父亲过生日,有个老朋友前来拜访,阮承信热情接待。老友看到阮承信的生活过得很简朴,就问:湘圃先生的日子怎么过得这样清贫?阮承信说:我家境本来就贫寒,我也习惯了,这样不是很好吗?那人拿出两张银票,说:我带了一千两银子,来给湘圃先生祝寿,还请不要推却。阮承信非常愤怒,站起来斥责那人说:我平生最可耻的事,就是敛取不义之财,所以才不富裕。你无故拿这么多银子来送我,如果是有事想求我儿子,你就想错了。我儿子深受朝廷重恩,虽然恪守清廉仍不足以报答于万一,难道能接受你的钱玷污他自己的名声吗?你如果以礼而来,我也以礼相待;你现在以贿赂来,恐怕你今天难以跨出我家的这道大门。客人听了这些话语,羞愧无比,只好谢罪而去。在政务上,阮承信也经常指点阮元。阮元视学浙江时,阮承信对他说:"取士当先器识,取文亦当无所不收,若以一隅之见为去取,必有弃材矣。"

阮元任浙江巡抚时,阮承信热心于地方上的慈善事业,甚至不顾年老体衰,直接出谋划策,帮助阮元料理。阮元先后有整饬育婴堂、收养弃儿、禁溺女婴等一系列惠民举措,背后都离不开父亲的指点。

有一年,浙西发生水灾,汪洋一片。父亲阮承信慷慨捐银赈灾,他对阮元说:这是我为你节省下来的养廉银,现在拿出来救济饥民,也算是用得其所。

某年冬天，年景不好，阮元在杭州普济堂开粥厂赈济饥民。阮承信亲自前去查看，回家后，他十分高兴地对阮元说：我见到贫民们能够安然度过这个寒冬，真是欣慰啊。

以上事例，《清稗类钞》《清朝野史大观》等笔记中都有记载。清人陈康祺《郎潜纪闻三笔》不仅载录，还加了评语，说阮元："醴泉芝草，确有根源，观于文达（指阮元）父祖，益可兴起矣。"

嘉庆十年（1805）闰六月，阮承信在阮元的浙江巡抚公廨去世，享年七十二岁，此时阮元四十二岁。自从阮元于乾隆六十年（1795）出任浙江学政，父亲一直跟随在阮元的身边，前后长达十年。父亲培养教育了阮元，继而又辅佐了阮元、成就了阮元，父亲的风范让阮元受益终身。在阮承信的影响下，阮元也以自己的言行教育后辈，把父亲的风范代代传承。

阮元对后辈的教诲，虽然没有一个整体的系统的长篇大论，但是在他的诗作或论说中也有所表现。如诗作"家计百年自清白，国恩五世受栽培。后人有庆先人德，文武科名岂易哉"，对联"睦族敦亲尊祖训，尊贤敬老葆宗风""欢喜性生方嗜学，和平心定即修身"等。

阮氏家庙门联

阮氏家庙大厅联

道光元年(1821)十月,当时的阮元身兼两广总督、两广盐政、广东巡抚、太平关税务、广东学政、粤海关税务,掌握六颗大印,权力可说是如日中天。当年阮元的第四个孙子阮恩光出生,孙子的小名就叫"六印"。然而,在孙子抓周时,阮元却是用红笺题写了一首绝句:"翡翠珊瑚列满盘,不教尔手亦相拈。男儿立志初生日,乳饱饴甘便要廉。"要求子孙知廉耻、戒贪婪。

在阮元的培养教育下,长子阮常生在外做官,也是十分勤廉。道光十年(1830),阮常生任直隶永平知府,出外办事时,不带随从,有时只带着一个仆人,驾着简陋的马车,借宿在乡民的草房之中。不认识的人见到他,都看不出他是一位朝廷命官。有一次,迎接他的下属竟然没有认出他,擦肩而过,一时以为笑谈。

阮常生和父亲一样,也十分重视地方上的文教事业,在任上"清慎廉勤,以除暴安良、振兴文教为首务"。永平郡城原来有一所敬胜书院,荒废多年。阮常生一到任,顾不得安置好自己的住处,就赶往书院巡视,希望书院能早日恢复正常教学。阮常生为书院订立了十八条教规,刻在石碑上。规定每个月由书院山长主持五次考试(斋课),并由官府定期考核(官课)。每到官课的那一天,阮常生总是在百忙之中抽出时间,亲自去书院点名、收答卷,对学子们"口讲指画,训诲谆谆",一直要等到阅卷结束才离开。在整顿敬胜书院的同时,永平武庙的两所义学也一并得到整顿。阮常生每月都去察看上课情况,对于勤奋好学的学生,奖以笔墨之资。从此永平城的文风得到复兴。

永平城濒临东海,城西滦河的下游入海口原来有一座百余丈的大桥,阮常生到任时,大桥已毁。这里水宽流急,不宜再建桥,只能靠木船摆渡。不远的漆河也有一个渡口,两处的艄公靠水吃水,索价太高,当地百姓和过路商人常常遭到敲诈。渡船时间也不固定,甚至等到夜晚也不能渡河,只好露宿在河岸。阮常生听说这种情况后,查清了事实,斥责了艄公,亲自规定了公平合理的渡船船资。他还下令在渡口竖一木杆,上悬一片大瓦,同时发布告示,告知渡河的民众,上船时遇到敲诈勒索,下船后可敲碎大瓦。阮常生还让丁役每隔一日要到渡口巡查一遍，若有人持断损的瓦片来上报，立即予以查办。他又担心巡查的丁役懈怠，便仿照苏东坡"调水符"的办法，用竹筹做成凭证，每个渡口分置两种颜色的竹筹，早晚更换，丁役每巡查一次，须取一根竹筹作为凭据。这样一来，艄公受到约束，每日按时开船，再也不敢勒索民众了。这件事一经传开，永平的各个渡口也都仿效，过往商旅方便多了，纷纷称赞。

永平这个地方满汉人杂居，讼狱很多，历任官府都感到头疼，有的案件多年都不能了结。阮常生到任后，像父亲那样，及时审理，公正断案，绝不留下积案。对孤独无依的贫民，多有体恤；对惯匪惯盗，严加惩处；对于挑唆别人打官司，借以从中牟利的讼棍，则是重罚。短短几个月，一件件积案全部审清，还平反了好几宗前任留下的冤假错案。

道光十二年（1832），阮常生升任清河道。任职前，道光皇帝召见了他，对他说："你是大员子弟，你不骄，人家说你骄，你不傲，人家说你傲。你父亲做官甚清，你跟你父亲学，总不错的。"上任后，阮常生日夜巡视河堤的险要之处，亲临工地，加固堤岸，力求不再发生水患。由于操劳过度，阮常生卒于任所，年仅四十六岁。阮常生殁后，永平府的老百姓向官府请愿，恳求将阮常生列入名宦祠，常年祀奉。道光皇帝听说阮常生去世的消息，感到非常可惜，安慰阮元说："尔子可惜，他是个材料！"

那个小名叫"六印"的阮恩光，成年后在外为官，也不负前辈的教诲，以祖、父二人为榜样，勤政为民。同治二年（1863），阮恩光任湖北当阳知县。当阳的地势是西北高东南低，沮河与漳河汇合处，经常会发生水灾。阮恩光十分关注民众安危，"劝督居民，缮修堤防，期以坚厚。令下皆踊跃趋事，堤成而昏垫息"。为官在任时，他也以祖、父为榜样，十分关心地方文教，为书院筹集经费。他还主持编修了《〔同治〕当阳县志》，在序言中，他满怀深情地写道："夙奉先相国训诲及家大人教迪，一行作吏，不敢不勉。"

严慈做示范，家风传久远。阮元以及他的父辈和子孙们，不仅自己做到了"立身""事亲""留名"，更是做到了清风正气代代传承。

第三节 严以御下 整顿吏治

乾隆末年,腐败之风弥漫官场,政治、经济出现由盛转衰的态势。嘉庆皇帝即位后,励精图治,试图改革朝政,乾隆皇帝驾崩仅半个月,即宣布乾隆的宠臣、大学士和珅的诸多罪状,令其自尽,抄没家产,以此来告诫群臣,切勿营私舞弊。

当时的浙江,因吏治腐败,海盗猖獗,海塘失修,水患连年,百业凋敝,税赋不足,民不聊生,怨声载道。阮元出任过山东、浙江两地学政,才干过人,嘉庆四年(1799)朝廷命他出任浙江巡抚。受命于危难之时,阮元深知责任重大,一到浙江后,立即采取了一系列措施,整顿吏治,救灾济赈,平定海盗,兴利为民,解决了大量的社会民生问题,使浙江的局面得以好转。

上任不久,阮元便发现全省各地亏空巨大。虽说前任巡抚设法弥补了部分,但仍有一百八十七万八千四百余两的欠帑。分析原因有二:一是有下级官员用库银吃喝招待,巴结逢迎上司;也有上司向下属勒索,下属只得挪用公款。初到任的官员若是不愿逢迎,便有上司引诱、同僚劝说,总要同流合污才罢。一个州县如此,漫延开来,各个州县都是这样,导致各地都有亏空,仅是多少不等而已。二是前任官员把亏空留给后任,因袭多年,人事变迁,亏空的库银难以追收。个别升任的官员答应弥补,其实是挪用新收的库银,弥补先前的空缺,如同左手换右手,全省的欠帑并没有减少。更坏的是，时间跨度大，官场牵连广，调任的、退休的、去世的都有，全省的浪费、挪用、贪污形成了风气，可谓是一团乱麻，积重难返。

看上去是财赋亏空，实质上是吏治腐败。若是听之任之，挪新掩旧的积弊仍会有增无减。但是一味地督催欠帑，势必会滋扰地方，导致州县官吏转嫁危机，最终受害的仍是百姓。思之再三，阮元认为必须有一个筹补措施，方能解决这一难题。阮元设想了三种清查弥补的方案，三种方案各有利弊，权衡之下，采取"年清年款"一法较为有效。此法是以本年度为时间节点，划清界限，使得旧有的亏欠明明白白，无从掩饰。当年征收的银两，主要用于当年的款项，若有盈余，再用于偿还欠帑。为了防止各地将危机转嫁给百姓，阮元对各级衙门严加督促，要求全省官员崇尚节俭，以身作则，将节省下来的费用按月上缴。这样一来，各地节省的银两不断增加，按月缴给藩库，弥补先前的亏空。若是本县亏空填平，再将多余的银两支援同府州县。同府州县的亏空填平，再将盈余划给全省最穷的州县。最终使得全省欠帑不断减少，财赋状况逐渐好转，吏治不断改善。

阮元将"年清年款"的设想上报朝廷："似年清年款一条，尚可收实效而少流弊。俟吊齐单册，查明实在亏缺之项，究系若干，其中某任亏缺若干，弥补若干，分别有着无着，总期于国帑日有起色，于民生不致扰累。"嘉庆皇帝闻奏，晓谕："所办是弥补之法，宜缓不宜急，于官有益，于民无损，日计不足，月计有余。若绳以官法，现任者罹祸，取用者反置身事外，情理亦不得其平，又不能弥补足额。"嘉庆皇帝十分赞赏阮元的措施，对阮元说："闻卿在浙，颇能整饬，守正才优，朕心深慰。果能常守此志，不因贵显更易素心，常忆寒窗灯下辛苦，到此地位，应显亲扬名，为国宣力，成一代伟人，不亦美欤！勉守朕言，毋懈。""年清年款"的办法的确有效，后来继任的浙江巡抚也都遵循了阮元的这一做法，不到二十年，浙江的藩库亏欠最终填平。

阮元整顿吏治，不仅是弥补欠帑，同时也整饬税收。杭州是浙江重要的税收之地，北新关位于交通节点，更是重中之重。这儿的税务官吏多年来一直是苛刻蛮横,对来往的商贩任意敲诈勒索,常常以检查为由,扣押货物,索取钱财,如同白日土匪,肆意抢劫。民众经过这里时,如同过鬼门关,深受其苦,于是商贩越来越少,每年的关税都达不到定额。

阮元的父亲早年曾经经商,深深体会到商旅的艰辛,对阮元说:"宽以惠商,严以御下,治榷之道也。"阮元决心彻底革除关榷的弊端,对关榷胥吏严加管束,一有敲诈商旅的举报,便严加论处。几例案件严处之后,刁顽的关吏再也不敢肆无忌惮。阮元还题写了一副对联,张贴在关门两旁:

上古关无征,后世不得已而榷关,慎勿失其初意;
本朝税有额,小民如其分以纳税,何可使有怨言?

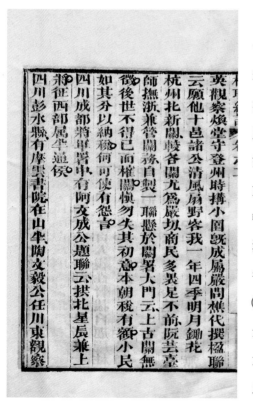

〔清〕梁章钜辑《楹联续话》书影

这副对联如同广告语,用言简意赅的语言告诉大家:国家的税收是有限额的,关吏要秉公执法,不得额外征收,商贾也应该按照朝廷的规定纳税。联语一出,商家拍手称快。先前的北新关关吏如狼似虎,商客避而远之,阮元整顿吏治后,关榷风气为之一变。渐渐地,北新关税务恢复了正常,几年下来,还有了盈余。嘉庆八年(1803)闰二月,"北新关正税盈余一年期满,于钦定盈余外,余银六万五百两有奇,尽征尽解"。对此,清代诗人乐钧有《北新吏》一诗予以记载:

昔过北新关，关吏猛如虎。

嗔喝启箱囊，见金即夺取。

今过北新关，但问来何许。

见我案头书，知我非商贾。

关开船即行，不烦词说苦。

三年度此关，吏胥不诃侮。

试问来往人，皆言关易过。

问吏何能尔，使者无烦苛。

赋税自充裕，岂在多网罗。

水清沙自洁，官贤弊自绝。

飞棹出钱唐，桐庐看山月。

"水清沙自洁，官贤弊自绝"，阮元狠抓吏治整顿，严厉打击贪官污吏，一一落到实处，使得浙江的政务逐渐有了起色。

在浙江，阮元吏治的另一个重点，是整顿弊端丛生的海塘工程。海塘是防止田地淹没的水利工程，到了嘉庆年间，因海塘维护不善，每逢汛期，时常堤岸溃决，潮水冲毁民舍田地，成为地方大患。

巡视海塘工程时，阮元发现了许多弊端。按照惯例，海塘修复工程由各地承办，每个县摊派若干丈。然而各地的县令人多不熟悉水利工程，多是拿出银两委托"帮办"承办。由此，营私舞弊的"帮办"便有了可乘之机，从中渔利。仅塘工柴草一项，就有巨大的漏洞。塘工柴草是修缮海塘必不可少的物资，需求量极大，由各个县自行采买。县令不知道柴草的价格，也不知道运费要多少，"帮办"们任意要价。柴草运到，官府也不称重，只是随便看一下，反正用的是公款，常常是多估多报。

经过调查，阮元发现最大的弊端就是"帮办"，"帮办"愈多，中饱私囊的也愈多。于是，海塘年年修、年年坍，年年坍、年年修，塘工费用不断增加，

浙江钱塘江海塘海宁段

百姓苦不堪言。阮元决意革除这一弊端,嘉庆六年(1801)七月,阮元规定"海塘工程,自后不得派地方官帮办",《雷塘庵主弟子记》卷二记载:"先生(指阮元)以柴石工料一切细为核算,去其浮费,于例贴之银可敷支用,因全责成于一道、二厅及守备、千总等。历年有大工,皆永除州县帮办之例。"阮元责成各级官员,海塘大修工程要委派精熟水利工程的人,将修复海塘的柴石工料等细为核算,去掉不实的款项,不准使用"帮办",从而杜绝了贪腐的渠道。

嘉庆五年,朝廷让各地举劾、荐贤,阮元上报:浙江有卓异官十一人,不谨官一人,软官二人,年老官八人,有疾官一人,才力不及官三人,浮躁官二人,奏请吏部分别议处。浙江的吏治由此得到了极大好转。

阮元整顿吏治的另一个有重大影响的动作,是公正处置了震惊朝野的大案——"河南控案"。

嘉庆十二年(1807),河南的一位知府举报河南省的官员侵欺舞弊,其中还牵涉到清廷的宗室——亲王永瑆。嘉庆皇帝急派在浙江有整顿吏治经验的阮元,赶赴河南,处理此案。

阮元时任兵部右侍郎,他来到河南,深入细致地了解案情。原告熊之书是原任巡抚熊学鹏的儿子,患有精神病,他举报河南省官员利用巫术、共同营私舞弊。经过反复调查,此事并不属实。熊之书患有精神病,但捏造情节,参奏河南全省官吏,涉及多人,并以"巫术"诬告宗室亲王,其罪甚大,按照清律应该"反坐"(把被诬告人应得的刑罚,反过来加在诬告人身上)。阮元考虑到原告患有精神病,奏请收禁,等疯病痊愈,再候旨办理。

熊之书一案虽然理清,但河南吏治不力也是事实。其中,河南彰德府的知府黄鸣岐,在祥符县知县任内,用公款捐升知府,欠银一千二百余两。事后虽然归还,但欠银在前,捐升在后,有挪用公款的嫌疑。阮元查实后,当即将其停职,交给吏部严加议处。而河南巡抚马慧裕在提拔黄鸣岐时,未能发现其营私舞弊的行为,难辞其咎,奏请朝廷将其降职处置。

阮元又发现一案。有一年,河南官府筹买米粮,预计要补贴九万两,办理此事的藩司陈钟琛让全省各地摊捐了这笔费用。事后,除了支付应付的补贴外,尚余五万两,此款既未分还各地,又未上报朝廷,而是久贮司库,用以生息。查实后,阮元将当事人陈钟琛解押京师,交吏部议处。

此外,河南直隶州同知温承祚、试用县丞彭骥二人,一个是河南布政使温承惠的堂弟,一个是他的内弟。这二人任职的时间虽然在温承惠未到河南之前,但温承惠上任时没有按例回避,也没有据实声明,属于违规。查明后,温承惠也转交吏部照例议处。阮元的河南之行,得到朝廷上下一致称颂。

为了进一步整顿吏治,阮元在河南还刻印了一本吏治专著——《佐治药言》。

《佐治药言》的作者是汪辉祖。汪辉祖(1731—1807),字焕曾,号龙庄。早年丧父,家道不富,考中秀才后不久即跟随外舅学做幕客,专习刑名,在江浙一带充当刑名师爷长达三四十年。中进士后,曾任湖南宁远知县。因有丰富的官场经验,汪辉祖的《佐治药言》及其后来所著的《续佐治药言》《学治续说》《学治说赘》等,都是他对于吏治的经验之谈,是针砭官场弊病的药石之言。

〔清〕汪辉祖撰《佐治药言》书影（清知不足斋丛书本）

《佐治药言》是一部不可多得的吏治教材。该书认为长官、幕僚都必须将品行的培养放在第一位,这是官德的根本。阮元刻印这本书,就是让下属认真阅读,学习为官之道。

阮元还曾寄函各位师友,征求用人之道。阮元的弟子张惠言在答阮元书中言:"窃以为在上者之用人也,如良医之聚蓄百药焉。""良医务蓄珍药,而君子务树善人",应是阮元严于御下、整顿吏治的良方与法宝。

第四节　扶危济困　善待民众

受父辈的影响，阮元为官从政后，特别关注弱势群体，不仅借助权力扶危济困，自己也多次拿出薪俸救济孤苦百姓。

当年，浙江时常遭到水灾的侵袭，常常是田庐漂没、民众流离失所。作为浙江巡抚的阮元，一方面派人查勘，了解灾民人数和受灾情况，一方面奏报朝廷，请求减免、缓征田赋漕粮。对受灾严重、三餐不继的府县，阮元多次开仓放赈，接济贫民。灾害最严重的时候，阮元更是身先士卒，亲自视赈，即便是偏僻的山村，也亲自前往，指导当地赈灾。

嘉庆五年（1800），阮元赴金华等地巡视，发现胥吏赈灾时有可能违法乱纪。为了防患于未然，他命人将受灾地有几村几户、每户几人，张榜公布。榜单上还要写明，本村极贫者是谁、次贫者是谁，有大口几人、小口几人，接受赈济几个月，发放米粮是多少，等等，一一公布，让全村监督，使得贪官污吏无可乘之机。受灾最严重的地区，阮元要求开设粥厂，并为粥厂制定了米粥赈济的标准，这就是"立箸不倒、裹巾不渗"。"立箸不倒、裹巾不渗"，是说发放给灾民的米粥，筷子插入不会倒，毛巾兜裹不渗水，保证米粥黏稠，让灾民果腹充饥，不至于饿死。对于老弱残疾的灾民，阮元则要求增设厂篷，以便领取粥粮时能够遮风挡雨。他还规定放粥的人员要与灾民同食一锅米粥，防止不法胥吏使用变质的米粮。

阮元一系列周到细致的赈灾措施，做到了"尽一份心即贫民多受一分之益"。故而阮元视赈时,百姓总是扶老携幼,夹道迎接。嘉庆十四年(1809)四月,余姚知县上书:当地民众感谢阮元等官员的倡捐义举,希望将节余的助赈善款归还给捐助人。后来,阮元将这笔善款退回,拨付给当地书院,用以补贴生员的膏火银。

阮元以民为本、以仁施政,还做了一件社会反响巨大的事,这就是扭转浙江的"溺婴之风"。

溺婴,特别是溺弃女婴的恶俗,由来已久,明清时期尤为严重。顺治皇帝曾经下旨申斥:"溺女恶俗,殊可痛恨,着严行禁革。"但民间的溺婴弃婴行为并没有因为禁令而得到有效的遏制,问题依然十分严重。浙江的溺女婴之风更是屡禁不止,康熙、雍正、乾隆三朝地方志都有记载:"昔年邑多荒歉,艰于衣食,贫而多子者往往产女而溺之,又有贫家虑难遣嫁而溺者";"俗多溺女,鳏者渐众";"溺女,邑之锢俗也"。针对这一恶俗,嘉庆六年(1801),阮元果断采取措施,颁布政令,严禁乡民溺害女婴。

但是对于贫苦民众来说,无力抚养也是事实,《〔乾隆〕诸暨县志》即云:"每为家计累,故多溺女。"阮元也意识到仅靠纸上的法令,难有实效。于是,他在公布禁令的同时,又发动社会各界认捐"女婴喜银",阮元自己首先带头捐款,城乡士绅相继响应。"女婴喜银",是谁家生了女孩,父母一定要到当地的郡学注册,可以从学官处领到喜银一两,用作女孩的乳哺之资。

一两"喜银"虽然不能解决贫穷,却使女婴的父母"顾养情深,不忍杀矣"。这一做法的动机和目的,《雷塘庵主弟子记》有详细的记载:"(嘉庆六年)四月初一日,戒金华府溺女。先是金华一府民间有产女者多不举,溺之于水,相沿以为风俗。先生(指阮元)知其事,首倡捐清俸若干两,俾编户有生女者,许父母携报郡学教授官注册,给喜银一两以为乳哺之资。仍令一月后,按籍稽查。如违,以父母故杀子孙律论。母不敢遽溺其女。至一月后,顾养情深,不忍杀矣。"从中可以看出阮元体恤民情的良苦用心。时人陈康祺对阮元的这一做法十分赞赏,称之为"拯婴第一法"。

禁止溺婴仅是第一步，对于收养弃婴的育婴堂，阮元也倾注了诸多关爱。

杭州的育婴堂，可以追溯到宋高宗绍兴十三年创建的慈幼局。到了清代，《清会典事例》载："浙江省城育婴堂一所，置捐田产九百六亩零，生息银一千五百二十两，共岁收银五百余两。用度不敷，将钱塘江渡船续添水手工食银三百四十五两六钱，裁归堂用。"嘉庆五年（1800）阮元上任时，杭州育婴堂已经名存实亡。

作为社会救助机构的杭州育婴堂，具体事务由杭州同知承办。因其敷衍了事，管理上弊端百出：有虚报婴儿名额，侵吞钱财的；有乳母涂脂抹粉，招致闲杂人员出入的；有不法胥吏，伺机谋取私利的……。阮元了解到症结所在，会同两浙盐政延丰、嘉湖道袁秉直拟定了《育婴堂章程》三十六则："编婴舍为号巷，闭其总门，不准出入。增其乳工，俾可养赡。延诚实绅士经理，不准官吏涉手。绅士乃延士人妻之年老能事、能书算者，当门常住，以约束、稽查乳媪、婴儿诸事。冬棉夏帐、药饵各事，一一增办。"阮元要求育婴堂的一切事务，必须按章办理。他还让妻子孔璐华关心育婴堂，不时前去查看。整顿之后，育婴堂的管理走上了正途，井然有序。

溺婴、弃婴的情况有了好转，阮元又在浙江创办了普济堂。

杭州普济堂遗址在今武林门中正桥东。陈康祺《郎潜纪闻初笔》卷十记载："阮文达公抚浙时，创设普济堂，手定章程十二条，筹资付绅士经理，至今赖之。"普济堂是扶贫济危的慈善机构，主持社会上的施医施药、施舍棺木、办粥厂、设义渡等。当年，阮元率先捐款，用作普济堂的创办经费。史料记载，有了阮元的第一笔捐款后，杭城绅士闻风慕义，踊跃捐输。有开明的盐商建议，每一引盐提取一分；有好善的米商提议，每一石米捐费一厘。有了这些款项，发给当铺生息，每年可得一万多两银子，保证了普济堂的正常运转。阮元离开浙江后，杭州人感恩戴德，在普济堂内为阮元设立了长生牌位，长年供奉。

农耕社会里，水利工程完善与否，直接关系到百姓的生死祸福。每到一处,阮元总是将治江浚湖列为第一要务。

浙江萧山滨临富春江,江水三面环绕县城,时常发生水灾。阮元任浙江巡抚时,察访到孙上骧是素有名望的有识之士,随即延请其出面任事。果然,孙上骧治水确有成效,事后,阮元亲自上门嘉奖,书写了"力卫乡闾"门额赠送给他。

杭州西湖多年未浚,遇旱则干,遇雨则涝,为解水患,阮元决定疏浚西湖。施工时,将所挖淤泥堆积在湖心亭之西,与三潭印月、湖心亭形成鼎足之势。后人为感激阮元兴修水利之功,将这淤泥堆积的小岛称之为"阮公墩",与西湖中的另外两座小岛合称之为"蓬莱三岛",形成仙山琼岛之景。

任两广总督期间,阮元得悉粤东南海县与顺德县交界处的桑园围,地势低洼,每逢夏天河水暴涨,来不及宣泄,居民的田地和房屋全部淹没在水中。多次察看地形水势后,嘉庆二十四年(1819),阮元令南海县知县仲振履等

桑园围

制订修堤御水计划,决定在险要处用大块石砌成石坡,以御洪水。经过预算,此项工程共需银十万两,阮元从在京城做官的广东人那里募集,刑部郎中伍元兰、刑部员外郎伍元芝各捐银三万两,因事革职的在籍郎中卢文锦自愿捐款四万两。工程款有了着落,阮元又召集南海、顺德两县德高望重的乡绅商议,推举廉洁公正之士监理,限期完工。此外,阮元又奏准朝廷,在藩库和粮库中借用银子贷给商人,每年用利息银作为堤岸的维修经费,使得桑园老百姓再也没有水患之忧。

如果说扶贫济困、兴修水利是地方官的应尽职责,离开地方后,阮元仍然关心民众疾苦,时时处处为民众着想,更是难能可贵。

嘉庆十八年(1813),山东、江淮一带大旱。作为漕运总督的阮元,首要的职责是济运保漕。就在此时,运河两岸聚集了上万饥民。饥民们见到有运粮船来了,纷纷聚拢到河边,意图上船抢米。作为漕运总督,阮元原本有权调动兵丁,武力保漕,此法简单有效,但饥民的生计如何安排?如果一味镇压,甚至会酿成更大的事变。危急之时,阮元当机立断,招来饥民头领,要求饥民们冷静下来,并言明将设法使饥民们有饭吃,不致饿死。

当时,运河沿线有五百多艘漕船,由于水位低,载重船时常搁浅,航速也慢,如果每条船上增加纤夫拉船,便能按时将米粮运送到目的地。而河岸上的众多饥民正好可以充当纤夫,既可保证漕路畅通,又可让饥民得救,一举两得,双方受益。饥民们听说阮元要征用自己当纤夫,当纤夫就能有饭吃,都很乐意。于是,阮元下令"每船添雇纤夫二十人,以利挽运"。很快地,两岸聚集的一万多饥民散开了,二十人一组,调配到各条船上。

青壮年以工代赈,还有大量的老弱病残及妇女儿童怎么办?他们也需要救助。这部分灾民散落在扬州至淮安的漕河沿岸,人员分散,不便开粥厂,也不便散米粮,给阮元出了又一道难题。相传,阮元想到贫苦人家有一种度饥荒的做法,是用干菜、腌瓜一类的粗菜作馅心,外面裹上少许面粉,烘烤成小饼,用以充饥。这种小饼,能短暂存放,便于携带,可以用来救济散落在漕河两岸的老弱妇幼。于是,阮元让沿岸官府安排糕饼铺和茶食店日夜赶制,尽快送到漕河沿岸。这种小饼是官府送来活命的,灾民把这种饼叫作"公饼"。后来大伙知道是阮元的主意,就把它叫作"阮公饼"。漕运完毕,雨水降临,旱情缓解,饥民们纷纷返乡耕作,一场危机巧妙地化解了。

阮元在外地扶危济困,对家乡扬州同样是周恤关爱。

嘉庆十九年(1814),江南大部分地区久晴不雨,河塘干涸,农田歉收。阮元在江西巡抚任上,远离家乡,但获悉灾情后,立即捐银二千两,为扬州首义之人。

扬州滨湖沿江一带,水患由来已久,遇到大水,田舍淹没,民众多奔走他乡。道光十四年(1834),扬州发大水,里下河地区的灾民逃荒流浪,竟有人从湖北、湖南一直流浪到云南、贵州。阮元时任云贵总督,见到扬州流民,十分同情,立即捐资救助,发放路费让他们得以返乡。

道光二十八年(1848)六月,江淮一带连日大雨,又逢江汛,多处江堤冲塌,一片汪洋,仪征县的沿江一带更为严重。已经居家多年的阮元获悉后,首倡捐金。阮元带头,地方上官绅、商户也竞相捐献,有了赈灾资金,灾民很快得到了安置。

道光二十九年(1849)五月,长江大潮再次冲刷江堤,堤岸坍塌,江水淹没了扬州沿江各地的田舍。已经八十六岁的阮元,一生俭朴,但是遇到灾情,依然是主动捐金,救助灾民。然而连日霪雨,竟月未晴,阮元十分忧虑,竟不顾年老体衰,拖着跛腿亲临扬州的赞化宫祈晴。

也就是这一年的十月十三日,阮元因病而逝。阮元对家乡的赤诚之心,让扬州民众永世不忘。

第五节　培养人才　嘉惠学人

　　阮元每到一地,总是以培养人才为己任,利用主政一方的优势,嘉惠学人,为清政府的各个领域培养和选拔了大量的优秀人才。

　　旧时,人才的培养大多依赖各地的书院。书院最初产生于晚唐五代,到了清代,文化发达的地区大多设有书院。数量虽多,培养真才实学的并不多。乾隆、嘉庆年间,杭州著名的书院有敷文书院、紫阳书院、崇文书院、东城讲舍等,这些书院大多热衷于科举,以教授四书八股文、五言八韵诗为主,目的是应付科举考试。鉴于这种状况,时任浙江巡抚的阮元希望创办一所致力于培养学生真才实学的全新书院。

　　嘉庆六年(1801),阮元在杭州的孤山之麓挑选了一块地方,这儿面对西湖,位于清行宫之东,关帝庙之西,原是他两年前召集学者编写《经籍籑诂》的地方,阮元将其改造为学舍,取名"诂经精舍"。"精舍"一词,最初是指佛学修行者的住处,后来成为书院的代称。阮元在《西湖诂经精舍记》一文中对"诂经精舍"的取名予以了说明:"精舍者,汉学生徒所居之名;诂经者,不忘旧业且勖新知也。"

　　诂经精舍创立之初,显示出与杭州旧有书院不同的办学特色,不以科举制艺为目的,而是以实事求是、崇尚汉学为宗旨。精舍设有山长,执掌教学,下设监院。阮元亲自参与了教学活动,约请著名的汉学家王昶、孙星衍等为精舍讲席。在王、孙二人的具体主持下,诂经精舍废除八股文,不习八韵诗,授课内容以经史为主,小学(包括文字学、音韵学、训诂学等中国传统语文学)、天部、地理、算法等都是其教学与研究的内容。在旧书院里属于"边缘"的自然科学学科,在精舍里却是得到了极大的重视,开创了书院笃实的学风。

进入精舍的学生,多为浙江各地的优秀人才,对经学、史学、小学、文学已有较好的基础。教师授课时,反对学生死记硬背,鼓励广取博搜。考试方式也别开生面,教师轮流命题,开卷考试。就某一题目,教师先作一篇范文,学生研读后,可就同一题目撰文,或予以补充,或换一个角度,阐发不同的见解。学生的观点可以与老师不同,只要说理清楚,言之有据,一样可以评为佳作。这种新型的教学方式,旨在培养学生的独立精神,引导学生进行开拓性研究。对于学业突出、考课优秀的学生,不仅给予奖励,还将其佳作结集出版。嘉庆六年(1801),阮元亲自主持选刻了《诂经精舍文集》。此后,选刻学生佳作便成为一项固定的制度。文集涉及的领域十分广泛,是精舍教

〔清〕阮元辑《诂经精舍文集》书影(扬州阮氏琅嬛仙馆刻本)

学与学术水平的集中展示。大批学者如黄以周、朱一新、章炳麟等，都是诂经精舍培养出来的佼佼者。

从开办到结束，诂经精舍延续了一百多年，历经嘉庆、道光、咸丰、同治、光绪五朝，直至光绪三十年（1904）停办。诂经精舍培养了大批人才，整理刊刻了大量古籍文献，对晚清学术思潮的发展和衍变产生了深远的影响。更为重要的是，诂经精舍树立了晚清书院教学的典范，各地书院无不以杭州诂经精舍为楷模，一式遵行。掌教诂经精舍长达三十一年的俞樾在《诂经精舍四集》序中说："使学者知为学之要，在乎研求经义，而不在乎明心见性之空谈、月露风云之浮藻，斯精舍之旧章、文达之雅意也。"诂经精舍成为清代最有影响的书院之一。

嘉庆二十二年（1817），阮元出任两广总督，也是主动地为人才改善学习、生活环境。

道光元年（1821），广东乡试即将开考。乡试，通常是三年一次，每试三天，场地设在各省的贡院。广东贡院原在粤秀山前，清初被平南王圈占，康熙二十三年（1684）于广州老城东南隅重建，但营建者不能体恤士子的应试之苦，所建的考棚（又称"号舍"）过于狭小，难以遮挡烈日寒风。阮元视察后，决定改建。

学者吴兰修与翰林院编修刘彬华等对阮元的决定十分赞成。为了筹措改建资金，阮元带头捐俸。广州绅商见总督带了头，也纷纷捐献。道光二年六月，贡院改建落成，号舍增加到二千六百零二间，不仅空间增高增大，其他的设施如水井、厕所、道路、誊录所、对读所等都有改善。旧号舍只有两层木板，上长下短，仅供考生坐着考试用。改建后的号舍将两层木板改为同样长短，到了夜晚，考生可以将上下木板拼为床铺，得以卧眠。考期到了，考生进场后，见到如此适用的考试环境，无不称颂。

贡院改建用银四万多两，各项开支均张榜公布，以示不诬。改建完工后，阮元亲自为广东贡院撰写了碑记。赵均撰《新建粤秀山学海堂记》云："今上嗣统之元年,举行恩科,公(阮元)兼抚院印为监临。悯试舍湫隘,撤棘即捐俸倡修,均与其役。壬午落成,广厦之庇,一时颂之。"

广东贡院明远楼和号舍(选自《科举图录》,岳麓书社 2013 年版)

道光四年(1824)正月,阮元到广东三水县阅兵,见到县城内原有的书院过分简陋,阮元再一次想到为士子改善读书环境,命知县李再可将两广总督的行台改建为士子读书的书院。三水县在广州西面,是西江、北江和绥江三条大河的汇合处,故名"三水"。行台建于河口,风景秀丽,阮元改其为书院后,高阁临江,更为壮观。三水县又划拨狗脷洲沙田给行台书院作为学产,由书院出佃收租,作为书院常年运营的经费。次年二月,阮元出外阅兵,途经三水,行行台书院刚刚完工。阮元登楼远眺,见西、北两江合流而下,波光碧影,尽收眼底,即兴登楼赋诗,并为之题匾撰文。梁汝弼是道光二十五年进士,三水县人,他用一副楹联赞美了行台书院的壮丽景象,联云:

> 数千桃李新移,今逢春雨浓时,花朵看公门锦簇;
> 舟只江楼再访,仿佛天风吹里,书声共大海潮来。

广州已有羊城书院等学府,但不能满足培养人才的需要。任两广总督时,阮元决意仿效杭州诂经精舍,创立新的书院。新书院初无校舍,借用了广州城西的文澜书院,名"学海堂"。关于学海堂的命名及其办学宗旨,阮元在《学海堂集序》中云:"昔者何邵公(何休,东汉学者,因其博学,人称'学海')学无不通,进退忠直,聿有学海之誉,与康成(郑玄,东汉经学家)并举。惟此山堂,吞吐潮汐,近取于海,乃见主名。多士或习经传,寻疏义于宋齐;

或解文字,考故训于《仓》《雅》;或析道理,守晦庵(朱熹,南宋理学家)之
正传;或讨史志,求深宁(王应麟,南宋学者)之家法;或且规矩汉晋,熟精
萧《选》,师法唐宋,各得诗笔。虽性之所近,业有殊工,而力有可兼,事亦并
擅。"嘉庆二十五年(1820)三月初二,学海堂开学了,"仿抚浙时所立诂经
精舍之例,专课经史诗文。所有举贡生员奖给膏火一月者,折给银一两。佳
卷渐多,学者奋兴,有佳文一卷而给膏火数月者"。四年后,因求学士子日
多,阮元多方勘查,于道光四年(1824)在风景宜人的粤秀山麓觅得一地,奠
基新建。这儿古木荫翳,绿榕红棉,交柯接叶,景色秀美。建成后的学海堂
有堂三楹,前为平台,可瞻望狮洋景象,气象雄阔。堂后依粤秀山建书斋,名
"启秀山房"。最高处筑一亭,名"至山亭",取"学山至山"之义。堂中悬
阮元手书的匾额"学海堂"及阮元撰句的楹联:

<blockquote>
此地有狮海珠江之胜;

其人在儒林文苑之间。
</blockquote>

　　新创的广州学海堂在继承诂经精舍办学思想的基础上,其规制更臻
完善。学海堂不设山长,而是实行全新的"学长制",由吴兰修、赵均、林
伯桐、曾钊、徐荣、熊景星、马福安、吴应逵八位学长共同担任课事,类似于
现代高等教育中的"导师制"。日常的办学事宜也是集体领导,由八位学
长共同商议决定。学海堂的教学法也是全新的,实行"季课制",每一季
度由书院出题征文,张榜于堂外,标明截卷日期。学生根据题目,可以查
阅经书,可以向学长请教疑难,然后写出课卷。课卷由八位学长共同评定,
分别优劣,对优秀的予以奖励,仿《诂经精舍文集》之例,将课卷辑成《学
海堂集》刊行。

　　学海堂还实行了专课肄业制度。专课肄业生每届三年,从平日参加季
课的学生中挑选,根据他们的品行、志向和学习成绩,由八位学长共同推荐

《学海堂图》(选自《学海堂志》,清
同治五年刻本)

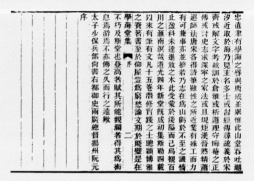

〔清〕阮元《学海堂集序》书影(清
启秀山房刻本)

录取。专课生可以在《十三经注疏》《史记》《汉书》等中任选一课作为专业课题,导师可在八位学长中任选一位。学生确定专业后,按日看书,撰写读书心得。平时教学,除学长讲授外,学生要参与讨论,师生共同研讨,学术氛围浓郁。每逢季课,学生将平日所写的学习笔记呈交给学长,由学长予以指导。学海堂的专课肄业生类似当今的研究生,专课肄业制度是前所未有的创举,是当时中国最先进、最科学的人才培养模式。

学海堂还有一个有别于其他书院的重要特征,是自己刊刻书籍。阮元曾组织师生,搜罗甄录清代以来的各种解经书籍,酌定取舍,汇辑成《学海堂经解》一千四百余卷。同时又汇编了师生的文章为《学海堂全集》《学海堂课艺》等,促使学术人才脱颖而出。

阮元通过各种渠道为学海堂筹集经费,自己也带头捐资。阮元一生中只有一次"收礼",是在他转任云贵总督之际,广东的同僚、友人、弟子、门生馈赠的一笔赆银,阮元将赆银登记造册,全部留给了学海堂。离粤前,阮元还亲自拟订了《学海堂章程》,规定了书院的管理制度,为长远运营做了规划。

学海堂从创办到结束的七八十年间,有学长五十多人,肄业生十六届、二百六十多人,培养了众多的著名学者和经世人才,其中有海内通儒陈澧、经学博士吴兰修、校勘大家曾钊和谭莹、诗坛名宿张维屏、近代科学先驱邹伯奇、戊戌变法领导者之一的梁启超等一大批名垂青史的人物。广东一地的学风也为之大变,学术水平迅速提高,为岭南文化的形成奠定了学术基础。

鉴于"好学之士,半属寒酸。购书既苦无力,借书又难其人。坐此固陋寡闻无所成就者,不知凡几"的状况,阮元还多次出资购书,设立书藏。

嘉庆十年(1805)十二月,扬州阮氏家庙中的隋文选楼落成,楼中藏有唐宋至明清的珍贵书籍二千多种。嘉庆十四年,阮元第二次任浙江巡抚时,在杭州灵隐寺设立"灵隐书藏",制订了书藏条例,由寺庙僧人管理。嘉庆十八年春,阮元任漕运总督时,又在镇江焦山西麓的海西庵内设立了"焦山书藏",他本人也捐赠近两千册私人藏书,"焦山书藏"最多时藏书达一千八百余种、三万余卷、一万两千多册,成为当时全国最大的寺院书藏。"焦山书藏"也是委派寺庙僧人管理,所立条例,一如灵隐。为方便借阅,阮元还撰有《杭州灵隐书藏记》《焦山书藏记》和《焦山书藏目录》。这些书藏类似于近代的图书馆,虽然偏重保存,但在一定程度上对培养人才起到了积极的作用。

第六节　文友交谊　学界高风

　　阮元是学者型官员，职位高、交游广、享年长，一生中与之交谊的师长、同窗、友人、门生、弟子很多，其中绝大多数都是饱学之士。有人做过粗略统计，见之于文献记载的文人学士就有三百多人。

　　早年居乡未出仕前，阮元交谊的多为同窗及乡邦名士，李道南、乔椿龄、胡廷森等都是他的启蒙老师。在乡邦名士中，阮元与焦循、江藩、黄文旸、凌廷堪等过从甚密。阮元中进士后在京期间的交往，主要是学界前辈及名公巨卿，如谢墉、朱珪、翁方纲、法式善等。其中，谢墉、朱珪两位恩师对他的仕途和为人影响很大。

　　内阁中书谢墉（1719—1795），屡充考官之任，识拔了大量人才，阮元就是谢墉在江苏学政任上大力举荐的。乾隆五十年（1785）科试，谢墉选拔阮元为一等第一名，极力称赞，叹曰：“余前任在江苏得汪中，此次得阮某矣。”此后，阮元在谢墉学政署近一年，随同谢墉查考江苏各地，协助评阅试卷，这是阮元未出仕前唯一的一段游幕生活。阮元旋中举，谢墉亦任满入都，阮元便乘谢墉官船公车同行，侍于左右，受教良多。入京后，阮元一方面专心读书，为即将参加的会试做准备，一方面结识了一批学力精纯、有名望的学者，切磋问道，受益匪浅。

　　朱珪（1731—1807）是阮元敬仰和崇敬的楷模，无论品行、际遇，还是诗文、言语，均对阮元有很深的影响。朱珪任乾隆丙午科江南乡试考官，对扬州的阮元、汪中等人非常赏识,陈康祺《郎潜纪闻》载:"仪征阮文达公以第八人中式,尤为先生所奇赏。"阮元为朱珪作《太傅体仁阁大学士大兴朱文正公神道碑》时自称"元不才,为公门生,受知二十余年"。朱珪爱惜人才,担任主考期间,见到优秀的文章未被阅卷官录取,往往"读而泣之",对此阮元深有感触,后来阮元在浙江学政和巡抚任上,对清门寒士也是多有接济。嘉庆四年(1799)己未科会试,朱珪为正主考官,阮元副之。帅生二人同心同力,甄拔有用之才,这一科进士中许多人成为朝廷栋梁,海内读书人一致称赞,说这一科把当时的名流搜罗殆尽。朱珪身故后,阮元为其撰写神道碑,颂其美德,寄托哀思,可见师生交谊之深。

作为学者和文人的阮元,既是乾嘉学派泰斗,领袖群彦,编纂了一大批学术典籍,又是风雅诗坛总持,倡导风会,用诗文创作彰显各自的才华。作为学者型的官员,钱大昕、法式善、谢启昆、钱楷、秦瀛等人都是阮元乐于交谊的师长、同僚。政事与文事相得益彰,成为他们相互交往的缘由和基础。

法式善(1753—1813)是乾隆四十五年(1780)进士。做官之后多为闲官,本人也是"宦心如云薄,诗情比石顽",过着"朝起读书暮饮酒"的儒雅生活,其诗作蜚声于乾嘉文坛。阮元早先在京师任职时,常去法式善的"诗龛"品诗赏画,也邀请法式善到自己的斋舍把酒论诗。嘉庆四年夏,阮元由浙江学政任满回京师,此时《两浙辋轩录》草稿已成,阮元请法式善整理订补后梓行。法式善的《存素堂诗集》也是阮元在杭州主持刻印。嘉庆八年春夏间,法式善作《怀远诗六十四首》,其中一首赞扬阮元:"经济文章妙兼擅,求诸古人不数见。海风万里吹楼船,破贼归来涤诗砚。一榻旧同秋史斋,秦权汉布亲摩揩。故人坟上已秋草,零缣未使尘沙埋。"

阮元与谢启昆(1737—1802)的往来主要是在政事上,交往集中在嘉庆元年至三年(1796—1798)。当时阮元是浙江学政,谢启昆是浙江布政使,二人既有公务往来,又共同留心于文教,故而交往颇多,常有诗文唱和。谢启昆有诗称赞阮元,"爱才复好古,气味与公似""公去先生在,选俊式多士",将阮元比作爱才的苏轼。

钱楷(1760—1812)官至安徽巡抚,著有《绿天书舍存草》六卷。阮、钱二人任职在外,不得常聚,然一直交好,常有书信问候。钱楷身故后,其女儿嫁给了阮元的第三子阮祜。故阮元为钱楷作《传》说:"元与公未第时即相友善……于公殁后属姻家。"阮元在另一篇铭文中又说:"元与楷同登进士第,又同官翰林,交最笃。今视学其乡,以状来乞铭。"可知二人关系密切。

秦瀛(1743—1821)与阮元除了公务上的往来外,更多的是文学上的交往。居京师时,阮元、钱楷、秦瀛三人十分友善,过从甚密。同官浙江期间,阮元为浙江学使,秦瀛为杭嘉湖道,二人经常相见,论文赋诗。嘉庆三年(1798),秦瀛于孤山之麓捐修苏公祠,阮元书匾并撰楹联。祠成,阮元赋七古二十韵纪事,秦瀛等人和之,盛赞阮元的如椽巨笔为祠阁增光添色。秦瀛官湖南按察使时,阮元曾请其代为修葺先祖父阮玉堂祠。阮元有文记其事:"嘉庆初,元寄资为修葺计,湖南按察使秦瀛复率属加修,为《阮公祠记》,刻于石。"

阮元创办诂经精舍,聘请了孙星衍、王昶两位名家担任主讲。阮元与孙、王二人,可谓是志同道合、心心相印。

孙星衍(1753—1818)是乾隆五十二年(1787)进士,官至山东布政使、山东督粮道。孙星衍与阮元同出朱珪之门,二人交往至密,唱和赠答之诗亦多。乾隆五十五年(1790),阮元与孙宅为近邻,常为宴集文会。《孙渊如先生年谱》载:"君(孙星衍)所居,扫室焚香,为诸名士燕集之所。毕督部(毕沅)入觐,招名公卿雅集于此。阮公元时以孝廉馆内城,与君尤密。"阮元给自己的书房起名"小琅嬛仙馆",孙星衍为他题篆。阮元巡抚浙江,延聘孙星衍来浙佐理幕务,并主讲绍兴蕺山书院。阮元在西湖之畔创立诂经精舍,孙星衍及王昶二人同为主讲,"命题课业,问以经史疑义,旁及小学、天部、地里、算法、词章,各听搜讨书传,条对以观其器识,诸生执经问字者盈门。未及十年,而舍中登巍科入馆阁及撰述成一家言者,不可胜数"。阮元总督两广、云贵时,二人时时以书信互通音讯。

王昶（1725—1806）是乾隆十九年（1754）进士，官至刑部侍郎。工诗古文辞，著有《春融堂集》等，是当时诗坛名将之一，名列"吴中七子"，声播海外。嘉庆元年（1796），阮元聘王昶主讲杭州崇文书院，王昶因故推辞，但与阮元的联系更为紧密。四年十一月，阮元再次具书，诚请王昶来杭州主讲敷文书院。五年五月，王昶至杭州，阮元设宴于第一楼款待，同在座者有孙星衍等人。六年，诂经精舍初立，阮元再次邀请王昶与孙星衍共同担任主讲。王昶去世，临终前嘱咐其子，自己的墓志和神道碑必须请秦瀛和阮元来写。此时阮元在家居丧，乃于次年秋服除后为其撰写了神道碑铭，完成了好友临终前最后的心愿。

一个人的精力和才能总是有限的，即便是阮元这样学识精深的学者，也不可能独力完成整理汉学研究成果的重任。阮元之所以能够确立起自己在学术界的崇高地位，与他对众多学人的延揽、奖掖是分不开的。有研究资料表明，阮元幕府中有学人一百二十余人，是清代规模最大的一个学人幕府。阮元幕府，可以说汇聚了乾嘉之际以至道光初期几乎所有在野的一流的汉学家及知名的诗文大家。汉学家在阮元幕府主要从事编书、校书，是阮元幕中最重要的一类幕宾，有段玉裁、焦循、臧庸、顾广圻、江藩、李锐、陈寿祺、严杰等。

段玉裁（1735—1815）是清代经学家戴震的弟子，精于训诂考据之学。大约在嘉庆六年至八年，应阮元邀请为幕宾，主订《十三经注疏校勘记》。

臧庸（1767—1811）受业于卢文弨，阮元称其"经史小学，精审不苟，殆过其师。每岁除夕，陈所读书，肃衣冠而拜之，故又字曰'拜经'"。嘉庆二年，阮元任浙江学政，邀臧庸至杭州协纂《经籍籑诂》。次年，受命为总纂。同年底，赴广州照料刊刻《经籍籑诂》及《经义杂记》诸书。嘉庆五年（1800）返杭州后，又受阮元之托校勘《十三经注疏》，直至嘉庆七年秋。嘉庆十三年（1808）至十四年，复应阮元之聘，校订《刘端临先生遗书》。

顾广圻（1766—1835）"天资过人，无书不读，经史、小学、天文、历算、舆地之学，靡不贯通，又能为诗古文词、骈体文字"。尤精校勘之学，应阮元之聘,参纂《十三经注疏校勘记》。

陈寿祺(1771—1834)历任广东、河南乡试副考官,会试同考官,记名御史。当年,陈寿祺在会试中能够考中,得力于阮元的举拔之功。陈寿祺在试卷上引用了经典中的句子,考试官以为出处是《四书》,但是个别字眼和原文有出入,于是没有选中。阮元觉得陈寿祺是个人才,不该埋没,就对会试总裁朱珪说,福建陈寿祺的文章出类拔萃,他引文的出处是《白虎通义》而不是《四书》。于是朱珪在落选的文章中将陈寿祺拔出。后来阮元在文章中也述及这次科场遭遇:"会试闱中,其卷为人所遏。元言于朱文正公曰:'师欲得如博学鸿词科之名士乎?闽某卷经策是也。'遏者尤摘其《四书》文中语。元曰:'此语出《白虎通》。'于是朱文正公由后场力拔出之。"陈寿祺一直对阮元怀有感戴之心。归田后,受阮元聘,至杭州诂经精舍讲学,协助阮元编纂了《海塘志》三十卷。晚年在福建各书院讲学,并总纂《福建通志》。

阮元的一生中,一任山东学政,再任浙江学政,又曾为嘉庆四年(1799)己未科会试同考官,一时天下才士多出其门。此外,阮元任浙江巡抚、两广总督时,创立诂经精舍、学海堂,识拔高材,又因乐于奖掖后进,慕其名而执弟子礼者甚众,故而阮元的门生弟子如大树参天,枝繁叶茂,难以计数,享其盛名者即有王引之、张惠言、吴鼒、陈文述、陈鸿寿、端木国瑚、许宗彦、张鉴、朱为弼、谭莹等。

阮元诸门生弟子中,陈文述(1771—1843)与阮元的交往还有一段佳话。嘉庆元年(1796)杭州岁试,学使阮元以《仿宋画院制团扇》命题,陈文述诗作最佳,阮元即以新制团扇作为奖励,因此有人送陈文述"陈团扇"的美称。《定香亭笔谈》详载其事:"试杭州时,新制团扇适成,纨素画笔,颇极雅丽。尝以'仿宋画院制团扇'命题,诗佳者许以扇赠,钱塘陈云伯(文杰),诗最佳,即以扇与之,人称为'陈团扇'。杭州向无团扇,因是盛行焉。"陈文述曾官全椒、江都、崇明等地知县,多有惠政。在京时,陈文述协助阮元整理了《定香亭笔谈》一书。嘉庆五年(1800),陈文述与从兄陈鸿寿同在阮元幕,陈文述佐治文书,陈鸿寿襄理军务。十一年春,陈文述途经扬州,阮元留寓文选楼,出示《海运考》一书,陈文述读而服膺。阮元将其妾谢雪所绘团扇赠陈文述,陈文述称为"第二团扇"。

陈文述的从兄陈鸿寿(1768—1822),号曼生,曾做过溧阳知县。工诗文、书画,善制宜兴紫砂壶,人称其制作的壶为"曼生壶"。又善摹印,为"西泠八家"之一。阮元前期宦浙期间的印章,都出自陈鸿寿之手。陈鸿寿曾为阮元编订《小沧浪笔谈》。全杭州后,阮元又聘其入幕。阮元作《北碑南帖论》《南北书派论》,陈鸿寿读后叹服不已,以为不刊之论。阮元父七十寿辰,陈鸿寿以诗贺之。幕府的雅集活动中也常见陈鸿寿的身影,并在其诗集中多有反映。

许宗彦(1768—1818)与阮元有师生之谊,他的女儿嫁给了阮福,故而又是儿女亲家。许宗彦对金石考证和算学都有研究。二人更是学术上的好友,阮元称他是"于学无所不通,探赜索隐,识力卓然,发千年儒者所未发,是为通儒"。阮元编纂《畴人传》时,对许宗彦颇为借重,邀其参与编辑和考校。

张鉴(1768—1850)是阮元所识拔的高材生之一,也是阮元最为赏识的弟子之一。西湖诂经精舍建成,张鉴到精舍求学,曾协助修撰《盐法志》《经籍籑诂》。后接受阮元的聘请,在诂经精舍担任讲席。嘉庆十年八月,受阮元邀请来扬州充西席,在扬州参与了一系列的文化活动。十二月,隋文选楼修成,阮元撰记,张鉴撰铭,焦廷琥撰赋,伊秉授撰联,各家多有题赠。张鉴是跟随在阮元身边时间最长的弟子,《雷塘庵主弟子记》八卷,卷一至卷三即是张鉴编定的。

朱为弼(1770—1840)是阮元视学平湖时发现的学者,曾长期在阮元幕中佐修典籍。阮元督学浙江,创办诂经精舍,聘朱为弼参修《经籍籑诂》。朱为弼亦精于金石之学,曾协助阮元编撰《两浙金石志》,并为阮元所撰的《积古斋钟鼎彝器款识》审释、作序、编订。阮元还聘其为西席,教授家中的子弟。

阮元识拔谭莹(1800—1871)更具故事性。谭莹是广东广州府南海县(今广州)人,二十岁应县试,恰逢时任两广总督的阮元游山寺,见到谭莹的题壁诗文,甚为赞赏。次日,阮元对南海县令说:你们县有个谭姓文童,诗

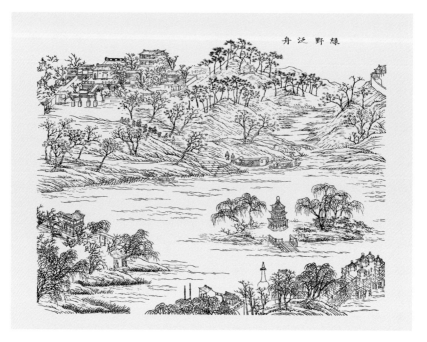

《绿野泛舟》(选自《凝香室鸿雪因缘图记》)

文甚佳,不知能不能录取? 县令以为阮元要推荐人才,详问其姓名。阮元说:我告诉你姓名,就是替人说情了,你应该自行识拔。县令回衙,令人将卷子再次披阅,发现了谭莹,将他定为县考第一名。谭莹多次参加院试,文才为学使赞赏,在他的卷子上批道:"粤东固多隽才,此才合推第一。"谭莹于道光十年(1830)进入学海堂,为首批学员。历官肇庆府学教授、琼州府学教授等,后充任学海堂学长,广东粤秀、越华、端溪等书院监院,授内阁中书衔。

晚年的阮元回到家乡,常邀二三老友和来访弟子泛舟瘦西湖上。曾有游船请阮元题名,阮元即兴题"绿野"二字。道光二十年春,阮元的再传弟子、江南河道总督麟庆来到扬州,阮元邀请他乘小舟游瘦西湖,及至红桥,阮元笑吟:"二人绿野泛舟日。"麟庆答曰:"一度红桥修禊春。"一吟一答,成为一副极妙的对联。

其实,阮元一生中与诸多师友、弟子的交谊,一如上述对联所吟诵的,既是交友的常务,更是处世的高风。

第四章　治学为文显才情

阮元亦官亦学,不仅优于仕,而且优于学,几十年如一日,勤奋不倦,从事研究,在经学、小学、史志、天算舆地、校勘编纂、金石书法以及文学创作等方面都有着非常高的造诣,是一位博雅的通儒。

清代乾嘉时期,社会繁荣稳定,为学术研究提供了必要的经济条件,加上政府右文重经,鼓励学者研究经典,出现了一大批总结性的学术成果。阮元既是这一学术繁荣过程的参与者,也是组织者与推动者。阮元学术湛深,著述宏富。对于这样一位学术大师,我们如何准确而简明地了解其各个方面的学术成就,总结其影响并揭示其价值? 本章按照传统的经史子集四部之学的次序,逐个展开讨论分析,分别介绍阮元在经学、史学、方志、金石、书法、诗文以及刊刻等方面的活动与贡献。

阮元仕途所至,倡导学术,奖掖人才,整理典籍,刊刻图书,主持风会数十年,极大地推动了文化事业的发展,也直接影响了一代学术风气。正如钱穆《中国近三百年学术史》所评价:"芸台犹及乾、嘉之盛,其名位、著述,足以弁冕群材,领袖一世,实清代经学名臣最后一重镇。"钱大昕也曾评价阮元:"仪征阮公以懿文硕学受知九重,扬历八座,累主文衡。""懿文硕学"一词是对阮元学术成就的最好评定。

阮元家庙内复建之擘经室

第一节　首崇经学　实事求是

　　阮元追求"实事求是"的宗旨,倡导汉宋兼采,成为继吴派、皖派之后的扬州学派的重要代表。

　　在经学上,阮元编纂的《皇清经解》可谓清代经学研究集大成之作;《十三经注疏校勘记》《经籍籑诂》是治经者的依据;所著的《考工记车制图解》《曾子十篇注释》等在经学界产生了很大影响;道光三年(1823),阮元将自己的代表作文集命名为《揅经室集》;他还创立了诂经精舍、学海堂,培养经学人才。梁启超称他为"隐然兹学之护法神"。

　　经学为我国学术大宗,无论在学术史还是思想史上都具有首屈一指的重要地位。经学大致经历了汉学、宋学、清学三个阶段。清人欲纠明人空虚臆说之弊,强调实学与考证功夫,在乾嘉时期达于顶峰,学界谓之"乾嘉学派"。乾嘉学派的理论依据在于相信经学典籍为圣人孔子所作,是真理的载体。而汉代去古未远,汉注较为准确地表达了经学的意思,所以乾嘉学者试图恢复汉注(旧注),以训诂考证典章制度,恢复孔孟义理。

　　阮元经学活动最初产生影响的,是他主持编纂了《皇清经解》。自汉代以来,我国学术形成了尊经的传统,经书的编纂也成为了传统。南宋绍熙年间的《十三经注疏》,标志着大规模经书刊刻的开始。清中叶,经学昌明,著述日盛,徐乾学领衔编纂的《通志堂经解》,收清以前的经解之书一百余种。阮元编纂的《皇清经解》,则汇聚清朝的经解之书,赓续了《十三经注疏》,完成了经学的传承连接,彰显了清代经学的实力。该书历时四载完成,共一千四百卷,收书一百八十三种,作者七十三人,基本囊括了清初至乾嘉时期著名学者的重要著作。

清嘉庆八年(1803)夏天开始,至嘉庆十六年(1811),阮元编纂了百余卷的《经郛》,重在辑唐以前的经训大略。《经郛》虽未定稿,但却成为编纂《皇清经解》的先导。《皇清经解》以人为次进行编纂,收录了顾炎武、阎若璩、胡渭、万斯大、陈启源、毛奇龄、江永、戴震等学者的解经著作,《皇清经解》于道光九年刊印,因编刊于广州粤秀山麓学海堂,故又称《学海堂经解》。该书是清中前期经学著述的总集,体现了实事求是的学风,具有传播与保存价值,但也有次序未当、搜罗未备、甄录不严、抉择不精等问题。该书后来又有咸丰十年(1860)补刊本、光绪十七年(1891)上海鸿宝斋石印本、光绪十三年(1887)上海点石斋石印本等版本。

如果说《皇清经解》体现为辑录之功的话,那么阮元编纂的《十三经注疏校勘记》,则体现了他对经学文献的校勘成就。

经学著述在长期翻刻、传抄过程中产生不少讹误,所以古人特别注重经学典籍的校勘工作。阮元深感《十三经》诸本"辗转翻刻,讹谬百出",而通行的汲古阁毛氏本字迹漫漶,不可识读,且近人修补,更多讹舛,所以有重刻、校勘宋版《十三经注疏》之举。

清乾隆四十八年(1783),二十岁的阮元即有心校勘《十三经注疏》。因为汲古阁本《十三经注疏》多讹谬,阮元曾以《释文》《唐石经》等书手自校改。乾隆五十六年(1791),阮元奉敕校勘太学《石经》,分校《仪礼》。他择善而从,悉心校勘,如用某人说,皆自注于下,录成四卷,用付经馆。

《十三经注疏校勘记》的编撰,始于嘉庆四年(1799)。最初倡议者为卢文弨,响应者有段玉裁、臧庸、顾广圻等。主其事者是段玉裁,分任诸经者,有李锐(分校《周易》《穀梁传》《孟子》)、徐养原(分校《尚书》《仪礼》)、顾广圻(分校《毛诗》)、臧庸(分校《周礼》《公羊传》《尔雅》)、洪震煊(分校

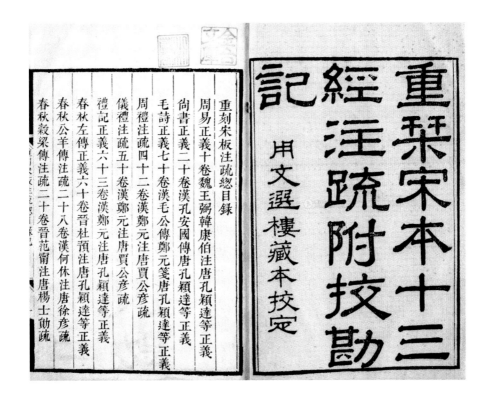

〔清〕阮元校订《重刊宋本十三经注疏附校勘记》书影（清嘉庆年间刻本）

《礼记》）、严杰（分校《左传》《孝经》）、孙同元（分校《论语》）。诸人学问很
大，但都有性格，难免产生矛盾，尤其是顾广圻与段玉裁，二人的治学态度与
方法皆不同，最终不欢而散。幸得阮元多方协调，使得校勘工作顺利进行。

　　阮元校书，十分注意搜罗众本，寻访善本。他校勘十三经所据的版本，
少则八九种，多至十数种，总计达一百二十六种之多。所用底本，乃家藏宋
十行本，有十一经。《孝经》以翻宋本为据，《仪礼》《尔雅》以苏州北宋所刻
之单疏版本为据。历时七年，至嘉庆十一年（1806），《十三经注疏校勘记》
二百四十三卷刊刻成功，初名《十三经注疏考证》，后改今名。嘉庆二十年
（1815），阮元调任江西巡抚，在南昌府学重刊《宋本十三经注疏》，并将《校
勘记》附入。二十一年，刻板成。

　　在编纂《十三经注疏校勘记》的过程中，阮元不仅组织人员、协调关系，

还提供底本，制定校勘原则，并亲自覆校，确定是非。《十三经注疏校勘记》编撰完成后，阮元于每一经的《校勘记》前，各撰写了一篇《校勘记序》，一共十三篇。六千多字的《序》中，讲述了经学的源流、版本的得失，既是一部关于经学文献的版本目录校勘学史，又可看作是一部简明的经学史。《十三经注疏校勘记》版本较多，主要有嘉庆二十年（1815）南昌府学刻本、道光六年（1826）重订本、光绪三年（1877）江西书局刊本、光绪十三年（1887）上海脉望馆石印本、光绪十八年（1892）宝庆务本书局刊本等。

中国古代训诂学虽然起始较早，但古儒传注散见于群书，检阅不便；同时因不明音训，注释错误的也不在少数。治经必通训诂，而宋代以来训诂多空疏弊病。戴震和朱筠都曾有意于此，又皆未果而终。鉴于此，阮元决心编一部大型的训诂工具书。

《经籍籑诂》书影（清光绪淮南书局刻本）

阮元编纂《经籍籑诂》体现了他在经学训诂方面的成就。清代文字、音韵、训诂之学发达，扬州学者的成果尤为丰富，特别是"高邮二王"，对阮元的影响可谓深远。阮元在训诂方面下过一番功夫，在京任职馆阁时，曾与同僚孙星衍、朱锡庚、马宗琏相约，抄撮分纂群经训诂资料，未半而中辍。嘉庆二年（1797）正月，阮元三十四岁，在浙江任上开始组织诸生通经者如臧庸、臧礼堂、何元锡、朱为弼、周中孚、洪颐煊、洪震煊、严杰等人，至崇文书院开始编辑，至第二年八月编成《经籍纂诂》一百零六卷。总纂者为臧氏兄弟，分纂者有三十三人，阮元根据各人特长，逐一分工；还亲拟"凡例"二十四条，依照《佩文韵府》的分类体例，分一百零六个韵部，依次排列，每韵一卷。《佩文韵府》未载之字，据《广韵》《集韵》补录。每字一条，先列本义，次列引申义，再列名物象数，辗转相训，融会贯通。

《经籍纂诂》汇集了"十三经"及唐以前史、子、集部中主要著作的旧注，出处明确，简明扼要，是一部集大成的经典训诂工具书，时人称之为"经典之统宗，训诂之渊薮"。此后治训诂学者，多取资于此，如郝懿行的《尔雅义疏》、朱骏声的《说文通训定声》等。然而，《经籍纂诂》对唐以后的训诂资料一律不收，特别是将清代学者的训诂成果排斥在外，这也造成了收罗材料不够齐全的遗憾。

治学过程中，阮元有自己的治学理念与治学方法。

阮元一贯强调儒家文化的主导地位，认为"经"并不始于佛经，而是始于孔子所作的《孝经》。以后儒家诸经缀以"经"字，皆出于此，故而《孝经》为众经之祖。"孝道"是儒家文化的核心价值，相对于孔子学说的核心仁学而言，孝道是核心的核心。阮元没有刻意标榜他的哲学主张，但他倡导实践，反对本体哲学。阮元在《论语解》中解释"学而时习之"一句时，特别强调"学"兼诵、行二义。他指出，"一以贯之"之"一"通"壹"，解作"皆"，"贯"作"行事"解，"吾道一以贯之"的意思是"吾道皆以行事为教"。在《人学格物说》中，阮元又指出："圣贤之道，无非实践。孔子曰：'吾道一以贯之。'贯者，行事也，即与格物同道也。曾子著书今存十篇，首篇即名《立事》，立事即格物也。先儒论'格物'者多矣，乃多以虚义参之，似非圣人立言之本意。元之论'格物'，非敢异也，亦实事求是而已。"清人所讲"实事求是"与我们今人所理解的有很大差别，清人倡导从经典本身出发，寻求实证。

在小学方面，阮元的主要成就体现在训诂上。一方面力求通过对文字的训释，弄清其本来的含义；另一方面，注重用历史的眼光来分析文字训诂，进而总结归纳出语言发展的一些规律。他认为,"圣贤之言,不但深远者非训诂不明,即浅近者亦非训诂不明""古今义理之学,必自训诂始"。比如,阮元特别注重从先秦典籍讨论"仁"的意义,在他看来,"仁"是儒家学说体系中最重要的范畴之一。随着社会的发展,后儒解释多带有时代特点,失去了它本来的意义,尤其是晋朝以后,异说纷歧,加上玄学与佛学增添了空虚玄妙的成分。有鉴于宋明理学家们争论"仁"字的含义,阮元运用归纳的方法,把孔子、孟子所有论述"仁"字的文句集中起来,加以排比,写成《论语论仁论》《孟子论仁论》《性命古训》诸篇,用孔孟论述"仁"字的原意去纠正后世对"仁"字的曲解,一洗宋明陈说,避免了离开实事而空谈心性的误区。

在文字训诂方面,阮元遵循高邮王氏之法,大都由声音贯通文字,从而总结出它的通例。阮元曾经提出探语源、求本字、明假借、辨谊诂四种方法,张舜徽在评论《揅经室集》时赞扬道:"元尝自言:'余之学多在训诂。'良不诬也。"

阮元十分重视对古代文化的研究,力图通过对古代文字原义的分析,推测古代的社会制度和思想,阐述古代语言与古代文化的关系。阮元年轻时即从古代器物考核入手,乾隆五十二年(1787),二十四岁的阮元在京城撰成《考工记车制图解》,运用数学知识,对轮、舆、辀、革、金、车度等古代车制进行考证,对郑玄注有所辨正,为江永、戴震诸家所未发,订正了牙围、捎薮、轮缠、车耳、阴軓、辀深、任木、衡、轭等十余事,提出了自己构想的古车制复原图。该书刊刻于乾隆五十三年(1788),五十七年七录书馆又刊。道光三年(1823)是书又收入《揅经室一集》卷六、卷七中。

阮元擅长综合研究,他搜集了众多的古文献,从人类文化不断发展的趋势来考察社会制度,从而得出了十分通达的结论。三十六岁时,阮元作《明堂论》,考辨"明堂"的历史演变,认为所谓"明堂""辟雍"只不过是上古没有宫室时的一种简陋的结构,很像后世游牧地区的帐篷,上圆下方,四周环水,每逢大事如祭祀、行军礼、学礼,或是发布政命,都在这里举行。在《封

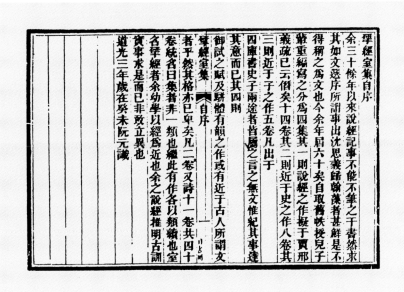

《揅经室集》书影（清道光年间刻本）

泰山论》中，阮元认为，"封"是统治者在南郊祭天，"禅"是统治者在北郊祭地。《揅经室一集》卷五中还有古代器物考证的文章七篇，包括古戟、璧羡、铜和等，图文并茂，考证精确。阮元不纠缠于名称异同，用通达的见解阐述了古代礼制中的各种事象。

　　阮元虽然也进行名物考据，但他更注重"好学深思"，学和思结合，从而有所突破。扬州学者刘毓崧评阮元论学宗旨"在于实事求是……而尤以发明大义为主，所著《性命古训》《论语、孟子论仁论》《曾子十篇注》，推阐古圣贤训世之意，务在切于日用，使人人可以身体力行。……合师儒异派而持其平，未尝稍存门户之见"。阮元认为治学必定要有指导思想，如果纯粹为考据而考据，琐细不说，且也没有事功。

　　阮元指出圣贤之道是实践之道，圣贤的一切言论都以重行事为基础。阮元的实践论具有鲜明的唯物主义色彩，符合人们认识客观事物的规律，对于批判唯心主义的程朱理学和陆王心学，恢复儒家经义的本来面目，作出了重要的贡献。

第二节　重视史学　溯流探源

　　我国学术发展到清代，学人逐渐改变以往重经轻史的观念，平等看待经史，尤其是研究历代的典章制度，多以历史的方法考证经义。从学术风气来看，嘉庆、道光年间，呈现出由汉学独尊到汉宋并峙的发展趋势。在这种时代与学术背景下，作为朝廷重臣、学界领袖，阮元扛起了"会通"汉宋学术的大旗，大力倡导"以史经世"的实学思想。

　　阮元的史学之作，有在浙江编撰的《畴人传》，在京城编辑的《国史儒林传》，另外还编有方志多部。在史学思想、治史方法和史学成就等方面，颇有可观之处。

　　阮元编撰的《畴人传》是"中国第一部科学家传记"，全书共收录中外天文、历法、数学家二百八十人。《畴人传》虽然名为科技人物传记，却是我国第一部最接近科技史的学术专著。

　　早在明朝万历年间，利玛窦等传教士来华传教之际，西方历法、算数之学得以传入中国，并在士人和学者中间迅速传播开来。面对西学的强烈冲击，中国传统的天文历算之学该何去何从？东西方在天算领域各自的特色与差异何在？孰优孰劣？应当如何审视去取？这些成为时人尤其是有识之士普遍关注的重要问题。

　　阮元早年就对历算颇有心得，对三统四分术以及小轮椭圆之法都曾有研究，考虑到"二千年来，术经七十改，作者非一人……各有特识，法数具

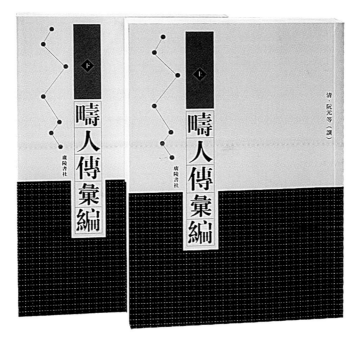

〔清〕阮元等撰，彭卫国、王原华点校《畴人传汇编》
（广陵书社 2009 年版）书影

存，皆足以为将来典要"，由此萌发了"掇拾史书，荟萃群籍，甄而录之，以为
列传"的想法。这也正是阮元撰著《畴人传》的时代背景和撰述目的所在。

　　古代天文历算之学，有专人执掌，而且世代相传为业，称为"畴人"。《畴
人传》专取步算一家，所谓步算也就是推步测算，是我国古代指天文、历法、
数学的术语。《畴人传》收录的人物，包括天文学家、数学家、历法编订者和
天文仪器制造者，将步算之学与占卜吉凶、谶纬迷信之说严格区分开来，展露
出近代科技史著述的端倪。该书创始于乾隆乙卯（1795），成书于嘉庆己未
（1799）。帮助阮元校录最为得力的是元和李锐和台州周治平，同时阮元还请
教了钱大昕、凌廷堪、谈泰、焦循等人。

　　《畴人传》初编共四十六卷，前四十二卷二百三十三篇，从上古的羲
和至嘉庆年间的历之锷，记载了我国天文、数学、历法等方面的专门学者
二百四十三人。比如汉代的王充、张衡，魏晋的刘徽、祖冲之，唐代的李淳风、

僧一行,宋代的沈括、苏颂,元代的李冶、郭守敬,明代的李之藻、徐光启,清代的王锡阐、梅文鼎等,都有详传以及其科技成就。书中后四卷从古希腊默冬起,至法国耶稣会士蒋友仁止,收录了三十七位西洋学者,比如利玛窦、汤若望、南怀仁等。《畴人传》的编撰,态度十分严谨,"采录诸书,二十四史而外,出于文澜阁所储《钦定四库全书》子部天文算法类为多,其余见闻所及,时有纂修"。篇末皆注明出处,以便检索查对。

作为中国首部自然科学家传记,《畴人传》在编撰体例上的主要特点是既反映出"传记体"的发展,又吸收了"学案体"的长处,因而具有学术史的性质。《畴人传》中的各传有传有论。在记述传主的姓名、字号、籍贯、科举出身和主要官职之后,主要介绍传主在天文学、数学方面的"议论行事"。有著作的,则不论存佚,都列出名目、序言、凡例等,并作摘要或提要;事迹丰富的,则不厌其详。如唐代僧人一行,叙述他在天文历法方面的成就,达三卷之多。又如郭守敬,对其所制作的各种测量仪器及推算方法,以及各部件的长短宽厚、各关节的衔接配合,垛叠、招差、勾股、弧矢之法的实际运用等都详加描绘,力求巨细无遗。这在更高层次上体现了学以致用和经世致用的切实精神。"论"或对人物的思想和成就进行评述,或对学术的源流进行分析,皆言简意赅,不尚空谈。如《梅文鼎传》之后的论说:"自征君以来,通数学者后先辈出,而师师相传,要皆本于梅氏。钱少詹大昕目为国朝算学第一,夫何愧焉。"对于用西法以难梅氏的江永,则评曰:"慎修专力西

〔清〕阮元撰《畴人传》书影(清嘉庆道光间扬州阮氏琅嬛仙馆刻本)

学,推崇甚至。……然守一家言,以推崇之故,并护其所短,《恒气注术辨》专申西学以难梅氏,盖犹不足为定论也。"论及戴震时说:"盖自有戴氏,天下学者乃不敢轻言算数,而其道始尊。"这些说法都是客观公正的。

阮元撰著《畴人传》,旨在回应西学东传所带来的文化冲击,通过梳理和总结中国古代天算之学的演进历程和主要成就,向世人展示中国科技文化固有的传统与优势,倡导学术自尊与自立。作为中国古代首部科学家列传和科技史著作,全书体现出鲜明的"会通"特色,将中国古代的"通史家风"推进至新的阶段。就思想价值而言,阮元能够正视西学在自然科技领域的长处与成就,感叹其"所为自行诸器,千奇万状,迥非西域诸国所能及",尤其佩服其在测天方面的领先水平,得出"西法之有验于天,实仪象有以先之也"的重要看法,深刻认识到在研习几何学基础上研制仪象对于发展天文学的重要意义。其不足在于,对商周以前上古传说人物评价过高,认为西学源于中国,中国古法比西学高明,没有看出科学的时代变化,有违实事求是的精神,但也恰恰反映了封建时代体用之争的思潮及其局限。

晚清时期,续撰者继起,续作迭出。道光二十年(1840),罗士琳撰《续畴人传》;光绪十二年(1886),诸可宝撰《畴人传三编》;光绪二十四年(1898),黄钟骏撰《畴人传四编》。这些续编与《畴人传》一起形成了一个有机的整体,在时间上先后相继,在内容上自相连属,共同展现了中国古代科技史撰著的主要成就。

嘉庆十五年(1810)十月,阮元被贬在京期间,还主持编纂了《国史儒林传》,又名《儒林传稿》。

乾隆三十年(1765),朝廷曾下诏修撰前朝史,满汉大臣传陆续完成,惟《儒林》《文苑》二传未成。九月十五日,乾隆上谕云:"且如《儒林》,亦史传之所必及,果其经明学粹,虽韦布不遗,又岂可拘于品味,使近日如顾栋高辈终于淹没无闻耶?诸臣其悉心参考,按次编纂,以备一代信史。"因为《儒林》传主往往没有仕宦经历,也就没有现成的履历,故而不易成稿。一直到嘉庆年间,修撰《儒林传》的话题又被提出来。嘉庆十二年七月、十三年十二月,湖广道监察御史徐国楠,国史馆总裁、大学士庆桂先后提出续修国史之请,而其中一个重要内容,便是依据官修实录等书补撰《儒林》《文苑》诸类传。

嘉庆十五年十月,阮元兼任国史馆总纂,着手编纂《儒林传稿》。他以各家传记、墓志铭、地方志、本人著述及叙例等为材料依据,集句成篇。阮元改变了宋儒单列"道学"的做法,将"道学"与"儒林"二传合一。嘉庆十七年八月,阮元署漕运总督,将稿本交馆,首录乾隆谕旨,以顾栋高为传首。《文苑传》未撰。后来,修国史传者对阮元原稿加以删改,正传删去十三人,附传删去二十四人,删去了注释各传资料来源的说明文字。桂馥、谈泰、臧庸、臧礼堂、金榜、王鸣盛、任大椿、李惇、刘台拱、汪中、孔广森、张惠言等都在被删之列,所幸被删传稿都保留在《揅经室续集》卷二《集传录存》中,由此尚可窥

清光绪十一年《张氏榕园丛书》本《儒林传稿》卷首书影

见原稿面貌。

阮元编纂《儒林传稿》曾向许多学者请教、讨论。臧庸于嘉庆十六年上书阮元,讨论是否将卢文弨、王鸣盛、钱大昕、江声、钱塘、刘台拱、凌廷堪、汪中诸君著录。焦循撰《国史儒林文苑传议》,针对阮元的编辑提出七项原则。

《儒林传稿》采用传记体,共四卷,每卷分正传和附传两部分,正传部分详述传主生平、学行,附传载录与正传有师承关系或血缘关系的后学弟子,记录了清代中叶以前的学者近一百三十位。《儒林传稿》延续和承继了中国古代学术史编纂的传统,在清代事属首创,不免有疏漏失当之处,例如,在人物排列的次序及某些人物的归类等方面曾受到学者的批评。但总的来看,瑕不掩瑜。续修者基本上仍然遵照阮元所手订的凡例,说明这一开山之作颇受学者的尊重。

阮元"明体达用""出为世用"的史学思想,就其内涵和特点而言,从源头上讲是对先秦时期中国史学直面现实、关注社会的史学传统的追溯;从清代学术的演进趋势来看,则是明清之际以"以史经世"为鲜明特点的实学思潮的回归。在坚持实事求是的考据方法以外,阮元敢于大胆地针砭现实,批评当世学风流于烦琐、脱离实际,具有转捩学风、启迪时人的积极意义。

第三节　编纂方志　彰贤拾遗

在五十年的仕途生涯中,阮元根据不同地区的情况,任用不同的编纂者,主修了十余部方志,树立了修志典范,为后世研究地方历史、地理概况等提供了丰富的史料。梁启超在盛赞阮元主持编纂地方志书的价值时说:"嘉道间之广西谢志,浙江、广东阮志,其价值久为学界所公认。"阮元之后数十年,多部方志的编写都以阮志为蓝本,"率皆踵谢、阮之旧"。

方志,即地方之史,记载内容广泛,诸如政治教化、风土民情、山川名胜、人物故事、物产资源、文化遗存、疆域分界、建置沿革等,称得上是地方的百科全书。阮元主修的诸多方志,如《海塘志》关注海防与洪涝灾害,《广东通志》关注国际新形势,《云南通志稿》重视少数民族地区的风土人情。在体例形式上与时俱进、有因有革,在内容上彰显乡贤、关注民生,成为地方上百科全书式的"大典"。

阮元修志的念头,最早可追溯到乾隆六十年(1795)。这一年,宣城翰林张焘送给阮元宋嘉定、元至顺年间的两部《镇江志》。得到宝志后,阮元亲自为两志撰写了内容提要,并进呈内务府保存。他还悄悄抄录了两个"副本",一本藏在家中的文选楼,另一本藏在镇江的焦山书藏。阮元认为,两部宝志记载了大量与镇江有关的历史文化和典章制度,应该发挥作用,造福镇江当地。阮元还承诺以题写楹联为报,"乃谋之镇江人刊刻"。道光二十一年(1841),丹徒盐商包景维拜访了阮元,表示愿意刊刻宋、元《镇江志》。阮元大喜，立即兑现承诺，即兴写下《赠盐商包怡庄联》送给包景维，上联是"古籍待刊三十载"，下联为"旧闻新见一千年"。为了保证刻质量，阮元拿出家中的文选楼抄本，又调来焦山藏本，让学者刘文淇、刘毓崧父子校对，正其讹误，著成《校勘记》四卷。稿成后，阮元亲自为二志作序，提点精要。在阮元和包景维的协同努力下，宋、元《镇江志》（附刘文淇父子的《校勘记》四卷），得以刊行。

阮元也十分重视发掘扬州的乡邦文献。嘉庆十年（1805），时任扬州知府的伊秉绶计划重修扬州府志，就修纂方案与阮元商议，打算取名《扬州图经》。第二年，阮元返乡，邀请了伊秉绶、焦循以及江藩、臧庸、赵怀玉、汪喜孙等人，正式开始修纂《扬州图经》和《扬州文粹》。然而，嘉庆十二年，因伊秉绶和阮元两个主心骨先后离扬，修纂之事只好中途作罢。《扬州图经》虽然没有正式刊行，但为后来多部扬州志书的纂辑提供了基础资料。

嘉庆十四年（1809），时任两淮盐运使的阿克当阿以《扬州图经》稿本为基础，组织人马修纂完成了《〔嘉庆〕重修扬州府志》。该志深得学界称允，被视为清代名志。《续修四库全书提要》称其考证精详，征引宏富，而且笔法严简，具有良史之法，洵称杰作。同年，参与修纂《〔嘉庆〕重修扬州府志》的姚文田，还在《扬州图经》稿本的基础上，纂成《广陵事略》一书。此外，《扬州图经》的编纂还启发了焦循。在受任编修《扬州图经》的过程中，焦循翻阅了大量的扬州史籍，系统整理了北湖地区的地理变迁、人文风俗，又搜罗了大量与北湖相关的名人传记与著述，汇编成《扬州北湖小志》一书。嘉庆十二年，焦循将《扬州北湖小志》稿拿与阮元分享，阮元读后为他作序，并建议他补图，于嘉庆十三年助他刊行。道光二十七年（1847），阮元的从弟阮先在焦循《北湖小志》的基础上，纂成《扬州北湖续志》，阮元亦为其作序。

阮元曾任浙江学政并两度巡抚浙江，在浙江任职近十二年。浙江的富庶和深厚的文化底蕴深深吸引了他，阮元亦为进一步推动浙江地方文化的发展作出了巨大的贡献。

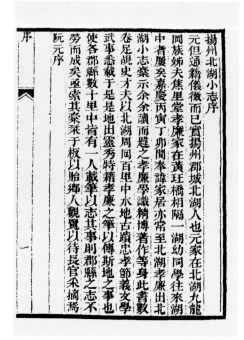

〔清〕阮元《扬州北湖小志序》书影　　〔清〕阮元《北湖小志》手札（扬州博物馆藏）

嘉庆七年（1802）夏，天台山僧人以陈韶所修的《天台山方外志》请求阮元作序。阮元治学态度一向严谨，在为其作序的同时，专门聘请钱塘学者严杰重新修订这部志书，把原来十卷增订为十二卷。此外，阮元还考证了三江和浙江等水道的变迁，精心绘制了十幅示意图，撰成《浙江图考》。为了厘清争议，阮元先是就《图考》中"古三江"的条目与焦循商榷，悉心听取他的意见。而后又请教许宗彦，听取他有关"南江故道"的见解。细节之处，阮元的治学严谨跃然可见。

阮元在浙江做的最具影响力的事，是创建了诂经精舍。诂经精舍聚集、培养了一批学术人才，陈寿祺就是其中之一。嘉庆四年（1799），陈寿祺进京赶考，试卷被分房考官给私留了下来，经阮元向主考大学士朱珪极力推荐后，才被录取。进士及第后，陈寿祺回福建省亲，经过杭州，遇到了阮元。阮元留他在杭州敷文书院担任主讲，在诂经精舍做兼职教师，并协助自己编纂

《海塘志》。嘉庆七年(1802),《海塘志》完稿,共计三十卷,遗憾的是并未刊行,但为次年阮元续修乾隆时方观承的《两浙海塘通志》提供了蓝本。阮元的《两浙海塘新志》补录了《两浙海塘通志》后五十年的史实,但也未刊行。嘉庆十一年(1806),阮元丁父忧返乡,时任杭州府西塘堤工海防同知的杨鑅,特地派人到扬州,向阮元求取《两浙海塘新志》底稿,纂成《海塘览要》一书。

嘉庆二十二年(1817)八月,阮元由湖广总督调任两广总督。次年,为配合朝廷诏修《大清一统志》,阮元上奏《纂修广东省通志折》。奏折云:

雍正九年所修《广东通志》,时间过去了九十年,"其间沿革损益甚多",久已失修,奏请朝廷批准续修《广东通志》。

得到嘉庆皇帝的朱批后,阮元便开始着手编修《广东通志》。嘉庆二十四年初,设立志局,挑选了当时颇具声望的一批专家学者,组成了三十二人的编纂队伍,其中有江藩、方东树、陈昌齐、刘华东、谢兰生等人。负责分纂的也多是广东的著名学者。

阮元亲自制定了《广东通志》的体例结构,要求突破以往志书厚古薄今、

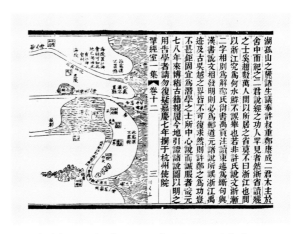

〔清〕阮元撰《揅经室集·浙江图考》书影

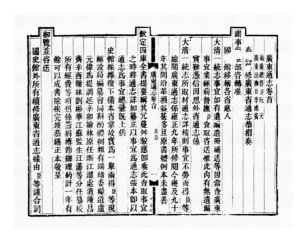

《广东通志》收录阮元纂修广东省通志的奏折

"贵因而不贵创"的局限,在梳理地理沿革的同时,重视收集各种历史文献,讲述各个时期历史发展的大势,将修志提升至修史的高度。阮元制定的地理沿革与历史沿革并重的撰述原则、"以史经世"的撰述思想、图文并茂的撰述手法等,均代表了当时方志编纂的最高水平。

重修《广东通志》,对阮元来说是一个全新的挑战。从 1760 年开始,广州是唯一允许外国商人居住并做买卖的中国港口。当时有很多外国人旅居广州,阮元悉心了解当时的世界局势,搜辑了美国、墨西哥、比利时等十七个国家的政治、经济、军事、殖民地范围等方面的情况,在志书中特别设置了《外藩传》。与此前郝玉麟志《外藩传》多记东南亚不同,阮志以介绍西方为主,用较大篇幅介绍了英、美等国,对西方的国家政治、民众教化、婚姻习俗等均有所介绍,对资本主义国家的扩张有所察觉。《广东通志》还结合广东海岸线宽广的地理特征,绘制了《广东通志·海防略》,对广东古往今来的海防状况进行了详细的考证和论述,其中附绘的二十余张海防图,成为后人研究广东海防的重要史料。

道光二年(1822),《广东通志》成稿,阮元随即上奏《纂刻〈广东通志〉告成折》。此书虽耗时三年有余,打破了原定一年多就可成书的计划,但却成就了《广东通志》的内容之精细与体例之完善。《广东通志》因其体例谨严、史料翔实、规模宏富,成为有清一代省志纂修的典范。

值得一提的是,阮元在粤创办的学海堂,后期发展成为广东地区的学术中心。学海堂培养了吴兰修、曾钊、熊景星等优秀学子,在纂修《广东通志》的过程中发挥了重要的作用。

道光六年(1826)五月,阮元调任云贵总督。此时的阮元已年过花甲,他克服云南地处边陲、交通闭塞等各种障碍,刚刚到任就计划纂修《云南通志稿》。

阮元的长处之一是独具慧眼,任人唯才,总能结合地方情况,挖掘所需的地方人才,《云南通志稿》的编纂也不例外。他先是找到了具有经史考证之能的云南当地学者王崧，聘其担任总纂，继而又延请了地理专家李诚参与编纂。二人学识渊博，各有所长。期间，阮元因为进京述职而暂离云南，没了阮元的协调，编纂队伍内部因观点不同出现了矛盾，王崧辞去总纂的职位，李诚接任，最终《云南通志稿》的定稿也由李诚完成。王崧在任职总纂时，收集了大量云南史籍，经过整理纂辑，先后汇编了《云南备征志》二十一卷和《道光云南志钞》八卷。《云南备征志》影响深远，取材广泛，体例谨严，辑录

《云南通志稿·南蛮志》中有关"哀牢夷"和"八百媳妇"的记载（选自《清代云南傣语族系种人图志》，云南人民出版社2014年版）

了大量的云南地方史和民族史料，后人誉之为"滇南大典"。王崧没能参与《云南通志稿》的最终成书，阮元并未与他交恶，反而结下了深厚的友谊。阮元欣赏王崧的才华，对其所著的《说纬》《云南备征志》称赞有加，并帮助王崧刊行。阮元为其撰《说纬·序》，还摘取《说纬》中的四篇文章录入《皇清经解》，肯定了《说纬》的学术价值。王崧死后，《说纬·序》被刻在了其墓碑上，二人的友谊由此可见一斑。

云南自古以来就是一个地理特点和民族特点鲜明的地区，在《云南通志稿》的内容和编排上，阮元十分注重地域特色。书中不仅对云南地区相

关的历史变迁进行了记载,还结合云南的地域特色创新了体例。其中,《食货志》《物产志》《南蛮志》等篇章对云南的盐政、铜矿、气候和少数民族的分布情况进行了详细的记载,为后世研究云南少数民族的风土人情、促进民族团结和经济发展提供了极有价值的资料。

阮元修志有明确目的,他在《广东通志序》中说:"既上供史馆采择,复下备本省掌故,实为一举两得。"嘉庆三年(1798),在为许宗彦收藏的顾亭林《肇域志》手稿作题跋时,阮元亦云:"然天下政治随时措宜,史志县志可变通而不可拘泥。"阮元秉持"因地制宜"的修志思想,躬身参与方志编纂的各个环节,结合当地具体情况进行纂修,使得《广东通志》《云南通志稿》等成为历代志书的典范,社会价值与学术价值历久弥新。

第四节　考释金石　补史证经

　　金文和石刻，是我国民族文化的重要遗产，也是研究民族历史文化的第一手资料。清代金石学是继宋代之后的又一高峰，经过顾炎武、朱彝尊、钱大昕、郭宗昌、武亿、洪颐煊、严可均、陈介祺、王昶、孙星衍、翁方纲、毕沅等名家的努力，成果卓著。

　　作为乾嘉学派的殿军，阮元一生注重搜访、编印金石资料，在金石学研究领域具有重要地位，他的《山左金石志》《两浙金石志》《积古斋钟鼎彝器款识》《汉延熹西岳华山碑考》以及指导阮福编撰的《滇南古金石录》在当时都产生了重要的影响。在《金石十事记》中，阮元总结了自己从事金石学研究的十件事情："余裒山左金石数千种，勒为《山左金石志》，事之一也。余裒两浙金石千余种，勒为《两浙金石志》，事之二也。余积吉金拓本五百余种，勒为《积古

〔清〕阮元撰《两浙金石志》书影（清光绪十六年浙江书局刻本）

斋钟鼎款识》，事之三也。扬州周散氏南宫大盘，东南重宝也，岁丁卯，礛使者献于朝，余模铸二盘，极肖之，一藏府学，一藏文选楼，事之四也。天一阁北宋石鼓拓本凡四百七十二字，余摹刻为二，一置杭州府学明伦堂，一置扬州府学明伦堂，事之五也。余步至扬州甘泉山，得西汉《中殿第廿八》二石于厉王冢，天下西汉石止此与曲阜五凤石共二石耳，事之六也。余遣书佐至诸城琅邪台，剔秦篆于榛莽中拓之，多得一行，事之七也。汉府门之倅大石人二，仆于野，为樵牧所残，余连车运致曲阜罍相圃中，并立之，事之八也。余得四明本全拓延熹《华山庙碑》，摹刻之，置之北湖祠塾，事之九也。余又摹刻秦泰山残篆、吴《天发神谶》二碑，同置北湖祠塾，事之十也。"不难看出，阮元对此十事颇为自豪。

考察阮元的一生，其入仕之始，便与金石书画结下了不解之缘。京中与翁方纲、钱大昕、桂馥等金石学家的交往，使得阮元对金石学产生了兴趣，并进一步掌握了金石考证的方法。乾隆五十六年（1791）十一月，升任詹事的阮元被分配校勘太学《石经》，分校《仪礼》。雍乾间，蒋衡在扬州抄录《十三经》成，马曰璐费数千金装帧，经江南河道总督高斌进呈乾隆皇帝。乾隆皇帝命刊石于学宫，谓之太学《石经》，共一百九十块，刊前阮元参与校勘。阮元不仅完成《仪礼》十七篇的校勘任务，而且协助那彦成校勘《尔雅》，又帮助彭元瑞襄理《毛诗》，为日后全面校勘《十三经》奠定了坚实的基础。

乾隆五十八年（1793）秋，三十岁的阮元奉旨接替翁方纲山东学政一职。"吉金与乐石，齐鲁甲天下"，山东地区有着悠久的收藏鉴赏、考证金石的历史传统。工作之余，阮元在黄易等朋辈的影响下开始寻访碑碣，观摩石刻。首先访问阙里，观摩乾隆皇帝钦颁周器及鼎、币、戈、尺诸古金；又摩挲两汉石刻，登岱岳，观唐摩崖碑，过济宁学，观戟门诸碑及黄易所得汉祠石像。五十九年（1794），毕沅巡抚山东，阮元提出搜集山东地区金石编辑成书的想法，得到了毕沅的支持。二人迅速就《山左金石志》的编纂体例达成共识，并招集学者、拓工，组建编纂班子，将编纂《山左金石志》之处命名为

"积古斋"。其间,又得到朱文藻、何元锡、武亿、段松苓的帮助,在岱麓、沂镇、灵岩、五峰等地椎拓,加上先期的搜集以及各种渠道的私藏,得拓片三千余件,比毕沅的《关中》《中州》金石二志多至三倍。乾隆六十年(1795)冬,草稿完成。嘉庆元年(1796)秋,《山左金石志》编成,凡二十四卷。次年十月,阮元自序刊行,展示了金石在补证经史、研究文字演变及书法艺术上的独特价值。

乾隆六十年(1795)八月,阮元调任浙江学政。此时正是他金石交游活动最频繁、成果最显著的阶段,尤其是嘉庆四年(1799)至嘉庆十年(1805)任浙江巡抚期间,众多学人被延入幕府,从事辑刊校注等工作。长于金石考证的有王昶、孙星衍、钱坫、秦恩复、陈鸿寿、张鉴等,擅于摹刻款识的有张燕昌、赵之琛等,还有精通书碑的刻工吴国宝。阮元常与幕中的金石学者进行访碑、摹刻、雅集、考释等活动,再现了宋代文人的金石风雅,门客与友人认为他媲美欧阳修,阮元本人也颇为自得。与此同时,浙地之外,阮元还与京师翁方纲、法式善,吴门钱大昕、黄丕烈,山左黄易等人频繁互动,通过书信进行交流。金石鉴赏是阮元学人幕府最为显著的特征。每获重要藏品,阮元便邀幕僚及好友分韵赋诗,以赏拓、观碑、祝寿为主题,题咏镜、鼎、印、钟、砖等古物。

阮元南下抵浙,一同赴杭的除了山左时期的幕僚何元锡、朱文藻等人外,还有在山东两年多的访碑成果——千余件碑版拓片。嘉庆元年(1796),身为浙江学政的阮元与谢启昆商议合编《两浙金石志》,嘉庆三年(1798)在何元锡佐助下,正式开始编纂,修纂过程中,赵魏、何元锡、许宗彦帮助搜访考证。嘉庆十年正月,该志修成。此书修成后并未及时刊刻,粤中有钞本十八卷。道光四年(1824),阮元在岭南刊刻并作序,对文字有删略,对钟鼎、钱印不能确定为浙江的也多删除,力求准确、简明。

嘉庆二年(1797)夏,阮元以宁波天一阁所藏石鼓文拓片,参以明初诸拓本,属海盐张燕昌摹刻石鼓文十石,置于杭州府学明伦堂壁间。刻石后阮元题跋："石鼓文脱本以浙东天一阁所藏松雪斋北宋本为最古。"嘉庆十二年（1807），阮元又摹刻石鼓文十石，置于扬州府学明伦堂壁间。记云："以杭州本为最精，扬州之本少逊也。"天一阁本石鼓文是乾嘉以来石鼓研究史上最重要的拓本，阮元的翻刻，是嘉道之际石鼓文研究兴起的巨大动力。此后研究石鼓文的著作不断涌现，且无不参考此本。嘉庆五年四月，阮元撰写了《重修会稽大禹陵庙碑》，并书碑，立于禹陵乡禹庙东首窆石亭旁。该碑记述禹庙的来历及修缮、祭祀之事。

抚浙期间，阮元陆续集得八砖，特在节署辟一小室，名曰"八砖吟馆"。阮元所主持的"金石酬唱"大多集会于此，并有《八砖吟馆刻烛集》刊行。影响较大的集会有陈列十三酒器为父介寿。嘉庆八年（1803），阮元为其父阮承信庆贺七十生辰，选十三件商周吉金酒器邀幕友分韵称觞，为父祝寿。宾主所作咏物诗，将经义考证与现实情境相融合，可以想见阮元与幕友日常鉴古咏古的场景。这类创作风格又被参与者或欣慕者效仿，是诗歌创作内容和形式上的一种拓展与创新。

阮元还将江德量、朱为弼、孙星衍、赵秉冲、翁树培、秦恩复、宋葆醇、钱坫、赵魏、何元锡、江藩、张廷济等以及自己的藏品拓本共计五百五十种，汇集成《积古斋钟鼎彝器款识》十卷，由朱为弼编定审释。嘉庆九年秋竣事，旋付刻行世。此书考释文义，与欧阳修、薛尚功的相关著作相比，无论作品

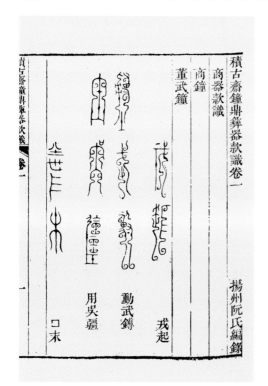

《积古斋钟鼎彝器款识》书影（清光绪二十六年武昌刻本）

数量还是学术价值都有过之而无不及，使得一代器物永传不朽。其中收录最有名的要数散氏盘拓片。散氏盘，又称矢人盘，西周晚期青铜器，因铭文中有"散氏"字样而得名。文十九行，共三百五十七字，是矢、散两国划定疆界的盟约，为研究周朝历史提供了直接的史料。嘉庆十二年（1807），两淮巡盐御史额勒布献之于朝廷，阮元仿铸出两件复制品，藏于扬州府学和阮氏"隋文选楼"。

阮元还在家乡扬州公道阮氏祠堂竖立据旧拓摹刻的秦泰山残石碑、东汉《西岳华山庙碑》、三国吴《天发神谶碑》三新碑。《华山庙碑》明代已毁，拓片稀有，流传仅有四本，即长垣本、四明本、华阴本、顺德本，在清代被钩摹、翻刻和研究。《泰山刻石》传为李斯所刻，是泰山最早的石刻，乾隆时残存十字。《天发神谶碑》又称《天玺纪功碑》，俗称"三段碑"。三国吴孙皓继帝位，公元276年改元"天玺"，制造天降神谶文的舆论，以为吴国祥瑞而刻此石，传为皇象书，嘉庆十年（1805）毁于火。嘉庆十四年（1809），阮元请苏州雕刻名家吴国宝摹刻三碑于扬州北湖。为纪念此事，阮元特地嘱画友作《北湖摹碑图》，并题长诗一首。

阮元对《华山碑》尤其喜爱。先前，钱大昕长子钱东壁将《华山碑》四明本拓片抵押给印氏。嘉庆十三年（1808），阮元从印氏手中购得，次年即摹刻并置于扬州北湖祠塾，并以欧阳修书华山碑跋语补刻于四明本所缺百字空处。嘉庆十五年，阮元将四明本装裱为挂轴并作题跋，同时题跋者有翁方纲与其子翁树培、翁树崐。十五年十月，阮元给华阴本题跋；十六年，阮元将四明本全碑摹为缩本，并写摹记；十八年，阮元以长垣本补四明本，画成碑图。道光六年（1826），阮元所携四明本在云南途中落水致霉。致仕以后，阮元携滇工重裱的四明本回扬州。道光二十四年（1844），四明本长轴及《泰山碑》拓本作为质押转给了著名书法家何绍基。

嘉庆二十二年（1817）至道光六年，阮元任两广总督，在粤九年。其间，阮元最主要的金石活动体现在由他主持重修的《广东通志·金石略》中。

阮元主修《广东通志·金石略》书影（清道光二年刻本）

此书收录了粤东地区自商周至元代的各类重要金石文字近六百种。翁方纲的《粤东金石略》与吴兰修的《南汉金石志》，为《广东通志·金石略》提供了可靠的文献资料。《广东通志》总纂江藩及《金石略》分纂吴兰修皆是金石学者，前者又是阮元同乡，两人多有金石讨论。在此阶段，阮元的金石活动频率逐渐下降。

道光六年（1826）阮元调任云贵总督，至道光十五年（1835）回京述职，拜体仁阁大学士，历时九年。案牍之余，虽仍有金石活动，却与山左、两浙时期不可比拟。年事已高，加上地处西南边疆，通信不便，阮元与书家交流甚少，惟陪伴左右的儿子阮福能与之讨论金石。在阮元的指导下，其子完成了《滇南古金石录》一书的编纂。

龚自珍在《阮尚书年谱第一序》中说："公谓吉金可以证经，乐石可以劻史，玩好之侈，临摹之工，有不预焉。是以储彝器至百种，蓄墨本至万种，

阮元称《爨宝子碑》为"滇中第一石"

椎拓遍山川,纸墨照眉发,孤本必重钩,伟论在著录。十事彪炳,冠在当时。"
在长期的仕宦经历中,阮元每到一处都留心当地金石碑版,并尽力保护当地
文化遗存。从山左到两浙,再由两广至云贵,皆是如此。通过阮元的搜集,
不少金石得以保存下来。

　　在研究中,阮元积极运用二重证据法,以金石文献来考证经史,展示了

郑玄祠

乾嘉学者金石学研究的方法和途径。乾隆五十九年（1794）十月，阮元在拜谒东汉经学家郑玄祠墓时，挖掘发现了金朝承安年间重刻唐万岁通天史承节所撰碑，拓而读之，发现碑文与范晔所撰《后汉书·郑玄传》文字有异，通过对比，发现史书上颠倒事实、遗漏《周官》、妄加"不"字等错误。他首创金石文字"其重与九经同之"的观点，以金石证经史，认为"器者所以藏礼"，"欲观三代以上之道与器，九经之外，舍钟鼎之属，曷由观之"，这就将金石学的地位提高到了一个新的高度。

在地域流徙与时间变迁中，阮元始终研考、摹刻金石。显而易见，考订金石古物，既是其"积古斯稽古"的学术宗尚，亦是其提倡"实学"、转变士风学风的重要举措。在一系列的诗课中，阮元通过出与金石古迹相关的诗题，引导士子关注地方历史，将"稽古"与"政事"相结合，既呈现了经世意涵，又强化了圣贤的典范意义。

阮元对金石碑版的崇尚，并非纯粹出于嗜好，其中隐藏着强烈的政治因素，在一定意义上，是对乾隆皇帝文教措施的模仿。同时，阮元与乾嘉金石学者间的学术交流及鉴藏互动，对士林风气亦产生了潜移默化的影响。嘉道之际金石学兼顾审美艺术的趣味转向，与阮元友人文化圈的考订鉴赏活动密不可分。阮元学人圈访碑、摹拓、鉴古等主题下的作诗绘画，呈现出一种关注古器本身的倾向，从而构建了晚清金石审美的新趣味。

阮元是清代金石学术文脉上的节点人物，他在仕宦过程中的金石活动，深刻影响了清中后期金石学的发展演进。

第五节　书法"二论"　学艺相通

中国书法史上，清代是一个重要的转变时期，在乾嘉朴学和金石学的影响下，碑学思潮和碑派书风开始形成，而阮元就是这一转变的倡导者。阮元擅长书法，更以书论著名。其书学思想集中体现在他的《南北书派论》与《北碑南帖论》中，他提出的"南北分派论""北碑南帖论"，是清代碑学正式形成的标志，一直影响到近现代乃至当代的书学观念与创作。

清代碑学自金农开始，至邓石如、伊秉绶，对碑学的认识尚处于一种模糊状态，更未提到理论的高度，难以与二王体系相颉颃。阮元以学问家客串书法家的姿态，完成了中国书法史上的一个大转折。乾隆五十六年（1791）二月，刚担任詹事府少詹事的阮元，奉旨与董诰一起修纂《石渠宝笈续编》。石渠，是指西汉皇室藏书之地"石渠阁"。《石渠宝笈》是清代乾隆、嘉庆年间著录清廷内府所藏历代书画藏品的文献。在历时两年多的编纂过程中，阮元遍览内府秘藏，选其菁华，札记笔录为《石渠随笔》八卷。

阮元反对向壁虚造的萧疏散淡，讲求"一门一径，皆有考证"。《石渠随笔》篇幅不大，体例却甚为完备，每幅书画之题咏、跋语、年月、姓名、尺寸、印记等，多加著录，足资考证。这种注重考据、鉴别、订正谬误，习惯记录文学、历史、典制等内容的治学方法，是阮元治艺如治学的具体表现。《石渠随笔》中许多精要的考证，多为《石渠宝笈续编》所吸收，也有一些内容却是《续编》所无，如卷六"董其昌行书所用朝鲜进表镜面纸"一条，详录了镜面纸上朝鲜国王李倧的进表内容,此表不仅《续编》不载,明代诸史籍及朝鲜《实录》中也未录,而此表可补《明史》之缺,与《李朝实录》的相关记载相印证,史料价值更为珍贵。

嘉庆十四年(1809),阮元因浙江学政刘凤诰科场舞弊案被言官弹劾,至嘉庆十七年,是阮元仕宦生涯的低谷,也是阮元学术成果的丰硕阶段。嘉庆十六年七月,阮元撰成《南北书派论》,该论与《北碑南帖论》奠定了阮元在书法史上的地位。阮元的碑学思想直接来源于金石学,此前任职山左及两浙期间,阮元积极搜罗金石碑版,掌握了大量新材料,长期的访碑活动与金石研究,使得阮元的书学思想逐渐走向成熟。也可以说,《山左金石志》的编纂是阮元碑学思想理论形成的源头。在此之前,董其昌有山水画南北宗的观点,冯班也提出"书亦有南北"的说法,而阮元明确提出南北书派书风不同的观念,则是基于"学分南北"的整体趋势而得出的结论。

在《南北书派论》和《北碑南帖论》中,阮元首次将书法分为碑、帖两类,同时以地域区分书风,这一提法具有开创意义。他肯定书法史上存在两派,而主观上偏向北派,认为北派是中国书法的主流。清代经学家重视古经训释考订,考据学兴起令金石学得以迅速发展,一时访碑、研碑成为风气。从乾隆五十八年(1793)访碑伊始,至嘉庆十年(1805)丁忧解职,阮元的金石学术活动从未中断,在新材料的发现和实践创作中,阮元的书学思想逐渐走向成熟,总结概括出碑学理论。他认为北碑留存古法,即隶法。隶书取法汉碑,故推崇汉碑与北碑,并将之作为评判标准,用以区别和概括南北书法风格。

阮元确立了汉碑地位,继而倡导北碑,开碑学之先。阮元的提倡为当时的书学理论注入了新鲜血液,令士林耳目一新,学人纷纷抚掌称善。当时,师法汉魏的风气已经盛行,但并未形成理论系统,也没有领袖振臂高呼,因此,阮元的"二论"如同宣言,以极强的姿态标志着清代碑学的正式形成,预示着清代中后期书学观念和审美风格的转变。此后,北碑笔法开始受到乾嘉学人的重视,逐渐形成了清代晚期的碑学理论体系。

阮元还明确指出,学习北碑一系才是学习真正的古法。他将汉晋墓志、山野碑崖提高到书法的层面,使向为文人不齿的民间书法并入书法传统,为后人的取法找到了一个新的亮点。

伍崇曜言:"先生三朝元老,一代伟人,固不必以书画名世,然持论则独有千古。"阮元以学问家客串书法家的姿态,完成了中国书法史上的一个大转折,其创立的碑学理论,打破了旧的规则与标准,创造了新的书法路径,虽名为"崇古",实为"创新"。若结合经学、文学等进行综合性的思考,我们可以惊讶地发现,阮元的"稽古"常常达到"革新"的效果。作为传统学术向现代学术跨越转折点上的关键人物,阮元学艺相通的特征值得我们关注。

阮元不以书法家自居,偶尔落笔,便见醇雅清古,不求工而自工,正如赵彦俪所述:"阮太傅亦未致力于书,然偶尔落笔,便见醇雅清古,不求工而自工,亦金石书籍之所成也。"

阮元少年时候忙于科举,无暇学书,但对于笔法之妙还是很喜欢。中年以后,政事之余,书匾、题跋、摹碑、撰联等,留下了大量的墨宝。晚年因目力不佳而不写小字,多写大字和草书。阮元在《题北湖摹碑图》中自述了学书经历,称:"吾愚未学籀与羲,唐陵宋阁多然疑。"此诗记叙了阮元摹刻《泰山刻石》《西岳华山碑》《天发神谶碑》于扬州北湖祠塾的经过,并将三碑称之为"三绝",字里行间,颇为得意。晚年他的作品,隶书没有了以往的工整,而多纵逸之姿;草书少了雅逸,而多了质朴。

阮元的书法,各体皆能。其风格多取北朝碑版及石鼓文,笔力雄健,结体谨严,正中寓奇,笔致秀逸,自然天成,是理论与实践相结合的产物,足以传世。他尤善篆隶,其篆隶书意在秦汉,从工整到率真。伍崇曜在《石渠随笔跋》中说:"文达所作书,郁盘飞动,间仿《天发神谶碑》。"阮元的篆书得到《天发神谶碑》启发,以方笔入篆,方正坚劲,和只注意笔画两端提按顿挫、回环照应,笔画中段空怯的帖学用笔不同,中锋运行,起笔见方,收笔尖

阮元篆书五言联

汗青千片雌黄百卷

生翠十羽牡丹一枝

阮元行书八言联

锐,方圆并用,使原本匀静和睦的篆书变得奇异古奥,对晚清的篆书、篆刻产生了深远的影响。

王潜刚在《清人书评》中评价阮元"深于金石之学,小隶书尤佳",隶书用笔坚劲,厚重浑穆,结体偏长,使用横粗竖细笔法,在遒劲厚重中透出灵动气韵,相较前辈书家,既有共通之处,亦有明显不同。方朔《枕经堂题跋》说:"文达寝馈于《石门颂》,故所书与此刻波澜无二。中年亦力学《百石卒史碑》,作擘窠大字,纵横排荡,无一不与神合。"其代表作有"栝苍古道"摩崖石刻与《大禹陵庙碑》等。

比较而言,阮元对自己的帖学作品很不满意,称:"生笔札极劣,议论武断,属在至契,敢以奉商。"他的楷书作品,在学习颜真卿的基础上,进一步上溯《吕望表》,更具古意,后期笃志欧、褚。阮元没有深入临摹过北碑,只是他认为欧阳询、褚遂良、颜真卿的楷书均是北派。阮元早期楷书学习颜体,用笔圆厚饱满,点画、转折似颜体,擅长馆阁体楷书,包括小楷,体现在其奏折等作品上。阮元的楷书笃志唐碑,点画精到,法度谨严,代表作有《三元及第》榜书及《隐山铭》等。行书则师法帖,既有颜真卿的浑厚古朴,又具苏东坡的俊雅丰茂。他的行草书深染董、赵,有雅逸之气,代表作有《八念行书卷》《临颜真卿争坐位帖扇面》等。

对于碑学书法的审美品评,阮元以"古"为标准,北碑古质、劲健、拘陋、遒劲,这是士人朴学所倡导的质朴、严谨精神的体现。以阮元为代表的乾嘉学者形成了以学术为根本、以雅正为引导的书学新观念。阮元的书法作品,一部分是以碑刻、摩崖石刻或以碑刻的拓本等形式存在,绝大部分以对联、横幅、立轴等纸质存在,从中都可欣赏到阮元精湛的书法艺术。

作为清代经学名臣的阮元,整理金文,摹学石鼓,访秦汉碑,观北魏摩崖,收集民间砖瓦及碑版拓本,融会同期著名书家成就,以金证经,金文与"九经"并重,并由此考察文字与书法的渊源。他在经学和金石学浸染下,掀起尊碑及南北书派变革思潮,开创了新的审美样式与境界,其成就在中国书法史上无法忽略。他从历史发展和风格上大力宣扬碑版书法的传统和艺术魅力,但并不贬斥南派帖学书法,一分为二地将帖派和碑派各自长处表达出来,具有很强的包容性。阮元对北碑南帖相融的范式称赞有加,在书学中努力践行,呈现厚重浑穆、醇雅清古的风格,与"后碑学"时代碑帖相融的风尚不谋而合,给当代书法创作以重要启示。

第六节　诗联创作　性情写照

　　阮元是一位学者型诗人,他不仅经术深湛,考据淹博,又勤于作诗,著有《琅嬛仙馆诗略》《文选楼诗存》,收录在《揅经室集》《续集》《再续集》中,其余散见于《小沧浪笔谈》《定香亭笔谈》《瀛舟笔谈》等书中,存世约一千二百余首。阮元的诗歌形式多样,有五古、律诗、绝句等,尤其擅长古体。七古似韦(应物)、柳(宗元),五古似苏(轼)、陆(游),风格近于白居易和欧阳修,典雅平正,不事雕琢,温柔敦厚,含蓄委婉。《晚晴簃诗汇》评价其诗:"歌行出入东坡、放翁,晚涉诚斋,近体风格亦近中唐。题咏金石之作,不因考据伤格,兼覃溪之长而袪其弊。"

　　阮元作诗有家学渊源。祖父阮玉堂"尤喜读书,为古文词诗歌,援笔立就",著有《珠湖草堂诗集》三卷、《琢庵词》一卷。父亲阮承信研治《左氏春秋》,熟悉《资治通鉴》,能创作古文词。尤其是阮母林氏,生于书香世家,通史书,会诗文,曾以阮元外曾祖所选的王维、孟浩然、高适、岑参四家诗教授阮元,并手写白居易《燕诗示刘叟》等,教之以四声属对之法,故而阮元八九岁即能作诗。

　　阮元的诗歌创作,题材有写景咏物、咏史怀古、题咏金石、抒发济世豪情、关心民瘼之什、记载相关政绩等,多与他的身份契合,反映了他的仕宦生涯、学术活动及其人生心态。

　　记游写景,抒情写志,是阮元诗歌创作的一大类。借助诗歌,阮元或直抒胸臆,或写景抒情,或咏史抒怀。

乾隆五十四年(1789),阮元二十六岁,终于考中了进士,充翰林院庶吉士,任《万寿盛典》纂修官,备受乾隆皇帝赏识。此时,他写下了《雨后过瀛台》:

> 淡虹残雨压飞埃,清籥霏微霁色开。青鸟拂云归阆苑,白鱼吹浪过蓬莱。神仙此日应同驻,车马何人不暂回。半向金鳌桥上望,水南犹自转轻雷。

阮元可谓是少年得志,在诗中,他借用李商隐的《碧城》《无题》,把自己比作青鸟,将翰林院比作阆苑。白鱼是祥瑞之兆,阮元用"白鱼入舟"来暗示自己对仕途充满信心。

阮元早期诗歌多应制、酬答之作,外放为官后,"身行万里半天下",地域的变化对诗人的性情起到了重要的滋养作用,山水诗构成了他的创作主体,约占总量的三分之二。这些山水诗表达了阮元对大好河山的热爱和自己的闲情逸致。乾隆五十九年(1794),阮元游览灵岩寺,写下《灵岩山》:

> 山谷通灵气,伽蓝出世情。辟支孤塔影,卓锡古泉声。松问何年种,碑题过客名。怃然念尘迹,翠壁白云横。

阮元长期置身官场,处身自然山水中时,远离尘嚣,不免心生出世之思,渴望摆脱凡尘俗世的羁绊。由此阮元表现出对田园生活极高的热情,如《吴兴杂诗》:

> 交流四水抱城斜,散作千溪遍万家。深处种菱浅种稻,不深不浅种荷花。

阮元不仅寄情山水,表达对大好河山的热爱,他还强调要保护自然。嘉庆十年(1805),阮元任浙江巡抚时,看到西湖两岸柳树多有折损,于是作《命海塘兵剪柳三千余枝,遍插西湖,并令海防道以后每年添插千枝,永为公案》:

> 十里西湖波渺渺,柳不藏莺半枯槁。旧树婆娑新树稀,折柳人多种柳少。海塘一百七十里,万树绿杨夹驰道。谁是年年种树人?骑兵已共垂杨老。长条齐剪三千枝,遍插湖边任颠倒。几时春雨浸深根,多少新芽出青杪。一年两年影依依,千丝万丝风袅袅。……补种须教有司管,爱惜还期后人保。……

阮元随即采取补种的措施,且希望后人保之,期望这些柳树能为人提供阴凉,同时起到保护和美化环境的作用。在诗中,阮元不仅讲述自己为百姓办实事,还将自然之美融汇到生命的体验当中,抒发了心系万物的情怀。

阮元的许多纪行抒怀诗,气势雄壮、境界阔大,如"气欲平吞于越天,势将一洗余杭土""潮不推行直上飞,水不平流自僵竖""茫茫沙角外,巡海一登台。潮向虎门落,舟从龙穴开""人与峰峦争气象,窗收湖海入心胸""胸前泉石千层起,眼底江湖一望通""白云横绝万峰齐,更踏东峰向岭西。掉臂已过白云上,回头尽见万峰低"等等。

阮元还善于借咏史来表达自己的政治理想和人生观。乾隆五十九年(1794),阮元途经山东拜谒先圣孟子的祠庙,作有《邹县谒孟庙晚宿孟博士第中》:"霸王代谢百年间,夫子风尘又辙环。若使灵台开晋国,岂能秦石上邹山?遗书赖有邻卿校,古庙惟余博士闲。今夜断机堂外住,主人灯火照松关。"面对历史,阮元设想,如果当时国富兵强的晋国采用了孔、孟的仁政主张,怎么会出现后来秦国以武力统一天下的事情呢?

嘉庆十三年(1808),阮元拜谒岳飞墓,作有《拜岳鄂王庙》:"不战即当死,君亡臣敢存?犹怜驴背者,未逐马蹄魂。独洗两宫辱,莫言三字冤。投戈相殉耳,余事总休论。"阮元歌颂了岳飞精忠报国的行为,认为岳飞虽然遭"莫须有"的罪名致死,但作为臣子,他的战绩与忠心才是最可称道的,表达了阮元为君主分忧、为国家尽忠、以死相报而无怨言的正统的君臣观。其咏史佳句"侧身天地成孤注,满目河山寄一舟"也是极具震撼力和冲击力。

遭受科场案挫折后,阮元诗歌平添许多沉郁之气,晚年更流于冲淡平和,如"读碑结习成迂论,修史深情向旧儒"。晚年归隐珠湖草堂,从此"放棹入湖庄,高眠此草堂",过上了田园生活。

关注民生,体恤百姓,是阮元诗词创作的又一大类。

乾嘉之际,国力由盛转衰,百姓生活日趋困顿。面对灾荒,民众受苦,主政一方的阮元感同身受,尽最大努力来抚恤、救济灾民。嘉庆五年(1800),浙东水患严重,阮元将灾情上奏,嘉庆皇帝命以府库钱财赈灾。阮元立即赶赴灾区,视察灾情,主持赈灾。《浙东赈灾纪事》一诗,详细记述了赈灾的过程:

> 庚申夏六月,风雨夜漫漫。山海本交错,蛟龙出其间。……狂流破山出,百道开巉岏。平地水一丈,墙屋崩惊湍。漂人及鸡犬,决冢浮空棺。清畎为石田,沃土成沙滩。……尔时不死民,垂泪呼长官。长官发仓谷,仓破谷不干。升斗纵不多,尚可数日餐。飞章入告帝,民隐动天颜。……臣体帝之心,不敢少吝悭。金谷四十万,胥吏伺为奸。察之苟不密,何异官贪顽。民受官所授,着手亲分颁。我来如视伤,一一索其瘝。治寇在于猛,恤灾务于宽。致灾已不德,有力敢不殚。所赖高田稔,米价平市阛。种荞亦成熟,虽贫心已安。终思卅万人,家室何时完?朔风生洞道,伏轼兴长叹。

这首诗是阮元奋力救灾、爱民如子的真实写照。

嘉庆十八年（1813）六月，阮元从瓜洲督运四千余船漕粮进京的途中，目睹大运河上十万纤夫的艰辛以及数万饥民的悲惨生活，写下《纤代赈》一诗。他用写实的手法真实描述了为了"一饭"而挣扎的劳苦民众，表达了对他们的同情。身在高位的阮元，看到了底层百姓的艰辛，他的以纤代赈，虽然只是临时举措，却是尽自己最大的努力为百姓做实事，缓解他们的困苦。

阮元还为自己的家乡百姓做了不少实事。最值得称赞的，莫过于在瓜洲制作"红船"进行水上救援。

阮元设计的"红船"可以三面使风，急驶如风，样式也被湖北、江西、安徽等地仿造，在长江上救助了很多落水的民众。他还将后来添造的三艘"红船"分别命名为"沧江虹""木兰身""曲江舫"。嘉庆二十年，阮元在南昌仿照家乡红船的样式，再造红船，并在一首诗中记载："南人使船如使马，大浪长风任挥洒。红船送我过金山，如马之言殊不假。我嫌豫章无快船，造船令似金山者。鄱湖波浪万船停，惟有红船舵能把。洪都三日到江都，如此飞帆马不如。"阮元造红船的义举持续了近四十年，在这期间，红船的建造、维修、更新等都要耗费财力，其中阮元贡献了许多俸禄，足见他关心家乡民众的情怀。

阮元诗歌创作与文学思想脱离不了时代的氛围。清代诗坛，不但诗人辈出，而且诗歌理论和诗歌评论著作相继问世，王士禛的"神韵说"、沈德潜的"格调说"和袁枚"性灵说"相继提出，这些成为阮元诗学理论的渊源，尤其是袁枚的"性灵说"直接影响到阮元的诗歌特色。

阮元诗有学人化的倾向。如游南岳衡山，阮元就以典故叙说衡山文化史："少陵侧身叹朱凤，昌黎掷挍多忧谗。郏侯结庐在何处？烟霞留与张文潜。南轩新安雪中住，直同文定通洛濂。此外仙释殊不少，我心钝拙安能参。岣嵝有碑索不得，奇文曷出杨升庵。"通过大量的用典、比拟，将自然山水人文化。又如"三周人与车声远，九月秋如画色浓"，前者是用齐顷公在鞍之战中逃跑，绕华不注山转了三圈的典故，后者是将秋色比作元代赵孟頫《鹊华秋色图》的"画色"。再如"怀新足雨气，餐秀浮风光"，则是化用了陶渊明的名句"平畴交远风,良苗亦怀新"和谢朓的名句"日华川上动,风光草际浮"。

阮元认为"诗笔"可以兼"画笔",其诗作多追求画面感。如"晚潮归海绿,落日满山红""风里云霞无定色,水中星斗落高天""云影远浮双塔动,水光闲浸一山孤""山逐江流无断续,云分山势各西东",用写意笔法"画"美景,或突出色彩对比,或以动写静,或以虚写实,或移情通感。在描摹画面感的同时,给人以动感、质感和无限的想象空间。

诗歌之外,阮元的楹联创作也是独树一帜。

阮元一生创作、书写的楹联逾百副,许多楹联论著,如梁章钜的《楹联丛话》、吴恭亨的《对联话》等都选用他的作品作为典范之作,楹联界一直将阮元誉为楹联大家、楹联名家。曾有团体推选中国十大楹联家,阮元名列其中。

阮元自小就爱"做对子",他八岁能诗,诗中有一联,云:"雾重疑山远,潮平觉岸低。"工整、形象、生动,显示出阮元"即兴作对"的才能。后来,阮元历"三朝阁老,九省疆臣",丰富的阅历,使得阮元的楹联创作更为丰富多彩,题材涵盖的范围也更广,举凡政治、军事、经济、文化、教育等各个领域都有涉及。其中,又以悬挂在各个场所的奉题联最具艺术特色。

阮元有一副为杭州府贡院题写的楹联,联句是:

> 下笔千言,正桂子香时,槐花黄后;
>
> 出门一笑,看西湖月满,东浙潮来。

此联是阮元在浙江巡抚任内为杭州府贡院题写。贡院是科举考试的场所,每三年举行一次,因为在秋天举行,又称"秋闱"。此联首先点出时间是"桂子香时,槐花黄后",正是"秋闱"的考期,"下笔千言"是指考生入场应考。接着又写"出门一笑",是对入场考生的期许和鼓励。"看西湖月满,东浙潮来",是用"月满"比喻称心如意,用"潮来"比喻思维敏捷,都是用形象化的词句描摹考生的动作与心理。上下联又融色、味、形、声于一体，"桂子香""槐花黄""西湖月""东浙潮"，是从嗅觉、视觉、听觉等方面，表达了考生在现场的多重感受。在创作技法上，上联的"桂子香时"对"槐花黄后"，下联的"西湖月满"对"东浙潮来"，既是联句的自对，又是上下联的互对，表现出作者高妙的楹联创作技巧。整副联既富有诗情画意，又措辞典雅、生动恰切，堪称联中精品。后世的各种联学论著都有收录，引以为典范之作。

阮元另一副为杭州诂经精舍撰写的楹联，也常为联学专著收录，联句是：

> 公羊传经，司马记史；
> 白虎德论，雕龙文心。

嘉庆六年，时为浙江巡抚的阮元，在杭州西湖孤山创办了诂经精舍，并为诂经精舍撰写了此联。诂经精舍是一所致力于培养经学、史学等多学科全新人才的书院。在联语中，阮元善于用典，巧妙地嵌入了公羊高的《春秋公羊传》、司马迁的《史记》、班固的《白虎通义》、刘勰的《文心雕龙》四部古代典籍，表明诂经精舍的办学目的与特色。联句中嵌"经、史、论、文"，又配以"羊、马、虎、龙"，不仅用典恰切，且对仗工稳，富有雅趣，可谓是切时、切地、切人、切事的楹联佳作。

与杭州府贡院联媲美的还有一联，是阮元的"平湖秋月"联，联曰：

> 胜地重新，在红藕花中，绿杨阴里；
> 清游自昔，看长天一色，朗月当空。

嘉庆十三年（1808），阮元再抚浙江，旧地重游，心中感慨良多。这副"平湖秋月"联，在句式上与杭州贡院联类似，在情感上更为真切，在用词上更为清新，有人称之为姊妹联袂、绝代双骄，常用作举一反三的范例，广为流传。

不仅是写景、议事,在表达心境、关注民生等方面,阮元也有许多佳作。如,嘉庆年间阮元抵达广州接两广总督印,自题一联挂在自己的书房,联句为:

烟禁宜严,免得银荒兵弱;
海防须紧,保障国泰民安。

此联的忧国忧民之情溢于言表,这是在林则徐之前较早地表明了严禁鸦片的态度。阮元将此联挂在书房中,是警醒与告诫自己,要"免得银荒兵弱",要"保障国泰民安"。

阮元创作楹联,也喜欢书写楹联,扬州博物馆有一副阮元《摹朱珪篆书十言联》,是他的一副篆书作品,联云:

学如逆水行舟,稍纵即逝;
心似平原走马,易放难追。

旁以行书小字记此联由来:"朱文正师篆此楹联,悬于知足斋,元每晋谒时,必三复之。嗣后命抚越疆,昕夕从公,时深兢惕,经史故业,颇渐荒芜。今读吾师之著作,洽闻弹见,大雅为群,追忆楹联,不胜仰慕,日图自振,特摹于座右,以为研经之箴,亦以彰衣钵渊源之意。辛巳春受业阮元谨摹记于粤署。"

阮元篆书十言联(扬州博物馆藏)

联文原为朱珪所撰。朱珪（1731—1807），身经清代乾隆、嘉庆两朝，为官五十多年，曾任两广总督，官至体仁阁大学士。他一生清廉，品格端方，关心民间疾苦，为国呕心沥血，阮元受其影响很深。此联书于清道光元年（1821），其时，阮元任两广总督。阮元摹写此联，用作自己的座右铭，一是警示自己要惜时如金、勤勉读书，重操"经史故业"，勤奋治学；二是通过摹写对联，追忆师恩，表达对恩师的感激之情，感谢其对自己在做人、为官、治学方面的精心栽培，督促自己在两广总督任上，为国谋利，为民造福。

以诗词、楹联为窗口，观察阮元生平经历，足见其学养深厚，是一代宗师。正如清代学者李元度所言："一代之兴，必有耆庞魁垒之臣，若唐之燕、许及崔文贞、权文公、李卫公，以经术文章主持风会。而其人又必聪明早达，扬历中外，兼享大年。其名位著述足以弁冕群材，其力尤足提唱后学。若仪征相国，真其人哉！"

第七节　辑刊群籍　流惠后世

阮元家庙享堂西侧有"隋文选楼"，门前的一副楹联为清代书法家伊秉绶所题，上联"七录旧家宗塾"，下联"六朝古巷选楼"，虽然只有十二字，却是概要表明了阮元的文化取向与建楼的用意。隋文选楼中藏有二千五百余种古籍，四部要籍俱备，尤多精善抄本，是阮元校勘辑刻、读书创作的重要场所。

阮元以传播文化为己任，一生致力于文献的整理编纂和汇辑刊刻，成绩斐然。除了前述的经史金石著述外，还编著有《定香亭笔谈》《小沧浪笔谈》《揅经室集》《诂经精舍文集》《淮海英灵集》《八砖吟馆刻烛集》等。其编刊的丛书《宛委别藏》（原稿本）及其命阮亨编刊的《文选楼丛书》等，都具有极高的学术价值。

阮元不仅将自己的诗歌随笔汇编成册，同时还广泛搜罗江浙等地的诗人诗作，纂辑刊刻。阮元生于江苏扬州，自小就成长于浓厚的诗学氛围之中，见证了诸多乡贤耆旧的诗歌创作，也有憾于遗作飘零而集刻者鲜少。乾隆六十年（1795），阮元奉命移任浙江。桑梓非遥，征访较易，次年正月，阮元便开始广求扬州十二邑诗篇，征刻《淮海英灵集》。

阮元编书，虽多是担任"总裁"之职，但素来亲力亲为，参与其中，《淮海英灵集》亦是如此。在体例编排方面，"陈编蠹稿，列满几阁，校试之暇，删繁纪要，效遗山《中州十集》之体，录为甲、乙、丙、丁、戊五集，又以壬集收

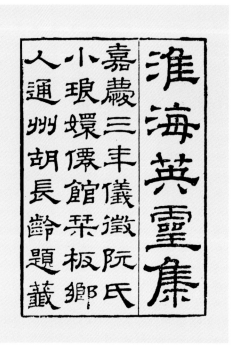

《淮海英灵集》书影（清嘉庆三年小琅嬛仙馆刻本）

闺秀，癸集收方外，虚己、庚、辛三集以待补录"。在编纂队伍上，《淮海英灵集》有博学的专家参编，更有知名的学者校勘，"助元征诗诸友"，有焦里堂循、李滨石钟泗、江郑堂藩、王伯申述之、宝应刘端临台拱等共三十七人，"助元编辑诸友"，有甘泉焦里堂循等六人。在内容安排上，《淮海英灵集》以扬州十二邑为中心，收录诗人作品，并简介诗人的生平、著述、诗风。"各家之诗，皆就其所擅长者录之，庶各体皆备，不敢存选家唐宋流派门户之见"。

历时三年，《淮海英灵集》于嘉庆三年（1798）在仪征阮氏小琅嬛仙馆刊印，全书共二十二卷，分五集十册。虽不似《皇清经解》《十三经注疏》那般卷帙浩繁，但其编纂汇集多方才智，内容广博精深，得补扬州地方诗史之缺。同时，也为后来《淮海英灵续集》等诗学著作的产生奠定了基础。

纂修《淮海英灵集》的过程中，阮元还有"意外收获"，即发掘出诸多乡贤耆旧的轶闻诗事、执笔疏记，编为《广陵诗事》。其主要内容有忠孝节义事迹、文人宴会韵事、地方掌故、园庭废兴、嘉言名句、书画古器等，所记多文人逸事，为正史所不载。《广陵诗事》与《淮海英灵集》相辅相成，《淮海英灵集》所选之诗侧重表现诗人的思想情操及风格特长，而《广陵诗事》则以诗见事，有补充《淮海英灵集》的作用，如卷十"郑板桥"条录《怀李鱓》《怀申甫》二首绝句，为《淮海英灵集》所未载。同时，《广陵诗事》还有考证纠谬的作用，比如纠正"诸葛铜鼓"的误传，指出铜鼓为马援得之于征蛮时。

《广陵诗事》于嘉庆四年（1799）六月成稿，嘉庆六年刊刻出版，在保存扬州历史文化的同时，传扬了家乡的逸辙淳风，展现了阮元炽热的桑梓之情。

受到编纂《淮海英灵集》与《广陵诗事》的启发，督学浙江之时，阮元对两浙地区的诗歌发展高度关注，"两浙人文渊薮，百数十年来名人辈出。兹自嘉庆丙辰至戊午三年中，按试所到，或访诸耆宿，或询之多士，各出所藏，随收随录"。《两浙𫐄轩录》的纂辑与《淮海英灵集》同时并行。《两浙𫐄轩录》开编于嘉庆元年（1796），嘉庆三年初稿纂成，

《广陵诗事》书影（清光绪十六年扬州会馆刻本）

但随着阮元离浙回京，后续纂修一度中止，直至阮元再任浙江巡抚，重启了编纂工作，"（嘉庆六年）巡抚浙江，仁和朱朗斋、钱塘陈曼生请出其稿，愿共刊之，乃畀之，重加编定，序而行之。别为条例，以志其详"。通行的《两浙𫐄轩录》嘉庆刻本，共四十卷，记录了诗人三千一百三十三家，汇辑诗歌九千二百四十一首。

嘉庆八年，杨初、俞宝华等将各自所辑《两浙𫐄轩录》未收的诗人诗作呈于阮元，阮元遂主持续修《两浙𫐄轩录补遗》并付梓，刊成十卷，收录诗人一千一百二十人、诗作一千九百八十一首。至此，《两浙𫐄轩录》及其《补遗》全部付之枣梨，历时长达八年。《两浙𫐄轩录》涵盖范围广，遍及全浙，保存了大量知名度不高的诗人诗作。特别是诗人小传的编撰，囊括了诗人与

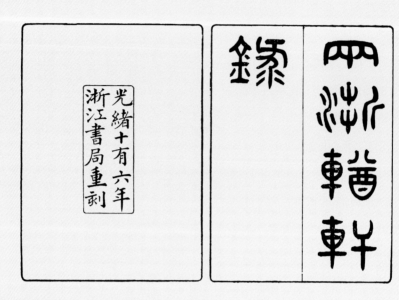

《两浙輶轩录》书影（清光绪十六年浙江书局重刻本）

诗事，其承载的价值超过诗歌集本身，"在某种程度上堪称一部具体而微的'清代浙江诗人小传集''清代浙江诗歌史料集'，是我们认知清代浙江文学与文化的一大资料渊薮"。《两浙輶轩录》根植于两浙诗学沃土，吸收历代浙诗总集的精华，在成就诗集大览的同时，引领了当时乃至后世诗歌纂辑的潮流，为辑纂《江苏诗征》等后继的省级诗歌选本提供了范例。

阮元十分爱惜学术之才，遇有书籍刊刻的才士，必加鼓励，并资助出版，《江苏诗征》便是由此问世。阮元从弟阮亨与王豫早有交集，交谈中，偶然得知王豫想要辑刊《江苏诗征》，十分赞同此举。嘉庆十一年（1806），王豫投诗拜谒回扬闲居的阮元，阮元欣赏王豫的诗才，遂任用其弟阮亨和王豫纂修《淮海英灵续集》。后又亲至翠屏洲拜访王豫，看到了王豫家中藏有大量的江苏诗集，坦言自己已辑成《淮海英灵集》以及《两浙輶轩录》等多部地方诗集，江苏一省诗歌繁盛，早有纂修江苏省级诗集的打算，但苦于分身乏术，而今恰好王豫怀才有志，表示将鼎力支持，出资相助。

嘉庆二十一年（1816），《江苏诗征》稿成一百八十三卷，收录的诗人五千四百多家，诗歌三万有余，随附录大量布衣诗人传记和地方诗史资料，流惠后世。后值阮元返回扬州，将初稿带到广东，邀请好友江藩、许珩、凌曙等一众学者为其删订校正，并为之付梓作序。此外，《江苏诗征》还衍生出意外之作。王豫在辑刊《江苏诗征》时，命其二子王屋、王敏负责抄录校订，整理出了有关焦山的资料，别成《焦山志》二十卷。后来，阮元与王豫在焦山会面时，对其《焦山志》稿大为赞赏，亦为其刊刻出版。

《江苏诗征》从嘉庆十年（1805）开始筹备，到嘉庆二十一年辑成初稿，前后历时十二年。至清道光元年（1821）刊刻问世，前后耗时十七年。阮元全力相助，让王豫全身心投入纂修事业之中而无他顾，从而合力成就了这部伟大的诗学著作，二人的稽古右文精神了然可见。

阮元巡抚浙江时，留心搜访四库未收之籍，得一百六十余种，仿四库体例写成《四库未收书目提要》，随书奏进，得嘉庆皇帝亲自题名为《宛委别藏》。该书收录的多为罕见的珍贵古籍，如宋杨仲良的《皇宋通鉴长编纪事本末》，未见于《宋史·艺文志》及陈振孙、马端临之著录书目；见于《唐志》

《江苏诗征》书影

而未见诸私家目录的唐陆希声《道德真经补》是唐人遗书，传世不多，由阮氏从《道藏》录出，卷帙完善；另有许多传至日本而中土流失的书籍，如《两京新记》《五行大义》《群书治要》《乐书要录》《泰轩易传》等。

嘉庆二十四年（1819），阮元将自己的部分诗作裒为《文选楼诗存》，后又改作《擎经室诗录》，收入《文选楼丛书》。《文选楼丛书》三十四种、四百八十卷，多收阮元本人及焦循、孔广森、钱大昕等人的著述，且有稀见之书，如日本山井鼎《七经孟子考文》及日本物观《补遗》，宋刻《列女传》等，皆富有价值。《文选楼丛书》的辑刊，历经嘉、道数十年，最终得以面世。《文选楼丛书》后被纳入《丛书集成初编》等大型学术文献中，为后世刊辑丛书树立了标杆，也为研究乾嘉扬州学派提供了宝贵的史料。

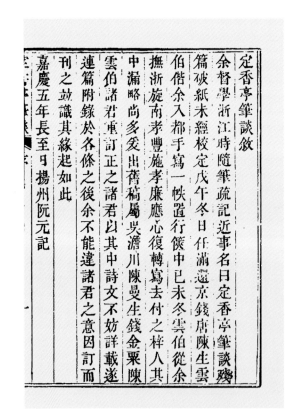

《定香亭笔谈》书影（扬州阮氏琅嬛仙馆刊本）

乾隆五十八年（1793）夏至乾隆六十年（1795）冬，阮元出任山东提督学政，虽然只有两年时间，却让他与济南结缘："余居山左二年，登泰山，观渤海，主祭阙里。又得佳士百余人，录金石千余本，朋辈觞咏，亦颇尽湖山之胜。……回念此二年中所历之境，或过而辄忘，就其尚能记忆者，香初茶半，与客共谈，且随笔疏记之。"调离山东之后，他在朋友的协助下，将这些"随笔疏记"结集成书。又因为他居济南时，经常游览小沧浪，且卷首数则，皆是与小沧浪相关的

小沧浪亭

记事，便将书名定为《小沧浪笔谈》。《小沧浪笔谈》共四卷，主要是阮元考
订金石、研究经训，以及与友人唱和的相关诗文等，其中与济南相关的文史
资料弥足珍贵。

《定香亭笔谈》是阮元督学浙江时所记，由幕僚吴文溥、陈鸿寿等编录，
多是与其师友胡廷森、焦循、端木国瑚等人的优游唱和之作，亦有题画诗作
及为他人刻书所作之序。浙江杭州学使署西园有荷池，池中有小亭，阮元用
陆游"风定池荷自在香"诗意，命名为"定香亭"。是书于嘉庆五年（1800）
由阮氏琅嬛仙馆刻成，此版本颇为难得，世间多传清光绪间翻刻本。

阮元七十岁时，曾在诗作《和香山知非篇》中总结自己的仕宦与学术
之路："回思数十载，浙粤到黔滇。筹海及镇夷，万绪如云烟。役志在书史，
刻书卷三千。"辑刊群籍是阮元学术活动的重点，且成就斐然。他先后刻印
朱珪、钱大昕、张惠言、汪中等人的学术著作或诗文集，还为诂经精舍、学海
堂两书院刊刻《诂经精舍文集》《学海堂初集》《学海堂二集》等。前述阮元

清光绪十四年南菁书院刻《皇清经解续编》本《诗书古训》书影

在经学方面组织编纂《经籍籑诂》，重刻《十三经注疏》，编纂《皇清经解》，此外，史部与集部方面有《四库未收书目提要》五卷、《畴人传》四十六卷、《淮海英灵集》二十二卷、《广陵诗事》十卷、《积古斋钟鼎彝器款识》十卷、《山左金石志》二十四卷、《两浙金石志》十八卷(《补遗》一卷)、《地球图说》一卷(《补图》一卷)。书画方面有《石渠随笔》八卷。笔记有《定香亭笔谈》四卷、《小沧浪笔谈》四卷。另有《阮元家书》《阮文达公致仕后家书》《诗书古训》《曾子注释》《柳堂春泛图诗钞》《仪征阮氏遗稿十二种》《琅嬛仙馆诗》，俱被收入《扬州文库》。

阮元在辗转山东、浙江、广东、云南多地的过程中，在勤政兴学的同时，主持编纂并刊刻了大量典籍，涵养了深厚的家国情怀，惠及士林学界。

程章灿主编《阮元集》(全 15 册)，广陵书社 2023 年出版

第五章　遗迹逸闻见风范

　　扬州有阮元的家庙、墓地,杭州有阮公祠、阮公墩,淮安有漕运总督官衙,广州有学海堂遗址。人们去旅游、去瞻仰这些遗址,都是对阮元最好的怀念。翻阅阮元的《揅经室集》《石画记》《广陵诗事》以及他主编的各种学术论著,我们都在享受着他的文化恩泽;每每在博物馆看到他的收藏品、书画作品,我们仿佛看到他多姿多彩的人生。

　　本章逐一讲述阮元的家庙、故居、宗祠、专祠、墓地等,帮助读者了解经过岁月沉淀后的阮元形象与盖棺之评;聚焦阮元从政之余的个人爱好——收藏、书画、读书等,展现阮元的高尚、纯粹和道德;选取有关阮元的坊间传闻与民间故事,立体展现阮元的历史形象。

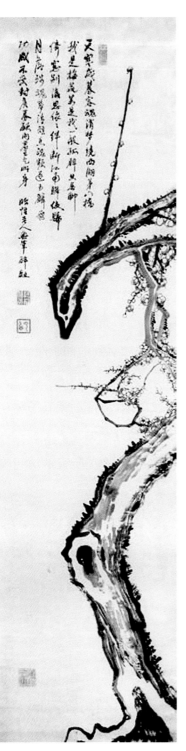

阮元绘《梅花图》轴（湖北省博物馆藏）

第一节　家庙深深　风采依旧

　　家庙与宗祠都是同族子孙祭祀祖先的场所,一般是由同姓、同宗共建合祀,是家族中最为庄重的空间。家庙与宗祠的功能,除祭祀祖先外,还有家族往来、私塾教育、惩恶扬善等。但家庙与宗祠也有区别,按照礼制,祠堂或宗祠凡本姓本族人的祖先无论上溯几代,均可入祀,而家庙却有讲究,五品以上兼爵者方可立庙,三品以上无爵者亦可立庙。且家庙中只供奉高、曾、祖、祢四世木主,非本支的不可入家庙祭祀。

　　嘉庆九年(1804)二月,阮元的父亲阮承信七十一岁生日,他对阮元说:"《孝经》谓:'守其宗庙为卿大夫之孝。'《礼》:'君子将营宫室,宗庙为先,居室为后。'故古卿大夫、士皆有庙,以祭其先祖。此古礼也。……吾家惟公道桥有族祠,在城无家庙,非礼制也。"于是,阮元遵国制,立家庙,购买了常钟英的住宅和废花园,准备用该宅的西部废花园建造家庙,此地位于扬州府旧城文选楼北的兴仁街(今毓贤街)。依照礼制,家庙应建在住宅之东,而阮氏住宅在东,家庙在西,于礼不合,故又将西边房屋买下,改建为宅。这样,家庙便夹在东西两宅之间,形成东西边住宅、中间家庙的格局,于礼制相合。同年九月,家庙建成。

　　阮元家庙前后原有七进房屋,房屋组群分为东、中、西三路。

　　东路住宅前后七进。第一进,东一间为门房所住,西为三间轿房,中为门厅,门厅置楠木门凳两条,开屏门四扇,通常从东边一扇进入后面天井。

第二进的大厅,因与第三进大厅相对,两侧厢房相连,因而分别称为前厅、后厅,两者合称为对厅。第四进,谓之二厅,原为花厅。第五进,是花厅后面的第一进住宅,东、西房皆有一座木阁楼,后来东边阁楼毁坏。第四、五、六进住宅,后来成为老八房的后人所住的地方,是东路住宅保存至今的三进原建老屋。第七进是奉恩楼,主要用于阮家供奉清代乾隆、嘉庆、道光朝皇帝的御赐物品。东宅开设有东塾。

中路为阮元家庙,以《大清会典》所载"一、二、三品官,庙五间,两室,阶五级,两庑,三门"规格建造,祭祀高祖、曾祖、祖父、父亲四代。文选井位于家庙第一进和第二进之间,阮元雅称其为"文选泉"。

西路住宅前后也是七进。原结构不详。从复建后的格局可以看出,西宅第一进,最西有一大间为花厅,花厅东又有轿房,轿房东又有大门,大门东是三间住宅,如今这一进拆除,辟为西门广场。第二进,中间为大厅,两边为住宅,最东边与家庙的头门相接处有小楼,如今小楼拆除,小楼后面的巷道改为射序巷。第三、第四进为住宅,各有六间、两个天井,两边皆有厢房。第五进有六间半,第六进只有西边三间,都是民国奉恩楼大火后新建。西宅与东宅还有不同的地方,东宅从第二进至第七进,皆为三间大七架,而西宅

阮元家庙

被一条中轴线分为两路,一、二、三进有七间房。最后一进是隋文选楼。楼有五楹,楼上祀曹宪等七位栗主(另六位栗主为与曹宪同郡的门生,有魏模及其子魏景倩、公孙罗、许淹、李善及其子李邕)。楼下设

西塾。楼上下还藏有大量珍贵书籍与金石文物。

阮元家庙

如今重新修缮的阮元家庙，仍然由三路组成，东路为太傅宅第的起居室、会客室；中路为家庙；西路阮氏家塾被辟为"扬州家风展示馆"，隋文选楼一楼为讲堂，二楼为"扬州学派纪念馆"。

旧时，阮元家庙与隋文选楼如同一座博物馆。阮元一生收藏有上百件青铜器，其中四件常年置于阮元家庙，被称为"家庙四器"。关于"阮氏家庙四器"，蔡易庵在《阮氏四器》中说得很清楚："仪征阮文达藏四器，三器为周，一器为汉，乃大林钟、格伯簋、寰盘、双鱼洗也。四器藏阮氏家庙，初有齐侯罍而无双鱼洗。阮庙火，齐侯罍遂失，始补以汉洗。后阮氏衰，遂售与徐怀礼宝山。怀礼死，其妾孙阆仙售与粤东陈氏矣。"民国上海收藏家周湘云曾收藏"阮元家庙四器"，有汉代无款执壶，而无汉代双鱼洗。家庙二门东侧，原还有一个小书房，谓之"谱砚斋"，是当年阮元藏砚处。

文选楼为什么要加个"隋"字？是因为要区别于位于旌忠寺内的"梁昭明文选楼"，阮元在《揅经室二集》卷二《扬州隋文选楼记》一文中有解释：旌忠寺内"文选楼"祀梁昭明太子，所以叫"梁昭明文选楼"。他认为隋代的曹宪以梁《昭明文选》在家教授诸生，文选巷因曹宪旧居而得名。阮元所建文选楼，其祭祀以曹宪为主，另外以魏模、公孙罗、李善、魏景倩、李邕、许淹六人配祀，所以取名"隋文选楼"。隋文选楼于嘉庆十年（1805）十二月落成，比家庙晚一年多，两江总督铁保题额，后来石额被高旻寺的僧人收藏。

嘉庆十二年（1807），阮元撰《扬州隋文选楼铭》。文选楼壁间嵌置汉武氏画像、北齐道胐造像、北周昙乐造像各一。还珍藏有五代杨凝式《神仙起居法》墨迹卷，明代项元汴旧卷。扬州知府伊秉绶为隋文选楼撰联云："七录旧家宗塾；六朝古巷选楼。"焦循之子焦廷琥《文选楼赋序》云："镂金镌玉，比名山之藏；秦篆唐碑，越梁园之富。"

楼建成后，阮元便以"文选楼"作斋馆名，成为自己藏书、校书、读书、刻书等学术活动的重要场所。阮元的许多藏书章都以文选楼命名，如"隋文选楼印""家住扬州文选楼隋曹宪故里""扬州阮元文选楼墨庄藏书印"等。阮元在《图清格兰花册题跋》中亦钤"文选楼"印鉴。阮元的藏书印记多达二十余种，还有"积古斋""擘经室""雷塘庵主""节性斋"等。

"文选楼"印　　　　　　　　"扬州阮氏琅嬛仙馆藏书印"印

（选自《中国鉴藏家印鉴大全》，江西美术出版社 2008 年版）

阮元还将宋元精椠旧本庋藏于文选楼，有宋本赵以夫《易经》、王象之《舆地纪胜》等。嘉庆十二年（1807）十月，阮元得"无上古册"南宋藏书大家、淳熙贵池尤袤本《文选》，此册为当世所存最古之册，阮元把它收藏于文选楼，复绘像卷首，撰铭文题图。铭曰："萧选曹注，学传扬州。贞观之后，是有选楼。贵池宋本，刊板始尤。海内罕觏，数帙仅留。雷塘庵主，楼居邗沟。

锦缄展校,糇椟晒收。绘象卷首,一笠横秋。"文选楼因藏有尤袤本《文选》而大为增色。

阮元藏书不以珍秘为准,而是着眼于学术之用。考其藏书,四部要籍俱备,颇见系统性,可视为文献资料库,因此,藏书中多抄本,时有罕见之书。文选楼还收存大量清初和乾嘉时期著名学者的著作,多未见于《文选楼藏书记》。有些颇知名的古籍,例如宋《嘉定镇江志》《嘉定真州志》《嘉泰广陵续志》《宝祐惟扬志》《至顺镇江志》等亦未载。

文选楼还是阮氏家族的刻书处。阮元自己著述极多,又经常在居官之地或在扬州为文士刊刻图书,久之积版甚富。道光二十二年(1842),阮元命阮亨主持编订《文选楼丛书》。阮亨检理藏版,列出书目,得三十二种,计四百七十余卷。据《丛书集成初编》之目录提要所云:"此书半为文达一人著作,半为同时学者所撰,而文达为之刊印者。文达为清代朴学大师,而此书实可代表乾嘉学术之盛。"由于是陆续汇编刊印,其中各书原来刊刻的时间、地点、机构并不一致,其版本多为扬州阮氏琅嬛仙馆或小琅嬛仙馆、文选楼藏版,也有刊于浙江节署、岭南节署者,每种行款字数也有差异。

隋文选楼还是阮元授徒会友的常用场所。阮元弟子张鉴《访书图歌为何梦华索赋》云:"忆昔渡江至扬州,吾师招住文选楼。连床照钞那可说,手胝口沫无时休。"浙江仁和人严杰也曾在文选楼读书数年。严杰深于经史,精于校勘,后来助阮元校勘多部古籍,在学海堂编纂《皇清经解》时总司编辑。嘉庆十一年(1806),陈文述途经扬州,也曾寓居文选楼五日,阮元出示《海运考》一书,文述读后,心中服膺。嘉庆十五年,陈文述参考阮书,推广前说,博采舆论,撰《海运议》,在文中也深情回忆了在文选楼受阮元指点之事。道光二十二年(1842),阮元还曾在隋文选楼上设酒宴请梁章钜和钱泳,席间,阮元说:"似此三老一堂,而所摩挲皆三代法物,人间此会,能有几回?不可无以纪之也。"

阮元曾在仕游途中作《八念》诗,其二:"我念选楼下,廊虚窗复深。诗书秋客意,金石古人心。自我闭门去,是谁凭槛吟?却留经诂在,聊复拟珠林。"可见阮元浓厚的"文选"情结。阮元任云贵总督,曾作《倚松书屋斋居》,先写小屋之清净闲适,后因景生思乡之情:"为忆选楼斋宿处,春花满院月溶溶。"待其致仕归乡后,驻足文选楼,作《选楼蜡梅》一诗:"六载游踪未到家,春时每忆选楼花。今年得在楼前过,黄蜡梅开鬓也华。"在文选楼里,阮元也享受天伦之乐。孙女阮恩滦善弹古琴,阮元每至文选楼,必让其操琴助兴,呼其为"琴女孙"。道光十九年(1839)中秋节时,阮元还携孙、曾孙赏月于隋文选楼,作《中秋燃纸塔灯于选楼前桐桂间》。

咸丰三年(1853)后,太平军三次攻陷扬州城,相戒毋犯阮太傅故宅,文选楼故而未毁。但是,城内的地痞恶徒对文选楼珍藏的大批文物、古籍早已垂涎三尺,趁战乱大肆抢劫,大量藏书、古器流售他处。兴化人李详在《王君奏云状》中说:"奏云祖父好藏书。咸丰癸丑,扬州破,黠者盗阮太傅文选楼书,捆载至兴化求售,奏云祖父能识良否,以贱价购之。书皆钤'小琅嬛馆''阮元伯元''阮亨梅叔'诸印记。"从中可窥知当时文选楼藏书散失的情况。

清末民初,况周颐等名流来扬州搜寻文物古籍,见文选楼所藏统统改易他姓。隋文选楼因年久失修,早已圮毁,仅家庙存有部分遗迹,文选泉古井尚存。2011年,扬州市政府在位于阮元家庙的西侧北端,复建了"隋文选楼",其建筑风格仿造旧时特色,古色古香的外墙立面与周围其他建筑融为一体。

2009年,阮元家庙的复建工程正式启动,在原宅基地发现三块长75厘米、宽45厘米略有破损的《官批阮氏义产章程》石刻碑,经处理修复后陈列于阮氏家庙的东线第二进院中。《官批阮氏义产章程》内容可分为三部分,第一部分是阮元的叔父阮鸿,按阮元之意向仪征县衙上报的阮氏家族欲建阮氏义产的呈文;第二部分为阮氏族人上报义产用途的详细条目;第三部分为江苏巡抚和两江总督对于呈文的批复。在家庙中放置此碑,除了向族

隋文选楼

中子弟展示建立阮氏义产的原因及经过,更重要的是为了规范义产的管理,团结宗亲,传承家族文化。

阮元还三次为扬州阮氏家族主修宗谱,并三次作序。第一次递修,是乾隆六十年(1795),主修人阮元,纂修人阮鸿,阮元撰《扬州阮氏族谱后序》。此时,阮元任山东学政,阮鸿"携旧谱来,乃相与商订,增为十二表"。第二次递修是道光三年(1823),缘由是"祖祠庇荫""族人安吉",族中又"丁男增多",主修人为阮元,纂修人阮亨、阮荫曾。阮元撰《扬州阮氏族谱序》,在序中提到扬州阮氏的排行:"旧谱以'文秉枢衡、武承嗣荫'八字排行。及家祠成,元又书'恩传三锡、家衍千名'八字继之。"他还感慨"伊古以来读书之家未有不以敬祖聚族为首务者",称赞由于"先光禄公既建北湖家祠,复建郡城家庙",同族人能够"岁时敦孝敬,序长幼,读书修行,以仰答祖志"。阮元时任两广总督,他将道光三年《扬州阮氏族谱》于广州"刊板印书"。第三次递修,是道光二十六年(1846),主修人为阮元,纂修人为"族中子侄辈",阮元撰《扬州阮氏族谱序》。其时,阮元致仕在乡,值重赴鹿鸣宴、晋加太傅衔之后。阮元用"本年全俸"为刊印之资。

阮元生前为凝聚族人而修建祠庙、购置义产、开办家塾、助修族谱等,付出极大。在他身后,阮元仍然是阮氏族人的精神纽带。

第二节 故居宗祠 印迹犹存

阮元在扬州的故居有福寿庭、邗上农桑、康山草堂等,在公道有北湖老宅、阮公楼、南万柳堂、桑榆别业等。如今唯一尚存的遗迹是土谷神祠。

道光十八年(1838)八月,阮元奏请致仕,得"从兹怡志林泉,善自静摄"的圣谕,并加恩晋加太子太保衔,十月十四日回到家乡扬州,居旧城十巷。金雪舫在《广陵近事》中说:"(阮)公晚年买宅十巷,自署其居曰'小云山馆'。"

阮元晚年曾得到嘉庆、道光两位皇帝的多次赏赐,其中包括御书"福"字、御书"寿"字和御书匾额。为感谢皇上的恩典,阮元除了专辟厅房,将御书御物悬挂,以供不时跪拜外,还特地将"小云山馆"改名为"福寿庭",以示荣光。福寿庭实为一般平房,并无高楼和园林。但庭院中有一口古井,井水颇为清冽,阮元起名叫"怡泉"。阮元门生故吏遍天下,退休后的居住地也成为人们仰慕的地方。这条巷子里,曾留下许多朝廷命官探访、拜谒的足迹,以及当时全国知名的学者、诗人和书画家,如龚自珍、姚燮、梁章钜、麟庆、何绍基、陈澧等人的身影,堪称高朋满座,冠盖如云。阮元退居福寿庭,是扬州十巷最为风光的时期。

福寿庭大门口曾张挂一副对联:"三朝阁老,一代伟人。"梁章钜《浪迹丛谈》记载:"时观者多以为疑,谓师之枚卜在道光年间,何以有三朝阁老之称,不知师于乾隆六十年九月已授内阁学士兼礼部侍郎,则阁老之称由来已久。或又疑'一代伟人'四字颇嫌自夸,余初亦无以应之,后读《雷塘庵主弟子记》,乃知师于嘉庆五年在浙江巡抚任内,奏陈筹海捕盗等因,曾奉有'显亲扬名,为国宣力,成一代伟人'之谕。此是敬录天语,并非自夸也。后吾师亦微闻人言,遂于新宅大门改书云'三朝阁老,九省疆臣',则更不招拟议矣。"

然而,张扬皇帝对自己的恩宠,固然可以博得皇上的欢心,表示自己的忠贞,但另一方面也会引起别人的嫉妒,引起一些宵小之徒的觊觎。更使阮元担心的是,万一家中的御赐之物被仆人和不肖子孙盗卖,后果将不堪设想。果然,就在阮元八十岁生日后不久,福寿庭发生了一场火灾,把房屋、家具以及里面的东西烧得一干二净。

关于这场火灾,民间流传着三种说法:一说是邻家起火,殃及福寿庭;二说是源起天火,无故自燃;三说是阮家人不慎起火,或是有意为之,以防日后招引祸端。民国诗人和谜人孔剑秋写的《心向往斋谜话》记载着这样一个故事:阮元告老还乡,住在福寿庭里,倒也适意。不久门外出现一个疯和尚,口中念念有词,细听只有两句话:"一个人,两只眼。"邻里皆不知何意,但阮元思忖后,却洞悉了其中奥妙,乃命家人将家中重要的金石书画等,暗地运往他处收藏。不久,福寿庭即遭了火厄。因为疯和尚所念的两句话,合起来乃是个"火"字,暗示此处将要发生火灾。但天机不可泄漏,阮元预做安排,却秘而不宣。火灾发生后,阮元当即奏本上报,意谓上天有意收回皇上御赐宝物。皇帝见既是天意,也不予追究。近人朱江在《扬州园林品赏录》中也记载:"相传阮元恐其身后,祸及子孙,秘毁以火。这一疑案,至今仍是悬在扬州地方史上的一大难题。"

邗上农桑,是阮元在扬州城内购买并修复的别业。阮元曾将元代鲜于伯机《扬州诗四十韵》刻石并嵌于邗上农桑亭壁。道光二十六年(1846),阮元还在邗上农桑设宴招待过梁章钜、毕韫斋。

康山草堂"流云槎"易主一事,发生在阮元居康山时期之前。流云槎是一个天然木根做的卧榻,长、宽皆为一丈,其形状好像一朵垂下的紫云。这是明代状元康海在正德年间居扬州康山草堂时的旧物,后为扬州盐业商总江春所藏。该榻题"流云"二字,为明代赵宧光所篆,董其昌、陈继儒皆有题跋。道光二十二年(1842)春,阮元邀麟庆游康山时,发现了这件康海故物,遂购回修整,并赠麟庆。麟庆撰《康山拂榻》云:"道光壬寅,花复盛,适余至扬,阮云台先生邀往观。……忽见一木根尘封蠹蚀,隐有字迹,先生曰:'得勿流云耶?忆昔盛时,鹤亭购以千金,今若此乎?'命左右拂而涤之以水,果'流云'也。"阮元在流云榻题字:"道光廿二年,节性老人赠见亭年大人。"麟庆将它运回北京,陈放在紫禁城外东北角的自家花园"半亩园"中。麟庆在其《鸿雪因缘图记》中还提及此榻。1949年后,由其后人王衡永修整复原,于1958年捐赠给故宫博物院。

据《雷塘庵主弟子记》记载,道光二十三年,"公迁居徐林门康山之右",说明阮元买下康山,可能是在道光二十三年(1843)。梁章钜《浪迹丛谈》卷二《小玲珑山馆》记载:"康熙雍正间,扬城盐商中有三通人,皆有名园。其一在南河下,即康山,为江鹤亭方伯所居。其园最晚出而最有名,乾隆间翠华临幸,亲御丹毫。鹤亭身后因欠帑,园入官,今仪征太傅领买官房,即康山正宅,园在其侧。"这表明,阮元的旧宅福寿庭失火后,购得官房康山草堂,稍加修葺,作住宅。阮元在此居住,直至道光二十九年(1849)去世。太平天国时期,太平军曾三次占领扬州,在此过程中,扬州城及城内的园林都遭到了巨大的冲击和破坏,康山草堂也遭毁。

嘉庆十年(1805),阮氏宗祠建成,是由阮元与父亲阮承信合力所建。阮氏宗祠坐北朝南,前后三进,计九间,另有东西门房、东西书塾、厨房等,共约三十间。宗祠大门口有石狮一对,门对面有大照壁。第一进门堂上有横匾,上书"祖孙父子兄弟科甲"八字,东西侧各有门房一间。东侧门房嵌有阮元据旧拓本翻刻的《西岳华山碑》巨石一方。中进为大厅,厅前有参天银杏两株。大厅西侧有西塾两进六间,为男生读书处;东侧有东塾四进十余间,为女生读书处。后进为祭殿，左右有两庑。春秋举族祭奠，甚为隆重。

阮公楼在阮氏宗祠右侧。据阮元《湖光山色阮公楼诗·九窗九咏并序》记载，阮公楼方四丈余，四面九窗。植桑榆、杨柳六十八株，霜后红叶满窗，与朝阳、落照相掩映。树外围墙数十丈，墙外为家中蔬圃，圃外近湖，有渔舟渡船，雨后晴霁，见湖光山色。当时楼中有一联："甓社湖光从北至；甘泉山色自南来。"因此，阮公楼又名"湖光山色阮公楼"。阮公楼四面九窗的景色，是由阮元的二叔阮鸿与侄儿阮星垣商定：一东南曰晓帆古渡，二南东曰隔江山色，三南西曰湖角归渔，四西南曰墓田慕望，五西中曰松楸叠翠，六西北曰花庄观获，七北西曰夕阳归市，八北东曰桑榆别业，九东北曰斋心庙貌。吴清鹏《和仪征相国阮公楼九窗诗》中也有相关记载。

阮公楼是一座造型奇特的小楼。所谓奇特，一是形如鸡笼，二是传说神奇。据阮衍喜《阮元在公道造祠堂》一文说："对建楼的由来，后辈口口相传，颇有奇异。据诗怡堂后人回忆，他的祖父曾听上人说过，有一卦者（民间传说是精易善卦的焦循），算出阮元命中有牢狱之灾，消灾之法就是预先仿京城牢狱结构造一楼，楼中张挂阮元画像及衣物。于是此楼结构像鸡笼，四面开窗，东南北三面各开两窗，面向祖墓和祖业的西面开三窗。主人需住其中，不居住时，需挂主人衣帽。对照史料，楼建成前，阮元回乡皆住在珠湖草

湖光山色阮公楼旧影

堂；道光二年（1822）回乡，当天即'住祠前大楼'，第二天'暮仍宿大楼'；第二年孔夫人从广州回公道，依然'夜话祠前楼'。楼建成三年后（1809），阮元再任浙江巡抚，因刘凤诰科场案牵连被革职，解京发落，最后大事化小，又恩赏编修，似乎'湖光山色阮公楼'真有逢凶化吉之力。楼毁的经过更为传奇。曾任民国公道镇第一任镇长的阮赐侯，在老宅里亲耳所闻，出门亲眼所见，并说给后人：公元1912年2月12日（宣统三年十二月二十五日），清宣统帝宣布退位，过了几天是年三十除夕夜，诗怡堂主人（阮赐侯）一家正在守岁，突然传来'轰'的一声，一家人出门一看，湖光山色阮公楼轰然倒塌，与封建王朝的毁灭仅相差五天，存世共一百零六年。"

桑榆别业原先是公道常家（明朝开国名将常遇春后裔）的老圃。关于购置别业以及来此活动情形，阮元在为二叔阮鸿撰写的《北渚二叔墓表》中说："壬寅春杪，元又置别业于道桥，与公宅通，相聚弥近。夏，平湖王子卿太守来别业，一庭三老留连竟日，因手书一联云：'百岁老人谈旧事；一庭新绿煮春茶。'"但据阮元道光二十一年秋所作的《湖光山色阮公楼诗·九窗九咏并序》第八篇即有《北东·桑榆别业》篇来看，从诗作日期看，此时的桑榆别业已为阮元所购，购置时间应当在道光二十一年春，或是更早的道光二十年春。阮元《北渚二叔墓表》说"壬寅春杪，元又置别业于道桥"，估计是记忆有误。

桑榆别业内有爱吾草庐、夕阳楼诸景。道光二十三年，阮元过八十大寿，在户部、刑部任职的阮福、阮祐二子，带着皇上御赐的赏物回到扬州为父亲祝寿，但阮元依然茶隐，住进了桑榆别业新筑的草屋"爱吾草庐"。在前一年，阮元曾作《道桥别业爱吾草庐诗并序》。诗序说："余幼年居室虽陋，皆瓦屋也。十岁来道桥，辄爱草庐。岁壬寅，夷盗盗镇江而扬州戒兵。余先在道桥获麦，更爱道桥草屋为平安矣。癸卯正月二十日，余八十生辰，仍茶隐也，将避俗来道桥。别业只瓦屋八九间，无草屋。因于池北筑草屋四间，在桑榆、梅柳、松竹之中，止四间者，碍竹木也。余归田，成南万柳堂，圩田五百亩,岁务农以为食。此草庐高燥净洁,在万柳堂小西湖之西,以数千钱成之,题'爱吾草庐',以遂初心及今恩谕'林泉之志'而已。城中寿日以屏幛宴乐为美,惟余四十、五十、六十岁皆早以茶隐一日,却此等事,不待今日。……故壬秋已预却于众矣,姑以此草庐自爱,且欲劝俗而矫之,亦追守嘉庆初'清俭持躬'之温谕也。况辛丑万寿不举庆典,而臣下自言寿,谓之无礼;国家多事,卧病无寸劳,而喋喋言寿,谓之无耻。无礼无耻,胡不遄死?言至此,是亦不可以已乎?"诗云:"人生八十古更稀,古贤论德难与齐。林泉田舍天许归,草庐安得高椽题。四间新构杉板扉,草檐竹笮涂白泥。绳床愁梦心息机,夜聋不闻犬与鸡。此间佳趣得几希,纸窗况无风雨凄。春初梅瘦麦叶肥,松竹下压香茅低。茶隐求是酒则非,夕阳又暖桑榆西。万条杨柳春依依,绛老后算谁端倪。"诗及序阐述了阮元毕生崇尚清俭高洁的志趣,尤其难能可贵的是,年老茶隐之时还牵挂国家多事、痛于不能报国,拳拳赤子之心,令人肃然起敬。

公道桥东北八里许,有阮元所筑"万柳堂",村民称为"阮家花园",实际上是阮元的又一处别业。对此,焦循《扬州北湖小志》卷二《珠湖草堂记》中记载较为详细:"珠湖草堂在公道桥东北八里许倪家嘴之西,为阮招勇将军钓游之地。"接下来介绍珠湖草堂的其他"七景":三十六陂亭、渔渠、黄鸟隅、龟莲沼、菱麋、射鸭船、湖光山色楼。然后介绍珠湖草堂的美丽风景:"湖中罕见山色,草堂之楼,前临湖水,空阔无所蔽,甘泉山色最近。每当晴霁,隔江京口诸山及西南横、冶、金牛诸山,皆朗然可见。东望露筋祠岸,风帆渔棹,往来不绝。余每乘小艇出庙湾,泛于黄子、赤岸之间,宿草堂中,登楼而歌,相羊不肯去。"最后介绍珠湖草堂历史悠久:"草堂旧有一石碑,高及人肩,宽二尺许,厚不盈尺,首有穿,两面皆剥落无一字,似非近代物也。"阮元在《扬州北湖万柳堂记》中说:"(珠湖草堂)乃先祖钓游之地。嘉庆初,先考复购田庄,余曾在此刈麦捕鱼,致可乐也。"阮元曾请画师绘《珠湖射鸭图小象》,刻画少时手执竹弓、泛舟射鸭之状。嘉庆八年(1803),阮元作五律一首题图,云:"射鸭复射鸭,鸭向菰芦飞。……昔日俗情少,今时尘迹违。"

后因洪水泛滥,草堂楼庄多半倾圮。阮元曾作《珠湖草堂因洪湖泛滥,屡在水中。癸亥入觐,过扬州,尚无水患,小住一夕,分题八首》。朱江在《扬州园林品赏录》中说:"珠湖草堂,有老桑高六七丈,大可十围,枝叶繁茂,即阮元诗句所云'五丈桑'也。门外有二石鼓,乃清初旧物。其于老屋新修时,尚留层叠水痕,而不加修饰。"

为防止夏秋洪水的冲击,阮元致仕归里后,取江洲柳枝两万株,又伐湖岸柳枝,沿堤遍植。旧庄本有老柳树百余株,堤内外每一佃渔人家,也各有柳树数十株,故而"珠湖草堂"又名"万柳堂",又称"南万柳堂"。"南万柳堂"得名,是因为京师右安门外有一"万柳堂",系元代右丞相廉希宪的别业。清初,大学士冯溥另择址辟园亭,额"万柳堂",乃借廉希宪意,慕其名而仿效,非在原址新建。阮元在京时屡至万柳堂,与友人游宴,曾赋诗云:"但是鹭丝飞到处,管教风景似江南。"阮元为自己的庄园题额"南万柳堂",既表达了对京师万柳堂的怀念,又以一个"南"字以示区别。梁章钜在《楹联续话》卷四中曾记载阮元题"南万柳堂"的集句联:"君子来游贯及柳;牧人乃梦众惟鱼。"

阮元在《扬州北湖万柳堂记》中还为南万柳堂命名了八景:珠湖草堂、万柳堂、柳堂荷雨、太平渔乡、秋田归获、黄鸟隅、三十六陂亭、定香亭。嘉

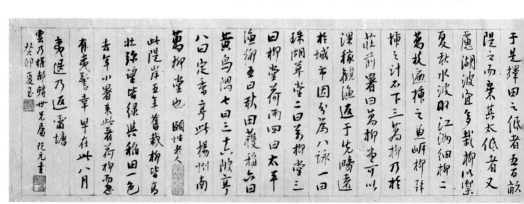

阮元书《扬州北湖万柳堂记》

庆二十四年（1819）春，阮元思乡情深，赋《八念》八首抒怀，其三即《珠湖草堂》："我念珠湖岸，先人旧草堂。到门布帆落，曳屐板桥长。偶捕鲜鱼煮，旋春新稻尝。农乡好风景，那得久相忘。"阮元还曾邀请名画师汪廷儒绘《万柳堂图》，并作诗："指点扬州赤岸湖，草堂万柳画成图。平章未敢追廉孟（廉希宪），佳客谁能比赵（赵孟頫）卢（卢挚）？淮甸澎流栽早稻，江洲潮水接长卢。归田踪迹何人近，半是农夫半钓徒。"阮元弟子、前湖南巡抚吴荣光过扬州，阮元出示《万柳堂图》，吴荣光跋曰："忆丙申、丁酉（道光十六、七年）间在京师，从仪征相国师每为万柳堂之游，师命荣光仿《赵文敏与卢疏斋宴集图》，付拈花寺僧藏之。匆匆三年，吾师予告带俸归田，复以珠湖余地筑扬州北湖万柳堂，舍其余田之低者，作堤护之。夫柳宜于水，则筑堂于城隅，不若筑堂于湖壖为胜也。"道光二十一年（1841），阮元小弟子毕光琦以石涛《柳渔图》赠阮元。次年，阮元将此图借装为《南万柳堂堤外渔庄图》，并题二律于其上。又邀友人和之，前江苏巡抚梁章钜、前江都县令陈文述及地方名士王开益等奉和。

如今万柳堂故址尚可见，遗存有部分太湖石与两面石鼓。

公道镇的土谷神祠在赤岸村的于庄，存有一座青灰碎砖的小屋。面阔三间，进深五檩，屋面小瓦覆盖。门上檐嵌"土谷神祠"门额，门额右上竖书"道光庚子年"，左下竖书"太平圩重修"，中为楷书"土谷神祠"四字。有热心人专程到上海拜访阮仪三教授，与阮教授珍藏的阮元亲书《太平圩水退》真迹比对，最终得出结论——"土谷神祠"系阮元的手书真迹。

福寿庭的大火与湖光山色阮公楼的奇异，是历史的谜团，如今已难解，也无需解。阮元竹林茶隐的终生追求与回首一生的心迹流露，却值得我们仰慕与回味。故居、宗祠、万柳堂等早已湮灭无存，唯有土谷神祠尚在，是对土地、谷物的敬畏，更是阮元留在家乡的一处印迹。

第三节　墓地专祠　松柏无凋

从《扬州阮氏族谱》《仪征阮氏家乘》等资料来看，与阮元有密切关系的墓地有三处：

一是邗江公道镇陈家桥墓地。陈家桥位于柏树村陈桥组。因小河所隔，两岸乡民来往不便，后建小木桥，名陈桥，又名陈家桥。阮元在《北湖公道桥阮氏墓图记》中载："陈家桥之北百步内之平冈，即予三世祖、四世祖妣、高祖孚循公墓所在也。予妻江夫人旧殡雷塘，嘉庆二年奉光禄公命，卜葬于四世祖妣墓之西北向西兼南。以予视之，其所谓乐哉瑕丘者乎！"《北湖续志》载："明榆林卫正兵营千户阮文广墓，在公道桥镇西陈家桥。……诰赠昭勇将军湖北抚标中营参将阮枢良墓，在陈家桥。"陈桥墓地是扬州阮氏在公道镇最早、最大的墓地。嘉庆二十四年（1819），阮元在《八念·北湖祠楼》诗中说："我念祠楼上，西窗对墓田。小桥横白水，老树带苍烟。"道光二十一年（1841），在《湖光山色阮公楼诗·松楸叠翠》中，阮元深情吟咏道："墓田多松楸，霭翠浓相叠。繁林二百年，国恩雨露洽。"

阮元的原配江氏迁葬陈桥墓地，原因是她无后，只生了一个女儿阮荃，且女儿早逝。阮元是严守礼制的，他虽然有些不舍，但也没有违逆父命。阮元姜室唐庆云，也是因为没有子女，没能附葬于雷塘墓地，甚至也不在陈桥墓地，而是在陈家桥对岸的柏树村。1959年，在公道村柏树庄发现了阮元侧室唐安人墓葬，中有紫罗兰翡翠玉一枚，正面镌有"宫保阮公侧室唐安人之枢"字样,背面镌有"安人吴县人,以道光十二年二月四日卒于滇,得年四十有五,孙恩光"字样。古代帝王、皇后哀册常用玉制成,而唐氏枢记以玉为材料,一来说明阮元地位之高,二来说明阮元对唐氏的不舍。

唐庆云紫罗兰翡翠枢记

二是邗江槐泗镇雷塘墓地。雷塘墓地位于邗江槐泗镇永胜村(旧称雷塘乡龙王庙村)北的老坝山,当地人称阮家大山。依山建墓,墓东南向,山后有炀帝沟,今称杨家涧,前有老槐泗河,阮元曾有"两水夹地而行数十里,会于塘(即中雷塘)之东南"等语。真可谓"宜尔子孙"的风水宝地。乾隆、嘉庆直至道光年间,由于阮元的发迹,墓地不断扩建,至道光二十九年(1849)阮元去世,成为阮氏在扬州占地最大、品级最高的墓地。

雷塘墓地初建在明末。阮元《雷塘阮公楼石刻象记》载:"四世祖武德将军尊光公,明天启间实始葬于此。"后阮氏迁扬的第四、六、七、八代及阮元本人，均葬于雷塘墓地。

雷塘墓地的扩建，主要是在嘉庆和道光年间。先是在雷塘祖墓之西南建墓庐。"造庐掘地，得元大德龙王庙碑，盖庐即庙地，因立碑于门内，即以庐前屋祀龙王，中屋为观音堂，后屋为高楼"，名阮公楼，匾额为焦循所题，楼内绘四世像刻于石。墓庐亦名雷塘庵，以僧守之，阮元自称"雷塘庵主"。后来，雷塘墓地有所扩大，嘉庆九年（1804），阮元"在雷塘阡地祖墓之侧，得地数弓"，并自定了寿圹。墓前遍植松柏、石楠和海桐，墓前石碑、石马也于是时建立。由此，阮氏墓地已蔚然可观，阮元在世时常来雷塘展墓。

阮元去世后，归葬雷塘祖墓，在墓南约半华里处，奉旨建石牌坊一座，极为壮观，三门四柱，柱两截，下端方形，上端圆形，并雕以龙纹，高约一丈五尺，柱周围皆以耳形巨石作砥，坊上端有石刻"圣旨"二字，下端有横长方石，上镌"太子太保体仁阁大学士阮文达公墓道"十六字。在阮元墓及其祖父、父亲墓前均立一横形石刻碑，四周条形方石，碑铭嵌入其中。至此，以阮玉堂、阮承信及阮元三座大墓为中心的阮氏墓葬群，最后形成。据魏白蒂《清中叶学者大臣阮元生平与时代》载："他身着一品官员的朝服，葬品还有一串朝珠以及官帽上的红宝石顶珠。除此之外，随葬品中再无其他珍贵之物。"阮元的串珠与纽扣现藏于南京博物院。

后来阮元的儿子阮福、阮祜、阮孔厚及孙子阮恩寿、阮恩来等均葬于雷塘墓地。据《扬州阮氏族谱》《仪征阮氏家乘》等记载，阮元七代官宦及其附葬人数达二十四人。

抗战期间，墓庐仅存一楹，阮公楼亦已倾圮。新中国成立前夕，墓庐已不复存在，墓园亦荒芜不堪。20世纪80年代初，当地砖瓦厂烧砖取土，破坏了周边环境，危及墓地。1986年，阮元墓被邗江县政府公布为县级文物保护单位。1992年，邗江县政府与槐泗乡政府签订《邗江县古墓葬保护责任书》。2000年，由县文化主管部门出资十余万元对阮元家族墓加固维修。维修后的雷塘墓地，绿树成荫，松涛阵阵，墓道森然，古风犹存。

雷塘阮墓

现存的阮元家族墓茔,有石牌坊一座,上方刻有隶书"雷塘阮墓"四字,石龟所驮神道碑旁有一匹实物般大小的石马,鞍辔齐全,昂首东南。神道碑虽因年岁久远,风化严重,但碑文尚能辨认。神道碑正面刻《阮招勇将军琢庵光禄大夫湘圃公昭穆神道碑铭》,背面刻《雷塘阮氏墓图记》。阮元墓冢前墓碑约两米宽,碑面上首以行书体刻"皇清诰授光禄大夫太傅体仁阁大学士阮文达公墓表",墓表由兵部侍郎杨文定撰文,记载阮元生平事迹及其儿孙简况,系咸丰元年(1851)所立。

三是仪征白阳山(今白羊山)墓地。阮元嗣长子阮常生原葬今常生桥西,道光二十一年(1841),阮元命长孙阮恩海迁葬阮常生于白阳山。后来,阮常生之子阮恩洪将恭人张氏、韩氏葬入白阳山。阮亨在《瀛舟笔谈》中说:"吾家阮氏在扬州北湖公道桥甚众,仪征向为虚籍,宗族庐墓皆不在焉。"

专祠是指为了纪念其功德,而为特定的人或神建立的祠宇,是有大功德于民者,或以身殉职,或亲民之官,在立功之地或在原任职之地建立的专祠。

这些专祠，由于民众有崇拜祭祀之情，其存世之久和流传之广都远远超过了家族性质的祠堂。阮公祠位于杭州吴山元宝心 60 号，此地曾为道士修行之所。唐代道士韩道古曾于此结庐修行，后元代道士冉无为在其故址建三清宝阁。明洪武年间成为道教全真派丛林，名"重阳庵"。清咸丰年间毁于太平军。光绪二年（1876）十一月二十七日，礼部奏请复议，建阮元专祠。当日，奉光绪皇帝特旨准建。光绪五年，将重阳庵改建为阮公祠。阮公祠曾先后为浙江农会事务所、浙江农业学校、杭州私立吴山聋哑学校等单位的所在地，新中国成立之后相继作为工厂、民居。2007 年，作为吴山景区整治工作的一部分，杭州市对阮公祠进行了整修。

如今的阮公祠，除了祠堂主体建筑之外，还包括山门、围墙、挡土墙以及进祠两旁的大平台等。山门两侧的楹联："勋名著寰海东西，绝徼威棱，中朝相业；经术冠大江南北，主盟坛坫，崇祀湖山。"点明了阮公的功绩与成就。

杭州阮公祠大殿

阮公祠主体建筑继承了原貌。大殿门两侧柱联:"南国启文明,溯学海渊源,讲台横经来弟子;中朝隆将相,问擎天事业,高峰矗汉肖先生。"大殿内,正中是巨幅阮元像,右有横匾"泰斗仰高",左有横匾"乾嘉巨擘",两侧柱联:"当代共仰经师,远绍旁搜,冠冕文章钦宰辅;此间三持节使,畏神服教,馨香俎豆映湖山。"正中两侧的壁间挂有四幅仿古绢画,分别反映阮元在浙江期间创办精舍、疏浚西湖、修筑海塘、剿灭海盗等重要功绩。大殿内除了介绍阮元生平及大事年表外,还有多组展柜,陈列着阮元本人的著述及关于阮元的研究著作等。

2007年对阮公祠进行整修和复建时,出土了《阮文达公祠记碑》。这块碑由仪征人方鼎锐撰文,方观澜书写,目前存放在阮公祠大殿内,可惜后半部分已经模糊不清。碑文记述了阮公祠建立的由来、建造的过程等。

在扬州和杭州、广州、梧州等阮元的宦迹地,还有多座阮元的全身像、半身像、浮雕等雕塑作品。

墓地有人凭吊,专祠有人祭拜,塑像有人瞻仰,足以证明阮元"松柏无凋"。

第四节　精于鉴藏　经史可征

阮元有一印,文曰:"扬州阮伯元氏藏书处曰琅嬛仙馆、藏金石处曰积古斋、藏研处曰谱砚斋、著书处曰揅经室。"可知阮元收藏门类丰富。

清嘉庆七年(1802)腊日,阮元邀其同好朱为弼在积古斋与其长子阮常生赏鉴所藏金石文物,并请周瓒绘《积古图》。图中所绘三人,中坐为阮元,对坐是朱为弼,阮元后立者是阮常生。"是日案头所积,凡钟二、鼎三、敦一、簠一、豆一、匜二、彝一、甗一、卣二、尊一、钘一、角一、爵一、觯三、瓿一、

"扬州阮伯元氏藏书处曰琅嬛仙馆、藏金石处曰积古斋、
藏研处曰谱砚斋、著书处曰揅经室"印(选自《中国鉴藏家
印鉴大全》,江西美术出版社2008年版)

〔清〕周瓒绘《积古图》局部（中国国家图书馆藏）

洗三、剑一、戈六、瞿一、弩机二、削一、镜二十、镫二及刀布印符之属。同积者有五凤、黄龙、天册、兴宁、咸和、永吉、天册、蜀师八砖。"卷心是阮元手拓家藏的历代钟、鼎、镜、洗、泉、布及砖砚等九十一件金石文物的铭文拓本和九十一方秦汉印符的钤印。

　　嘉庆九年（1804），阮元取其友人江德量、朱为弼、孙星衍、赵秉冲、翁树培、秦恩复、宋葆醇、钱坫、赵魏、何元锡、江藩、张廷济等十二家所藏的商周秦汉铜器拓本，以及自藏自拓本五百五十件，摹录其文字，附以释文和考证，编录成《积古斋钟鼎彝器款识》，由朱为弼编定审释。

　　阮元收藏的青铜器见于《积古斋藏器目》的达七十四器。《积古斋藏器目》是据翁方纲所著《积古图后记》及《瀛舟笔谈》内容所载录入。

　　前文说到"阮元家庙四器"有三种说法，涉及六件青铜器。其实，每一个青铜器都有一段曲折、离奇的聚散离合经历，其中被阮元视为第一"大宝"的青铜器，是周代的齐侯罍，阮元"得之最后，玩之最久，绘图刻石，一再考释，继以歌咏"。齐侯罍器型为壶，现称为"齐侯壶"，又称"洹子孟姜壶"。

　　嘉庆十八年，当时阮元在漕运总督任上，路过山西，拜访金石学者宋葆醇，购得了齐侯罍，藏于家庙，嘱朱为弼考释。阮元曾撰《齐侯罍歌》《后齐侯罍歌》两首长诗,跋中赞道"吾所藏金以齐侯罍为大宝"。阮元长子阮常生也曾为齐侯罍作歌。道光十八年(1838),阮元回到京师任体仁阁大学士,正月,他让次子阮福再拓齐侯罍,自己又识出"韶夏"二字。夏日,苏州的青铜器收藏家曹载奎又发现了一只齐侯罍,除了铭文少二十余字,其他一切相同,时人称为"齐侯中罍"。阮元觅得此罍的六舟僧手拓精本,"于病榻前朝

六舟拓阮元藏齐侯罍全形(选自王屹峰编《古砖花供》
浙江人民美术出版社 2017 年版)

夕审玩",并寄给龚自珍、徐问蘧,嘱托二人作释文。兴奋之余,阮元又赋《后齐侯罍歌》三十韵长诗,撰《齐陈氏韶乐罍铭释》。

道光二十二年(1842),阮元、钱泳、梁章钜于文选楼聚观钟鼎古器,其中之一就是齐侯罍。翌年,阮元又与张廷济同观齐侯罍、汉砖,请扬州画家稽枢绘《眉寿图》。

阮元行书团扇页(扬州博物馆藏)

道光二十九年(1849),阮元去世,文选楼由阮元仲子阮福撑持。咸丰三年(1853),太平军进扬州城,虽然有军令"毋犯太傅故宅",但一大帮地痞混混再也按捺不住,趁乱到文选楼大肆偷窃乃至公然抢劫,从此齐侯罍下落不明。

　　咸丰四年,吴云在扬州效命于清军江北大营,军务之余淘古物,觅得齐侯罍,珍惜无比,将自己的"二百兰亭斋"改名为"抱罍室"。十年后,他又觅得齐侯中罍,将"抱罍室"再改名为"两罍轩"。吴云去世后,后人珍藏两罍一直到民国。后上海的房地产大亨周湘云从吴云后人手中换得。四十年后上海解放,齐侯罍被文物部门购藏。文物部门得知苏州吴云后人还藏有齐侯中罍后,复用五千元再购。上海博物馆得到两罍后,对外展出,被郭沫若看中,齐侯中罍调至北京,现庋藏于国家博物馆。

　　民国初年,虢叔大林钟、格伯簋与寰盘三件青铜器由阮元后人售于扬州军阀徐宝山。徐宝山被炸死后,其妾孙阆仙售于广东陈氏。民国中期,这三件青铜器又被上海巨商周湘云购得。

　　虢叔大林钟,现称虢叔旅钟,为西周晚期的编钟。一组共有七器,阮元所藏的为最大。阮元在《积古斋钟鼎彝器款识》里说,其钟"重六十六斤""钟之大,从无及此者",铭文"钟钲间四十字,鼓右五十字"(现计有九十一字)。2016年4月至6月,山东博物馆举行了"山东博物馆藏全形拓专题展",展出了阮元藏器的名品拓本,其中虢叔大林钟全形拓本有阮元与同时代收藏家张廷济的题跋。该题跋透露了一条时间线索:"嘉庆八年癸亥,淮南公得此钟,招廷济观于浙江节署,维时正纂《积古斋钟鼎彝器款识》,盖研究吉金文字时最为盛,吴铁琴州守为公之婿,丙戌之春甥馆时拓得,属为记之。道光丙午六月六日,嘉兴七十九岁老者张廷济。"从中可以得知,此拓的主人,是阮元小女儿阮慈的夫君吴怀谨。他于道光六年(1826)椎拓,张廷济于道光二十六年(1846)受嘱题跋。题跋中,张廷济回忆是在嘉庆八年(1803),阮元得虢叔大林钟,时阮元在浙江巡抚任上,得此钟便招张廷济到巡抚衙门观赏。不过,阮元在女婿的拓片上所作的题跋,却透露出另外一个重要的信息:"虢叔大林钟海内有三,元所藏者铸工最精审。当家庙初造时,于后东壁留空,留石板于版内,凿二孔,用铜索穿钟系于石上,工毕加砖楣。凡多器皆如此,不可挪移一寸。精于拓者始能拓,或撞之,其声铿锵可听,不可多撞之也。女婿吴修梅昔馆庙口时,拓此本,今多年矣。道光丙午秋,怡性老人八十三。"民国后,虢叔大林钟竟然与齐侯罍劫后重逢于周湘云的书斋。不用说,周湘云也是从《清稗类钞》等书中得知阮元"家庙四器"的大名,竟同时购得格伯簋、寰盘、无款执壶等阮元收藏的重器,并将书斋改名为"二簠二簋之斋"。虢叔大林钟现藏于故宫博物院。

格伯簋,圆腹圈足,下有方座,高 23.5 厘米,宽 30.8 厘米,重约八公斤。最显威严的是两边的二兽头耳,兽头铸于器颈前后正中,两侧饰夔纹和圆涡纹,耳下端似象鼻卷曲。格伯簋的铭文也较多,共九行计八十三字,铸于簋内底。北京图书馆出版社出版的《北京图书馆藏青铜器全形拓片集》,介绍格伯簋的丽生拓本时说,原器阮元旧藏,后归故宫,现藏中国历史博物馆。

寰盘为西周晚期的器物,通高 12.9 厘米,口径 41 厘米,宽 45.5 厘米,重约八公斤,这在盘匜器皿中甚是巨大。阮元在《积古斋钟鼎彝器款识》第八卷里说:"此器甚大,形制古朴。"上有铭文一百零三字。在阮元的心目中,寰盘"可与虢叔大林钟并宝"。现藏故宫博物院。

阮元还喜用青铜器为长者祝寿与招待客人。嘉庆八年(1803)二月二十六日,时任浙江巡抚的阮元为庆贺父亲七十寿辰,选择了商周十三酒器在积古斋为父祝寿。第二年的同日,阮元另选商周十三酒器为父亲祝贺七十一岁寿辰,并仿《周礼》的规定置办食品。嘉庆十年(1805)正月十六日,老友黄文旸七十寿辰,阮元用所藏古铜爵在积古斋为其祝寿。《清稗类钞》中《阮文达宴门生用古器》里亦有记载:"阮文达开府两粤。一日,宴高材生于学海堂,所用器具皆三代鼎彝尊罍之属,食品一秉《周礼》,委某生监督焉。时陈兰浦国子澧为坐宾,语人曰:'阮公明经博古,一宴会而能令诸生悉某器某味为某形某名,受益者多且速矣。'"

《积古图》卷心有阮元藏古人钤印九十一方。他在《揅经室三集》卷三《秦汉六朝唐廿八名印记》中写道:"余所藏古人名印以百数,子常生以其姓名考之,列史有所见者,自汉至唐得廿八钮,余因第而录之,即命常生释注之。"最后感慨："呜呼！古人姓名铜印多矣，其于正史无考者，未必皆绝无可传之人也。或谓汉人铸名印千百以殉葬，好名好事，今人亦不如古耶？夫不见于史，而唯以一钮之铜传数千年后，亦可悲矣！史法贵严，然余谓善善长，恶恶短，能繁毋简，庶几左氏遗法，若马、班、范、崔之伦，或亦多所遗略，致其害欤？"在图卷中有阮常生所考的"秦嘉玺""李广""刘胜""司马迁""李忠""刘渊"和"鸡林道经略使印"钤本。钤印中有汉李广印，阮元曾嘱张澍作《李广铜印歌》而颂之。不久，阮元又以珍藏秦汉十铜印，邀同仁分咏，阮元有《咏刘渊之印》诗一首。

《积古图》卷心最后是阮元"八砖吟馆"藏砖拓本。"八砖吟馆"是阮元珍藏八方古砖的室名。其一"西汉五凤五年"，其二"西汉黄龙元年"，其三"吴天册元年掌纹"，其四"东晋兴宁二年"，其五"晋咸和二年"，其六"汉永吉"，其七"晋潘儒"，其八"吴蜀师"。阮元有《吴蜀师砖考》一文，收入《揅经室三集》卷三。阮元将自己收藏古砖的地方命名"八砖吟馆"，著有《八砖吟馆刻烛集》，乃阮元与其友朱为弼、顾廷纶、焦循等，于休息日（即"三浣之暇"）在其八砖吟馆内，以"秦汉六朝十印""汉晋八砖""十三酒器"等为题，所咏成诗。阮元喜收古砖，琢砖为砚，为一雅好。阮元的"西汉五凤五年砖砚"题名为"阮伯元定钟鼎文字砚"，以"西汉黄龙元年砖砚"名为"阮伯元校十三经研"实用之，乃为"古为今用"之范例。

阮元曾任两广总督、云贵总督，得地利之便，他的收藏品中端砚与石画较多。

阮亨《瀛舟笔谈》卷七记："兄所藏各砚，尝属奚铁生写《谱砚图》。石庵相国为大书卷首，并赠一砚，仍作铭砚侧云：'宗伯文章，如玉如金。绘图谱砚，寄怀静愔。匪砚之宝，石友是寻。忠义研磨，二人同心。我往公来，交乃逾深。猗欤久要，学海文林。'"阮元扬州家中之"谱研斋"匾额，亦出刘墉手书。

《西岳华山庙碑》巨砚，当属阮元收藏精品中的精品。道光三年（1823），阮元在广州购得端州巨型砚材，延工制成《西岳华山庙碑》巨砚，置扬州公

阮元摹补《西岳华山庙碑》缺字巨砚（扬州博物馆藏）

道祠塾。砚为长方形，上端两角作圆角，下端两角作方角。长 95 厘米，宽 55.5 厘米，厚 4.5 厘米，开正方形砚堂，气势凛然。砚额处，以楷书分别铭录成亲王永瑆《题汉西岳华山碑》诗和阮元《题家藏汉延熹华岳庙碑轴子》诗。后有阮福题记，云："家大人摹《汉华山碑》缺字于端溪石版，福开石之背以为巨砚，非为砚，不知其为端溪佳石也。成亲王有《华山碑诗》，家大人亦有《华山碑诗》，福复恭录二诗刻于砚额。道光三年阮福谨记。"巨砚背面，摹刻阮元藏四明本所缺而成亲王长垣本保存之字。下方偏左位置，有阮元《摹刻诒晋斋华山碑全字跋》，云："嘉庆十四年，余摹刻《汉延熹华山碑》未剪本于北湖祠楼，其右方缺石一块，全缺者七十八字，半缺者三十三字，因以家藏欧阳文忠公《华山碑跋》墨迹摹补于缺空处。俄入京师，得见成亲王所藏已剪本，虽无碑额题名，而余碑缺字彼皆未缺，遂借钩入未剪本缺空处。

道光三年，在广州购端州巨砚材，复摹刻成亲王本未缺之字及后铭词内'民说'二字，同置祠楼，若两石并拓，遂成全碑矣。好古者以两拓本剪补合装为一碑可，留欧公书而分装之亦可。北湖老人阮元记。"砚之右侧，有"端州七十三岁老工梁振馨刻"落款。

阮元喜作砚铭，如《端溪璞石砚铭》《端溪老岩研山铭》《粤溪茶坑天然大砚铭》《端溪古璞石砚山刻琅嬛仙馆铭》等。

阮元任云贵总督时，曾在许多具有天然图画的各色大理石上题识，后来曾编《石画记》一书，有刻本传世。是书共收记三百九十一篇，录石五百一十片，附录十三片。

阮元先后送出的大理石画有五十片左右，上自宗室贵胄、达官贵人，下至亲戚朋友、诗友弟子，还有书院寺庙等。阮元赠送大理石画的官员有奕绘、伊里布、林则徐、龚自珍、许滇生、嵩曼士等。奕绘和夫人顾太清就是在阮元家首次见到并"分来"大理石画的；云南巡抚伊里布见到阮元的大理石画《小有天》，就想要去，阮元另赠大理石画《小仇池穴》给他；林则徐任江苏巡抚时，阮元曾赠他大理石画《孤山梅石图》；龚自珍任礼部主事时，阮元曾赠送给他大理石画，《石画记》卷四记载《初月残阳》自注"寄赠龚定

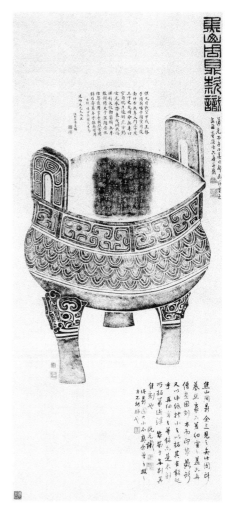

六舟木刻翻拓《焦山周鼎款识》（选自王屹峰编《古砖花供》浙江人民美术出版社 2017 年版）

《六舟手拓西汉定陶鼎手卷》(浙江省博物馆藏)

庵主事"。阮元赠送大理石画的弟子、诗友有陈文述、吴兰修、程春海、季兰斋等。寄赠弟子陈文述的大理石画有《僧巨然雨脚图》《大理石五色云屏》；寄赠弟子吴兰修的大理石画是《夕阳流水》等。阮元赠送给家人、亲友的大理石画也很多。阮元还赠送大理石画给书院寺庙，让其嵌置于壁间，既作装饰，又有传播作用，还能长久保存。《石画记》卷四记载阮元把《苍山洱海》石画寄赠他在广州创办的学海堂书院，卷三还记载阮元把大理石画送藏寺院神庙：《天台应真图》，巨幅，高二尺七寸，宽二尺。……此石与《竹林青眼》小象，同送藏太华山太华寺。"

　　阮元购藏的大理石画，还有被仆人偷出售卖而被转相收藏的。徐康《前尘梦影录》记载："道光年间，阮文达公督滇黔，伊莘农里布为云抚，采石最多。阮公归田后，筑石画书楼以庋之，最巨者为五尺屏，绿萝藤蔓满幅，洵巨材也。间有仆辈窃出者，曹秋舫丈悬重直购之。闻有四石，约尺有咫，分具四时山水之景，秋丈题句于其上，倩王石香师云精刻，今存闽中王氏。"

　　阮元对于自己的藏品并不是一味地据为己有，束之高阁，秘而不宣，他经常慷慨地捐献自己的藏品。他从自己的私人藏书中精选出上千册，分别捐给灵隐书藏与焦山书藏。嘉庆七年（1802），阮元出任浙江巡抚，在杭州时，觅得一尊西汉定陶鼎，"斋中拭刷出古泽，鼎虽转徙犹坚牢"，做工精细，铭隶古奥，对考辨文字有重要的文献参考价值，实为稀世之宝。阮元得鼎后，考虑"焦山只有周鼎，若以汉鼎陪之，经史引征，可增诗事"，于是，他将这只

西汉定陶鼎赠送给焦山书藏,并用官牍行文通知镇江府和丹徒县衙。嘉庆十二年(1807),阮元又将自己珍藏多年的珍品,明代中期冒死直谏而被严嵩诬害的杨继盛墨迹送给焦山书藏。

阮元是收藏大家,但他也有"打眼"的经历,甚至有"制假赠假"的"糗事"。《清稗类钞》里有相关记载:"阮文达抚浙时,其门生有入都会试者,偶于通州逆旅中购一饼充饥,见其背斑驳成文,戏以纸拓之,绝似钟鼎铭,即寄文达。佯言:'某于通州古董肆中,见一古鼎,惜无资不能购。某亦不知为何代物,特将铭文拓出,寄请师长与诸人考订,以证其真赝。'文达得书,即集严小雅、张叔未诸名士互商。诸人臆为拟议,皆不同。最后,文达乃指为《宣和图谱》中之某鼎,即题跋于后,历言某字某字皆与《图谱》相合,某字因年久铭文剥蚀,某字因拓手不精,故有漫漶,实非赝物云云。门生见之大笑。"《阮文达得伪折足铛》云:"阮文达予告归,搜罗金石,旁及钟鼎彝器,一一考订。自夸老眼无花。一日,有以折足铛求售者,再三审视,铛容升许。洗之,色绿如瓜皮,大喜,以为此必秦汉物也,以善价得之。偶宴客,以之盛鸭,藉代陶器。座客摩挲叹赏,文达意甚得也。俄而铛忽砰然有声,土崩瓦解,沸汁横流。恚甚,密拘其人至,键之室,命每岁手制赝鼎若干,优其工价。此后赠人之物,遂无一真者。"

第五节　逸事趣闻　众说纷纭

在民众的印象中,阮元的形象一贯是睿智、通达、幽默。如《清稗类钞·讥讽类·请上坐泡好茶》云:扬州之平山堂,有僧主之。阮文达尝于予告后,往游焉。时僧方据纸作楹帖,文达布袍葛履,旁立观之。僧以为村叟也,漫呼曰:"坐,具茶。"书罢,叩其姓,文达以告。僧以为文达之族人也,遽加礼,云:"请坐!"并呼泡茶。坐定,叩何字,文达以实告,僧惶遽失措,拂炕,请上坐,亟令泡好茶。旋以所备纸墨乞文达作书,文达濡毫据案,沉吟曰:"无好联语。"俄书云:"坐,请坐,请上坐;茶,泡茶,泡好茶!"此故事的主角,也有人说是苏东坡、郑板桥等。民间许多趣事,常常附会在名人身上。

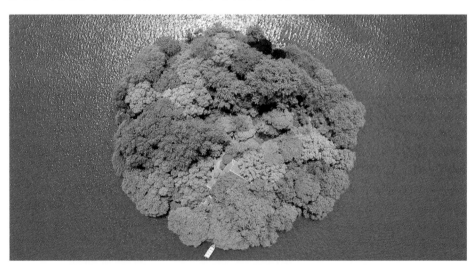

杭州西湖阮公墩

　　晚清经学大师俞樾在《春在堂随笔》中也记载了一则故事：阮公墩，在湖心亭之西。去年，彭雪琴侍郎谋筑屋其上，亲履行之，而泥土甚松。以篙刺之，应手而入，始知其不可屋，笑语余曰："此真'软公墩'也。"然余谓筑屋虽非宜，杂莳花木，当无不可。若于其四面临水处遍种芙蓉，花时照耀中流，烂如云锦，亦奇景也。惜无好事者与谋之。俞樾的这则传闻，是以阮元的姓氏，开了善意的玩笑。

　　有关阮元的逸闻，也有各种杂音。昆明大观楼改联与五华山武侯祠重修，就有诸多微词流传，至今仍为人们所津津乐道。特别是大观楼改联一事，在当时可谓是一石激起千层浪，这大概也是阮元在中国楹联史上少有的毁誉参半的事情。

　　清代康熙年间，昆明布衣孙髯翁为大观楼撰写长联，名动一时。此联上绘滇池风物，下写云南历史，因其行文纵横捭阖，气势宏大，情景交融，素来被认为是楹联之绝。更以其上、下联合计一百八十字的巨量篇幅，被誉为"海内第一长联"。阮元在大观楼前多次吟读了孙髯翁的长联，认为长联气魄宏大，词藻华丽，不可多得，但也有欠妥之处。于是亲自加以修改，共计改动了十四处、四十六个字，约占全联的四分之一，并用改写联替换下了原联，制板重新悬挂。

云南昆明大观楼胜景

此事在当地引起了不小的风波，以致有人出言讽刺。清末杨琼在《滇中琐记·孙髯翁》一文中说："阮联不及原联远甚，芸台亦太多事矣。时有作为谚语以讥芸台：萝卜韭菜葱，软烟袋不通。擅改古人对，笑煞孙髯翁。"阮元号芸台，"软烟袋"是滇人送给他的谐音外号，可见改联一事，的确引起了当地人对这位总督大人的轻蔑与不敬。由于滇人"啧有烦言"，阮联制板"旋复撤去"。"旋撤"之举，说明舆情甚大，并非"啧有烦言"那么简单。

毛泽东曾从"人民群众是历史的创造者"的唯物史观角度，推崇孙髯翁的长联，批评了阮元的改联。

当代云南学者梁钰珠、余年生、张轲风等都属于客观派。他们分别撰写了《儒宦阮元云南诸事述评》《孙髯翁传奇书》《"生活在别处"的阮元》等一系列文章和书籍，一分为二地评价了阮元的改联事件。

与孙联相比，阮联固然形式更工整，用字更准确，但问题也多：一是阮联充盈着庙堂之气，把孙联改成了一首王朝颂歌。二是聱牙戟口，生涩拙滞，神韵不再，诗意索然，尽显学究气。三是风格杂糅，直用金马、碧鸡、盘龙、宝象地名入联，以及"凭栏向远""流水光阴"诸词，直白鄙俗，而"爨长蒙酋""薛碣苔碑"诸词，又有修饰装点痕迹。四是孙联的上联写景，色调明艳，下联怀古，气势沉雄，蕴含着登临者由喜入悲的情绪反差；阮联则层次不明，意境混乱。

当然，阮元的改笔也不是一无是处，与孙联相比，阮联更注重历史的正统性，以及音韵、对仗的工整性。阮元版的大观楼长联，我们应当客观对待。

在云南，阮元还有一件与对联有关的纠纷。

道光十五年（1835）二月，阮元离开云南之前，重修昆明五华山武侯祠，彻底惹恼了滇人。方国瑜《云南史料目录概说》载：阮元改联，"滇人讥其鄙俗"。"阮元闻而衔之，题联于五华山武侯祠以报复，联曰：'丞相天威，南人不复反矣；英姿有灵，礼乐其可兴乎？'以辱滇人，因此结怨云。"昆明的民间叙事之中保留了该事件的诸多细节：阮元武侯祠联一经悬出，昆明士人大为愤慨，认为阮元嘲讽云南是蛮夷之邦，滇人乃蛮夷之后，不知礼乐，不通王化。一日,聚集了百余人,当即砸烂了楹联。

　　据阮元《重修滇省诸葛武侯庙记》记载,此次重修,武侯塑像左右,增塑了南征功臣李恢、马忠、吕凯、龚禄四像以配祀,又增塑了受降夷酋爨习、孟获、孟炎三像于门塾两侧。阮元是否作武侯祠联尚不确定,"报复"与否亦难判断,但增塑夷酋作受降之态,出自阮元之口,必然确凿,此举确有侮辱滇人的嫌疑。如今,昆明地区仍流传着阮元的多则逸事,其中阮元多以负面形象出现,这是对阮元戏谑、嘲讽和怨恨的情绪化表达,而对阮元的治滇政绩则选择忽略。

　　有学者认为,阮元一直没能真正融入云南的"当时此地",热衷于营造壶中天地,似乎是一个身处滇南而又游离于云南社会之外的人。在滇的阮元,是位于文化时空错位中的"别处"。

　　在家乡扬州,阮元也有一件众说纷纭的事,那就是重修隋炀帝陵。

　　嘉庆十二年(1807),阮元住在雷塘墓庐附近。他闲时走访老农,听人说有一"皇墓墩",是当年的炀帝陵。阮元在《修隋炀帝陵记》中有云:"陵地约剩四五亩,多丛葬者。陵土高七八尺,周回二三亩许。老农言:'土下有隧道铁门,西北向,童时掘土尚及见之。'"出于家乡情结,阮元出资招募乡民重修,"委土一石者与一钱,不数日积土八千石,植松百五十株,而陵乃岿然。复告之太守伊君墨卿,以隶书碑,刊而树之。"

　　由于没有文物依据,当时的阮元主要是参考了民间传说和地理方位。扬州有一相传已久的"雷塘传说",说是隋炀帝死后,入土下葬,突然阴云密布,风雨交加。风雨过后,人们见到雷击之处,有一大塘,隋炀帝暴尸荒野。后来又葬了两次,雷电又击打了两次,埋葬隋炀帝的地方就留下三个深塘,老百姓分别叫作上雷塘、中雷塘、下雷塘。人们解释,这是隋炀帝作恶多端,死无葬身之地。当地人想到"雷不打佛"的说法,便铸造了一尊铁佛,用铁佛镇住隋炀帝,这才安然无事。后来,人们为铁佛造了一座寺庙,这就是至今尚存、名闻遐迩的铁佛寺。

传说归传说，隋炀帝也的确是葬了三次。隋大业十四年（618）三月，隋炀帝于江都被弑后，先是"萧后与宫人撤漆床板为小棺，与赵王杲同殡于西院流珠堂"。其后又有两次改葬记录，一是大业十四年八月，江都太守陈稜是杨广的忠臣，他集众缟素，为隋炀帝发丧，备仪卫，改葬于吴公台下。二是唐武德五年（622）八月，李唐平定江南后，考虑到隋炀帝毕竟是前朝帝王，隋与唐又同属一个政治集团——关陇集团，彼此又是姻亲，于是唐高祖李渊便以帝王之礼将隋炀帝重新下葬。史书也记载，隋炀帝葬于雷塘。明嘉靖年间，盛仪辑前人所著的《惟扬志》，卷首有一幅《隋唐扬州图》插图，从所使用的地理名字看，应当是宋朝人的作品。该图"于雷塘之北画一墓碑，碑刊'隋炀帝陵'四字"。民众也相传，此地有一高墩，叫作"皇墓墩"，顾名思义，应是帝王的陵墓。于是，根据众多看似"巧合"的线索，阮元最终认定，这就是隋炀帝的陵墓。

1983年后，阮元认定的隋炀帝陵得以修葺，陆续修复了墓道和墓台。1986年，扬州市政府对隋炀帝陵再次整修。1995年4月，江苏省人民政府将隋炀帝陵定为第四批省级文物保护单位，对雷塘、祭台、陵冢三处历史遗迹进一步整修保护。1999年，复建了石牌坊、大门、石桥等建筑。

2013年4月，在邗江区西湖镇一处房地产项目工地上发现了两座残存的古墓。经过抢救性清理，发现两墓均为隋末唐初砖室墓，西侧墓中出土一方墓志，铭文中有"随故炀帝墓志"等字样。墓志铭文记载墓主去世时间为"大业十四年"，即618年，与史实相符。此外，还在墓穴中发现了鎏金铜铺首、金镶玉腰带等文物。这些都证明墓主身份显赫。根据史料，专家推测，两座古墓中的另一座墓为萧皇后墓。

令人唏嘘的是，一代帝王杨广及其皇后的墓葬仅为普普通通的砖室墓，在同时代墓葬中，属于中小型墓葬。

其实，无论是何种争议，都不影响阮元在文化上的丰功伟绩。我们不能苛求前人，因为人总会受到各种因素的影响和限制，任何人都不会十全十美。

第六节　民间传说　幽默生动

　　作为古代扬州官阶较高的乡贤之一,阮元的为官、为学、为人都堪称完美,在人们的心目中留下了光辉的形象。至今,民众中还流传着许多与他有关的传说。

　　从现有的资料看,阮元的民间传说可分为三类。

　　第一类是机智勤学。阮元青少年时期喜欢读书,勤奋好学,记忆力好。有一则阮元买书的传说:

　　阮元喜欢读书,但幼时家中穷,无钱买书,有时亲友借几本书给他,他看一遍,连注解也记得一清二楚。看后就还人家,书上不缺页,无污点,大伙都愿意借给他看。时间不长,亲友的书全看完了,怎么办? 他就到仪征城内唯一的名屋书店"买书"。

　　那时他身上无钱,却装得像个买书的,要掌柜把书给他看,他从头到尾翻了一遍,把书还给人家,说这本书他看过了,背都会背。书店人知道他有过目不忘的奇才,也不与他计较。他白天在书店看书,晚上回来就默记下来。不到一年,名屋书店的书全给他"买"回去装到脑海里了。

　　随着年龄增长,渐渐地,仪征没有他看的书了,阮元就从泗源沟坐船到广陵、金陵去买。扬州几家书店掌柜都认识他,他经常光顾,是个读而不买的老顾客。他将几家书店的藏书全读了,过后又回忆抄下来,订成厚厚的一本,这是不花钱只花时间"买"来的书。

　　阮元要看有注解的《易经》，真州、扬州都没有。他在南京御道街一家书店看到了，可是这家书店有个规矩，要先交钱后拿书。他身上带的盘缠很少，买不起，怎么办？他对掌柜的说："这本书我原来会背的，后面有一段记不准了，只要借给我看一下，下次来付一本书钱。"掌柜的不信，说只要你背三页，这本书就送给你。阮元原来在先生家见过这本书的上部，他记得清，就一口气背了五页。掌柜的说他记忆力好，不失信，就把《易经》送给他。阮元站在店里看了一遍，将书又还给掌柜，说："这本书我已收下，全在我头脑里，书还给你，再卖给别人吧！"掌柜连声称赞他："奇才！奇才！"

　　阮元思维敏捷、出口成章。如《对对子》。

　　阮元是"三朝元老"，又是皇帝的老师，所以门生弟子多得数不清。在他告老还乡以后，还经常有达官贵人来到他家做客。

　　有一回，几个皇室宗亲到扬州来拜访阮元。临行时，阮元乘船送他们从古运河到瓜洲。当船行到南门宝塔湾时，一位皇亲看见文峰塔，不禁触景生情，吟了一句"宝塔无湾湾有塔"，却怎么也想不出下联，就来请教阮元。阮元说："可以对'琼花有观观无花'。扬州有个琼花观，可观中并没有琼花。"

　　阮元以扬州的地名联对，实在是恰当极了。在座的人一致叫好，把阮元说得高兴得不得了，忍不住说起了大话："对个把小小的对子算得了什么，在我们扬州，就连三尺高的孩子、八十岁的老婆婆都能对上几个。"那位皇亲哪能信这话呀！他指着前面划过来的一条小船上的艄公说："那位老汉想必也能对上几个对子吧。"阮元大话说出口，只得硬着头皮说："当然能对啦。"于是这位皇亲还是以宝塔为题，对那个老艄公喊道："一塔巍巍，七层四面八方。"艄公年纪大了，耳朵不大中用，再加上顶风，他根本就没有听见皇亲跟他喊的是什么话，只以为是问路的，这在行船时是经常有的事，不过听不清不能瞎说，就向这边摇摇手，意思是听不清。

　　皇亲一见，以为艄公说对不出，就对阮元说："你说他能对，怎么向我们这边摇手呢？"阮元灵机一动，笑了笑说："人家已经对出来了。"皇亲奇怪地说:"他口都没有开,怎么对出了呢?""你看他向这边摇手吗?"阮元说,"他摇手,意思是:'只手摇摇,五指三长两短。'"众人听了,没有一个不佩服阮元的才思敏捷。

其实第二联的传说颇多,梁恭辰《巧对补录》记载:"有一绝对云:'一掌擎天,五指三长二短。'久无人能对者,后为徐青藤所属云:'六和插地,七层四面八方。'"

阮元的"对对子"把扬州的琼花观、文峰塔联系在一起,更如本土化,故而更为扬州人津津乐道。

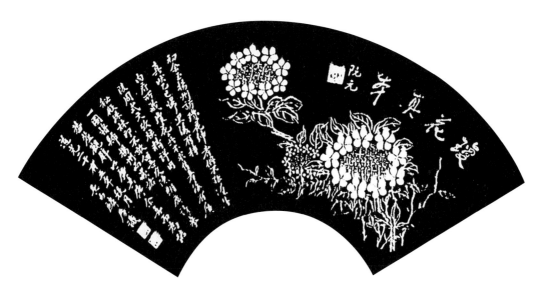

阮元题"琼花真本"扇页拓片

第二类是宽容亲民。阮元与人为善,宽容大度,绝不以势压人。有一则"寒士与太傅"的传说:

阮元曾于乾、嘉、道三朝前后五十年在朝为官,自书门联:"三朝阁老,九省疆臣。"后晋封太傅,告老回家。

回扬州后,阮元就开始于现今毓贤街东首(原称太傅街)建造府第。在就要完工的时候,有一天,一大早来了一个穷书生,坐在他家大门口,一时大哭,一时又大笑。看门的家人见了,晓得他是个寒士,问他为什么事哭笑。寒士说:"我笑的是,我们扬州出了个太傅,建造了这样一个大府第,是我们扬州人的光耀,我怎么不笑呢?"看门的家人说:"这话不错,是我们扬州人的光耀。不过,既然如此,你又为什么哭呢?"寒士说:"我哭,是怕太傅要有杀身之祸,说不定还要灭九族哩!"看门的家人问他什么原因,寒士不说。追问再三,他才说道:"你家主人也不心烦,我不是多烦的吗?他官大架子大,瞧不起我们这些寒士,我就在旁边看看笑话吧!"看门的家人听他说得怕人,就连忙赔笑,敬上好茶,又问他什么道理。寒士说:"不见到你家主人,我不想说。"看门的人没法,只好留住寒士,向阮元禀报。阮元听了心中疑惑,便吩咐门丁请书生进来。

书生进来后,阮元问:"先生在我门口哭哭笑笑,到底为的什么事?"书生答道:"我笑者,太傅大兴土木,建设府第,确实为我们扬州增添不少光彩。我哭者,恐太傅有灭门之祸。"阮元问道:"不知我身犯何罪?"书生答道:"太傅所造之屋,五个直口,五个大门,街道两头还有圈门,这不成了东辕门、西辕门,正中间一个午朝门了?这不是皇宫的格局是什么?太傅不是犯了僭越之罪吗?"阮元一听,吓得浑身是汗,连忙下座,重新向寒士见礼,求教解决的办法。寒士只是笑笑,不再开口。阮元一想:不错,我还没有兑银子呢,他如何肯说?忙叫家人到后堂取出纹银百两,双手捧到寒士面前说:"不成敬意!只怪我年老昏庸,此次建房多欠考虑。但事已至此,又不好拆除,还望先生教我解救之法。"寒士假意客气了一番,把银子装好,然后才说:"这个也不太难,将正中的大厅改为家庙即可。"阮元听了,又气又恨,心想:"不依他这个办法又不行;依了吧,百两纹银就这样被他轻易敲了去,也实在气不过。"最后还是按照这个办法做了,所以至今那个墙上还嵌着"太傅文达阮公家庙"的方石。

又有一则"想园"的故事,类似桐城张英的"六尺巷",阮元不但宽容,而且送匾。

阮元家庙

　　扬州毓贤街，过去叫太傅街，是清代的太傅——阮元的住处。据说，当时阮家有东大门和西大门，东大门东侧住着厉姓和张姓两户，张姓有着两个大院子。阮元却经常喟叹自己门前无信步之地。

　　一日，阮元亲自找到张氏的主人张溶卿说："普天之下，任老弟选择处所，而此处地方归我如何？"

　　张溶卿回答说："我们紧靠着太傅公，有谁敢欺侮我，天下虽有去处，我实不敢他去也。"

　　阮元知道张家推诿，有不肯让地之意，也就作罢。后来，还派人送来一块匾额给张家，上有阮元亲笔书写的"想园"二字。

　　后人不知珍藏，这块匾竟被做了水井上的盖，天长日久，给毁掉了。但张家后人均认为阮元官至太傅，邻里之间，有事都是采取协商态度，不仗势欺人，颇值得钦佩。

　　阮元常常微服私访，与民同乐。扬州又流传一则阮元题词祝民寿的故事。

道光皇帝在位时,阮元已是三朝元老了。人称"太傅",又称"中堂"。

一年冬季,老中堂向皇上请假回老家探亲,快到扬州时,路上遇风受阻。阮中堂焦急时,见运河西一个庄头上,人来人往,热闹非常,不知何故。令人查探,方知三十六郎庄的庄上有个开锅店的老板今天过大寿。

老板姓黄,人称黄老锅。今天过整整一百五十大寿。他曾娶二房,各房生子十八,均在。后来此庄才取名叫三十六郎庄。

老人年过百五,世间少有,令人可喜可贺,中堂决定微服往而贺之。中堂与随从来至黄家,只见张灯结彩,亮紫悬红,迎宾接礼,络绎不绝。

中堂跨进厅堂,不问青红皂白,就朝老寿星的太师椅上一坐。他这样一坐,却轰动了整个厅堂,一个个都为他捏了一把汗。来者是谁?竟敢如此大胆!

黄老锅到底年高智长,遇事不慌。他三步两步跨进大厅,向上座望去,好一副福相!暗忖:此人敢端然正座,来头定然不小。便向家人道:"上座者可带什么礼物?"

家人道:"无甚礼物。"

阮元起身笑道:"今日是老主人寿辰,可喜可贺。我来挥笔写几句祝词吧。"于是濡墨挥毫,洋洋洒洒写了两行:"年生二甲半,眼见六代孙;大风阻过客,福星拜寿星。阮元题。"

黄老锅见了,颤颤抖抖,热泪盈眶,立即令人把祝词高挂厅堂。哪个认不得阮元是当朝一品啊!顿时由老寿星为首,纷纷跪倒,口称:"老太师,老太师。"

中堂起座,赶紧用双手搀起黄老锅,亲切地招呼道:"老寿星请起,请起,偌大年纪不必拘此大礼。"又向众人道:"诸位请起吧。"接着朗声笑道:"百五高寿,七代同堂,太平盛世,老寿星享受荣华,这也是皇上圣明。哈哈哈!"官祝民寿,民敬清官,充满了欢乐的气氛!

第三类是清廉从政。阮元活跃于政治舞台半个世纪,维护国家利益,打击海盗,关注民生,给民众留下深刻的印象。民间流传有一对玉桶的传说。

阮元篆书"寿"字（扬州博物馆藏）

嘉庆年间，番邦送来一对玉桶。使者说："你朝如有识者，说出一对玉桶的意思，本番王则岁岁来朝，年年进贡，否则……"

嘉庆皇帝立即召集在京大臣共同商讨番邦是何用意。众大臣一时都想不出来。

此时阮元恰巧回京，一听此事，略加思索，立即悟出来者的意图。第二天上朝，阮元奏道："启奏万岁，臣对玉桶用意，略知一二。"

嘉庆皇帝道："好，老卿家慢慢道来！"阮元上前，看了看玉桶，随手拎起一只就在金銮殿上将它摔个粉碎，只留下另一只。皇上大为吃惊，向阮元问个究竟。

阮元道："江山只能一统（桶），岂有两统（桶）之理？"

皇上大悟，番邦使者听到消息，悄悄溜走了事。

其实这个故事的另一个主角是明代状元杨慎。林兰编《徐文长故事外集》中《杨状元的故事》记载：

华特（不传其名）国进贡玉桶一对给皇帝，摆在金銮殿上。杨状元便去提起一只摔碎在阶下。皇帝大怒，便问他："为什么要摔掉？"他说："天下只有一统，哪有二统？"皇帝无法说他。

有学者说，民间传说多以史实为原点，是"架通历史与文学之间的桥梁"。旧时民众缺乏教育，其历史知识多来源于口头的知识传授，这就是民众喜闻乐见的民间传说。阮元的各种史料被民间艺人予以文学化的加工后，阮元也就成为睿智、幽默、宽容的人物形象，具有了传奇化的特点。尽管不乏"张冠李戴"，但也说明扬州民众对阮元的喜爱与敬重。如今，阮元系列故事已经成为扬州非遗的重要组成部分，随着这些传说故事的广泛传播，阮元的形象也更加丰满、更加感人。

第六章　世族风采立口碑

　　阮元的祖父官至参将,虽掌握大权,却能施以仁政;掌控着军饷,却坚持廉洁奉公,以致卒于任所后,家无恒产,窘迫时夜无贮粮。阮元的父亲阮承信,因家境贫困,放弃了入仕之途,但他穷不失志,尤重子弟教育,教读"明体达用"圣贤书,劝做"当为翰林"正派人。阮元为官时,从不自尊自贵,而是严于律己,以身作则,教子清廉。

　　阮元以孝悌、励志、务实、清廉作为治家理念,代代规范、教化子孙。在阮元的教育下,儿孙和仆役都奉公守法,丝毫不敢以权谋私。长子阮常生毕生耿直清正,官至清河道,署直隶按察使;阮福官至宜昌知府;阮祜官至潼川知府,署永宁道;阮孔厚官特用员外郎。儿子们都继承了阮家清廉的家风,官声甚好。更为可贵的是,阮元对家族内部闺秀的文艺创作极为支持,她们的文艺作品非常丰富,几乎都有著作传世。

　　"陈留尉氏邑,阮氏著旧德。"好的家风影响了一代又一代人,家族也会兴旺发达,能人辈出。享有"古城保护神"美誉的阮仪三先生是阮氏家族中又一位文化大家,他保护了像平遥、周庄这样的许多古城、古镇,也为扬州的古城保护做出了贡献。从古到今的阮氏家族,可谓是:家风好,泽被子孙;官风好,福荫百姓。

癸卯正月二十日茶
隐竟日在道趋别
别业爱吾草庐
时梅花开池水冰泮
与敬斋慎斋两弟
俱节性老人阮元书

阮元绘《梅花》立轴

第一节　阮氏家族　源远流长

扬州阮氏自明神宗时期从淮安迁入，至今已近五百年，子孙繁衍十八代，是扬州的名门大姓。《扬州阮氏族谱》记载了扬州阮氏自明万历始祖阮岩至清光绪年间的十三世、二百六十人，以及大部分成员的生卒年、姻亲、行实等。该族谱历经纂修及四次递修，是现存最早、最完整的扬州阮氏族谱。日本国立国会图书馆藏有原件，阮氏后人从美国犹他州盐湖城犹他家谱学会获得影印件，让世人得以一窥全貌。

阮氏祖籍系出陈留尉氏县（今河南开封），明初迁至江苏淮安。阮元有诗《陈留怀古寄示二弟仲嘉亨子·常生》："陈留尉氏邑，阮氏著旧德。"王章涛《阮元年谱》述之更详：扬州阮氏系出陈留尉氏，南宋以后迁江西之清江县，明初徙豪杰实江南，乃居于淮安府。神宗时，阮岩自淮安山阳迁扬，为

《扬州阮氏族谱》书影（日本国立国会图书馆藏）

扬州江都县阮氏之始祖。先居旧城,今阮千户巷是也。明崇祯末,又迁居城北四十里之公道桥。

这里,不得不提及淮安的山阳阮氏。《山阳阮氏家谱》记载,山阳阮氏有"一门四进士,七世二乡贤"之称。山阳是淮安的旧称,山阳阮氏在淮安是大族,多为明初由江西临江府清江县迁入,谱中记其略曰:始祖讳武德,字再二。世为江西临江府清江县人,居十九郡,时称枣儿村。阮家元末以武功显,明鼎革后,徙豪杰实江南,遂隶鹰扬卫。万历、天启间,徭役繁兴,民不堪命,卫所之中,官尽栏牛,吏同寇虎,遂携家南徙,脱卫籍。其中十二世孙阮学浩"天资完粹,勤于进德修业,行矩言规。自幼无他嗜,嗜读书,日有程限。九岁能诵五经、《左》《史》,从伯阮应商学,初执笔为文,即语惊座人"。入泮后,则更立志发奋,博览群籍,因其作诗、古文"名遂大起"。清雍正己酉(1729)举于乡,次年连捷成进士。其母六十寿辰,雍正帝特赏假三月回乡省亲,以示皇恩浩荡。其子阮葵生(1727—1789),字宝诚,号吾山,晚号安甫,乾隆壬申科(1752)举人,辛巳(1761)会试取中正榜,历任内阁中书、刑部侍郎等职,是载入《清史稿》的才华横溢的文学家和法学家。他是乾隆皇帝的亲密诗友,乾隆皇帝曾多次在朝廷上当众称赞他的才华。乾隆二十九年(1764)九月六日阮葵生的父亲阮学浩病逝,阮葵生丁忧返乡。居乡间,续辑先父文集,建宗祠、修族谱、刊家训,协助漕督杨锡绂改置丽正书院,并捐献家中所藏数百种图书。

乾隆年间,山阳阮氏家族因阮学浩与二子阮葵生、阮芝生名满天下,家族达到了鼎盛,可谓是名人辈出,四位进士、翰林成双、三代婆媳四位一品夫人的佳话,讲述着阮氏家族的传奇。

阮岩(1531—1600)即小槐公为迁扬始祖。小槐公之父为淮州公,而淮州公往上不知几代为聚公,自聚公至淮州公其间"世次已难接考"。扬州阮氏为武官世家,二世祖阮国祥(1552—1632),例赠明威将军,定墓庐雷塘。三世祖阮文广(1575—1648),官榆林卫正兵千户,罢官归居扬州旧城,于明崇祯十七年（1644）迁族北湖。四世祖阮秉谦（1600—1642），四十几岁去世。其子枢忠为清康熙庚戌科武进士，其孙匡衡为武德将军，曾孙玉堂为昭勇将军，皆以武进士起家。厉氏恭人协助三世祖阮文广迁族。

七世祖阮玉堂，即阮元祖父，康熙五十四年仪征籍武进士，娶江春堂姐续弦。八世祖阮承信，娶陈集林氏，生子阮元。可见阮氏家族虽在明末迁居北湖，但多居郡城。

阮氏家族从扬州郡城迁居北湖，乃因战乱所迫。崇祯十七年，黄得功驻仪征，高杰驻扬州城外。史可法守扬州，名为督师，实际上控制不住黄、高两镇。两镇相互视为仇寇，轻则摩擦、重则火并，城危民惧。三世祖阮文广与四世祖姚厉氏率四子由扬州城迁居公道桥。阮氏四世祖姚厉氏是一位精明强干的女子，其时丈夫已卒，上有年迈的公公，下有四个幼子。厉氏审时度势，知扬州城里不可再居，当机立断，请于公公，求早避兵祸，迁居城外。公公当即允准，于是厉氏护公公，携幼子，出扬州北门，步行四十余里，迁居到

扬州北湖国家湿地公园

北湖中的僧道桥镇（今名公道桥）。公公去世后，厉氏以勤俭治家，教四子成人，治田宅致富，终使北湖阮氏繁衍成大族。子孙中武进士者三人，中武举人者六人，阮氏声名震于乡里。阮元很推崇他的这位祖先的功德，特撰厉氏行实，这也是扬州阮氏家族的第二次迁徙。

阮元在《扬州北湖小志序》里说："元但通籍仪征而已，实扬州郡城北湖人也。"这是指七世祖阮玉堂在康熙五十四年成为仪征籍武进士。阮氏家族老二房率先从北湖僧道桥返扬城的迁居之旅，算来已是第三次迁徙。阮氏家族除了他们这一支在扬州郡城，其余族人还聚居北湖。三次迁徙，使扬州阮氏家世渊源可查，脉络清晰。

对阮元而言，扬州公道桥是其祖籍地，扬州旧城府西门白瓦巷是其出生地，仪征则是占籍地。

阮元祖父阮玉堂生四子三女：伯承德，字健斋，汪氏出，以侄为己子，配李氏，生兆麟，为长孙，官高邮营汛千总；仲承义，字方训，吉氏出，早卒，配江氏，以族侄阮亨为己子，为三孙；叔承仁，吉氏出，未娶卒；季承信，江氏出，配林氏，生阮元，为次孙。长女适太医院吏目江都鲍云书，次女适江都耿鹤龄，三女适仪征生员贾天凝。

阮元五世祖阮枢敬一支，有曾孙名承勋，为太学生。其小女儿嫁焦循，故阮元称焦循为族姐夫。

《扬州阮氏族谱》记载，扬州阮氏字辈初为八字，后增八字，为十六字："文秉枢衡、武承嗣荫，恩传三锡、家衍千名。"确定前八个字的当是始祖阮岩及二世祖阮国祥、阮国华，而后八个字"恩传三锡、家衍千名"，是嘉庆五年（1800）在扬州公道建成祠堂时，阮元为新建祠堂所书楹联。

一代代的奋斗，一辈辈的传承，从扬州郡城到公道桥，再到占籍仪征，扬州阮氏家族的昌盛繁衍，为绿杨城郭名门大族书写了浓墨重彩的华章。

第二节　长辈风范　遗爱后世

在长辈中,对阮元影响最大的是祖父阮玉堂、父亲阮承信以及母亲林氏。

阮元祖上武人辈出,多任武职,同族中有两位武进士。真正让阮元这一支门庭显耀的,是阮元的祖父阮玉堂。

阮玉堂,字履庭,号琢庵,是阮氏十六字辈排行中的"武"字辈。原配夫人汪氏,继配吉氏、江氏。阮玉堂继配妻子江氏,是阮元原配妻子江氏的族姑祖母。

阮玉堂生而倜傥,长身健臂,行止伟岸。受崇武家风的熏陶,从小习武,挽强驰射,矢无虚发,不仅打熬出一副健壮的身子骨,更培育出刚介耿直的真性情。尤喜读书,为古文诗词,援笔立就。

康熙五十四年(1715),阮玉堂参加武会试中式,接着又参加殿试,名列三甲,赐同进士出身,任镶蓝旗教习。雍正元年(1723),晋升三等侍卫,赏戴花翎。雍正三年,出放湖北抚标,为中军游击。后被大将军岳钟琪、总督史贻直保荐,改署苗疆九溪营游击。后又任湖南参将、广东提标后营游击等职。乾隆元年(1736),诰授昭勇将军。

阮玉堂治军严整,赏罚分明,对部下勤加训练,使得九溪营成为湖南第一劲旅。九溪城郊有北山,周数十里。有明朝时在军队任指挥之职的子孙,讼言北山是其祖购置,命人勘测,意欲据为己有。此事传开,当地民众一片哗然。阮玉堂亲赴省城谒见总督,力辩此山即便是某指挥所有,也是前朝之事,距今已一百多年。如今,若是绝数万家生计而不顾,以资某姓一家之利,实是有违民心,难息众怨,恳请总督三思而行。总督听从了阮玉堂的意见。民众感戴阮玉堂为民请愿的大恩大德,特地为阮玉堂建生祠祀奉。

乾隆十三年(1748),阮玉堂任河南卫辉营参将。卫辉营军务废弛,兵贫而惰。有许多兵弁,原本是市井中无赖之徒,素不习武,为了混吃粮饷而当兵入伍。阮玉堂责令全员操练,竟然有人诧异,认为训练步伐为怪事,许多兵弁因忍受不了军训的艰苦,纷纷开小差逃散。有大吏认为,由于阮玉堂操兵过严,导致了兵弁逃散,并据此举劾,罢免了阮玉堂的官职。

罢官后,阮玉堂回到家乡,居住在扬州城内,寄兴湖山之间,以诗酒自娱。乾隆十六年,皇帝南巡,阮玉堂迎驾于高旻寺。皇帝依然记得阮玉堂的名字,便下旨复用阮玉堂,任广东罗定协都司。乾隆二十一年,升任广东钦州营游击。其时,因岭南卑湿,加上老母在堂,阮玉堂本不欲赴任,老母却令其为朝廷效力,不得已才前往任职。乾隆三十四年(1769)十月十六日,阮

扬州邗江区公道镇公道大桥

玉堂卒于任所,享年六十五岁。次年,葬于扬州城北雷塘阮氏墓庐。后以孙阮元贵,累赠光禄大夫。

　　相传,扬州北郊的公道桥,其地名与阮玉堂有关。公道桥原名"僧道桥"。一年,阮玉堂要回乡探亲,当地官员闻知此事,召集大家商议,如何隆重热烈地迎接阮将军。有人提出,为阮将军修缮老宅。有一个盐商却说:"阮将军一向廉洁奉公,闻名乡里,若是为了迎接他,把他的老宅油漆一新,他看了恐怕会不高兴。依我之见,不如在他回乡探亲期间,通令商铺店家,一律降价售货。阮将军知道家乡的货物比外地便宜,一定会既满意又高兴。减价的损失,由我们盐商补偿。"大家都说好。于是当场拍板,就这么定了。几天后,阮将军回到了家乡僧道桥。在街面上,他看到店铺里的货物比外地便宜,就问陪同的扬州知府:"价格是不是公道?"知府连连回答:"公道!公道!"阮玉堂说:"我到过许多地方,还是家乡的父母官治理有方!"一路上,阮将军来到桥头,面对牌楼上"僧道桥"三个字,说:"家乡如此公道,不如将'僧道桥'改为'公道桥'!"扬州知府一听,十分赞同,连忙叫人更换牌匾。从此"僧道桥"改名为"公道桥",当地的乡镇也由此得名"公道镇",

一直沿用至今。

阮玉堂爱写古文诗词,才思敏捷,著有《珠湖草堂诗集》三卷、《琢庵词》一卷、《箭谱》一卷、《阵法》一卷。

阮玉堂有四子:承德、承义、承仁、承信。阮承信,字得中,号湘圃,是阮玉堂继配妻子江氏(1693—1756)所生的独子,也是阮玉堂四个儿子中最小的儿子。幼读书,治《左氏春秋》,为古文辞,熟读《资治通鉴》。

阮承信自幼在军营中长大,精熟韬略,娴习骑射,知晓军务。遵父命,在扬州照顾祖母,以侍养而未与科举,年过三十,遂绝意仕进,是远近闻名的孝子。其为人正直、忠厚,有节操,生活俭约而乐善好施,家境贫寒而洁身自好。《〔道光〕重修仪征县志》和陈康祺《郎潜纪闻三笔》记载,阮承信壮年时从舅父江昉转运盐务。有一次在渡口拾到一个包袱,打开一看,"皆白银,而有官牒在其中"。阮承信没有丝毫私吞的念头,而是想到失主丢了银两,失了官牒,无法交差而可能受到惩处,怆然曰:"此事上关国务,下关人命,宜守俟之。"就此坐等到天黑,果然急匆匆走来了一人,低头四处张望,神思恍惚,哀号叹息。阮承信上前询问所为何事,那人急道,银两官牒包袱丢失,无法向上级交差,自己受罚事小,还要连累家人,若寻不到失物,只有自尽了事。阮承信遂将包袱还给他,且坚决不肯接受谢银,也不肯告知自己的姓名。

有一年,阮承信在安徽宣城,适遇街市失火,千余家遭灾,男妇老幼露宿街头。忽然大雨滂沱,众人站立在泥淖中,相向而哭。阮承信触目伤感,意欲援助。却有商户笑他人微言轻,自不量力。阮承信忿曰:"诸君既不顾乡谊,我虽非郡人,亦当独任。"他恳求雇主预发自己的薪俸数十金,招徕工匠搭建棚屋百余间,使得众多贫民得以栖身。民众皆感其德,颂其恩。

嘉庆四年(1799),阮承信因阮元而被诰封为一品光禄大夫荣誉官衔,诏令云:"华胄清资,佑启必原于严父;令仪硕望,蕃昌聿振于名门。爰涣国恩,用彰家训。尔阮承信,乃经筵讲官、户部左侍郎加三级今授浙江巡抚阮元之父,操修醇粹,启迪勤劬。儒席传珍,琢就珪璋之器;良材肯构,蔚为台阁之英。门祚方新,宠章洊被。兹以覃恩,封尔为光禄大夫、户部左侍郎加三级,锡之诰命。"

嘉庆五年十一月,阮承信提出"甲科世衍,世系日繁,今无祭祠,非礼也",出资在公道镇南兴建了阮氏宗祠,并在祠侧设书塾,教授族中子弟。嘉庆八年(1803),阮承信七十寿辰,阮元的亲友和同僚纷纷撰文或赋诗,为之祝寿。阮承信还收到两份特别的寿礼:一是嘉庆皇帝赏赐的"寿"字,及玉如意一柄;一是阮元送给父亲的两台仿照周代样式铸成的古钟。

按照清朝品官皆有家庙的传统,建议在扬州旧城文选楼北的兴仁街建阮氏家庙。九年,家庙按照《大清会典》的规制开工兴建。同年秋,家庙建成。

阮氏家庙建成后,阮承信选择吉日,意欲携孙子阮常生回扬州主持祀奉仪式。此时阮承信身体状况欠佳,有风湿、疱疹等病痛,左腿又有疾,行走不便,刚到苏州就病重倒下,只能返回杭州。弥留之际,遗憾地对儿孙说:我不能亲自祀奉祖先牌位入家庙了,你们帮我完成心愿吧。

嘉庆十年闰六月十五日,阮承信病情突然恶化,在浙江巡抚衙署与世长辞,享年七十二岁。同年十二月初六,阮承信与妻林氏并葬于扬州城北雷塘祖茔之侧。阮元在《显考湘圃府君行状》中说:"府君惟不孝一子,未冠失母,府君严慈交至,鞠育训诲,迄于成人。爱子之心,无所不至。府君蒙太府君清白之业,秉孝慈之德,具文武之材,彀光积善,以贻于不孝之身。不孝备位卿贰,府君每勖以矢清矢忠,勤职业,毋失祖志。"缅怀之情溢于言表。

阮元的母亲林氏,是乾隆举人、福建大田县知县林廷和之女。林氏祖籍是福建莆田,明代天启年间为逃避倭寇骚扰,迁至安徽,又迁到扬州甘泉县西山(今仪征陈集)。

林氏是一位特别的女性,幼承家训,好学不倦,嗜图籍,能作诗,通经史,明古今大义,深知儒家礼法。婚前,林氏随父亲在福建大田县知县任上,二十五岁时嫁给阮元的父亲阮承信。婚后,林氏是儒家颂扬的贤妻良母,相夫教子；是聪明能干、持家有方的家庭主妇；更是具有鲜明个性、自尊自强的知识女性。她在邻里乡亲们的心中，地位较高，能坚持做自己想做的事情，不受他人左右。公公、婆婆出殡时，她拒绝雇请和尚道士念经诵佛，别人指责她没有按照当地的风俗习惯办事，她义正词严道："吾阮氏、林氏皆儒家，无庸此。"小姑子出嫁时，她尽力准备丰盛的嫁妆，说："当无减于先姑江太夫人在日也。"

乾隆二十九年（1764）正月二十日，在扬州旧城西门的白瓦巷，年已二十九岁的林氏生下阮元。阮承信夫妇结婚四年喜得贵子，是阮家兄弟四门中唯一的男丁。

母亲林氏是阮元的第一任启蒙老师，不仅教阮元认字，还教诵古文和写诗填词的章法。在母亲的精心教育下，阮元最早显露出来的才华，是八九岁所作的一首诗，其中有一句"雾重疑山远，潮平觉岸低"，深得老师胡廷森的赞赏。

有一年，阮元的母亲过生日，亲友们都来祝寿，华堂上挂满了寿联与贺词。其中一副是阮元的族姐夫兼好友焦循送的，贺联很特别，仅四个字："曹操；孟德。"曹操，字孟德，三国时的政治家、军事家，为人奸诈，堪称一代枭雄，人们一直把他作为奸臣看待。有人看了这副寿联十分不解，疑惑阮元和焦循之间是不是有什么矛盾。阮元看后却大加赞赏，连声说：写得好，写得好！原来，这四个字用了两个典故。一是此"曹"非彼"曹"，说的是东汉时的孝女曹娥。曹娥父亲失足掉到江里，不见踪影。当时曹娥才十四岁，沿着江边号哭奔跑，没日没夜地寻找父亲，找了十七天，还是没找到，生不见人，死未见尸，于是，曹娥悲痛绝望地投江自尽，追寻其父而去。二是指战国时期孟子的母亲。母亲为给孟子找到一个良好的学习环境，不辞劳苦地搬了三次家，最终孟子成为和孔子齐名的大思想家，此说后来成为"孟母三迁"的典故。焦循的贺联"曹操；孟德"，乃是赞扬阮元的母亲具有曹娥的节操和孟母的品德，用典贴切，比喻生动。

阮元幼时几次搬家,是因为家贫而迫不得已之举。乾隆四十六年(1781)六月二十四日,因大暑天再次搬家,林氏劳累过度,七月中暑,八月初二撒手人寰,年仅四十七岁。她的突然去世,让丈夫和儿子极度悲伤。当时,十七岁的阮元正在求学,阮承信为了生计在外地做买卖,由于父亲不在家,治丧诸事全由阮元张罗。

日后,阮元金榜题名、光宗耀祖,母亲林氏都没能见到。乾隆六十年(1795)十月,阮元离开山东前往浙江杭州任浙江学政,途经扬州,祭奠母墓。这是阮元在乾隆五十二年(1787)赴京会试后第一次回乡祭拜母亲,他在《展母墓》一诗中表达了自己未能让母亲在世时享受安乐、尽其孝道的哀叹和自责:严霜陨寸草,饕风撼长树。哀哉我慈亲,竟向此间住。慈亲昔爱我,一日欲百顾。欲及我之冠,欲毕我之娶。教我读古书,教我练世务。哀哉皆未及,竟忍舍我去。……今年奉命归,许祭叨异数。……惟有劳国事,聊以酬悲慕。全诗念母恩重,情真意切,感人至深。

嘉庆八年(1803)九月,阮元应召到承德赴中秋恩宴并述职,返浙江途经扬州,夜宿林太夫人墓:"哀哉远游子,归来泣母墓。"此时,阮元已任浙江巡抚四年:"四年持使节,皆在杭州驻。"想到母亲含辛茹苦操持家务、诲人不倦教儿读书,却未能看到自己学业有成,不由悲从心来:"伤心黯无言,又拜墓门去。"阮元在墓庐连住两日,陪伴母亲,心灵得到一些慰藉,依依不舍地离母而去。

阮元母亲林氏是官宦之家的孩子,从小随父走南闯北,喜欢游山玩水、寻景觅胜,曾经游历过西湖、仙霞岭等名胜。特别喜欢西湖南屏山的幽静,为此常为之念叨。阮元后来任浙江学政、巡抚,在杭州多年,从不忍心上南屏山径,生怕睹物思人。

第三节　大家闺秀　才华出众

·

阮元一生为官五十年，身行万里半天下，足迹遍布各地。阮家才女跟随阮元履职，沿途也领略了大好河山和风土人情。因而阮家才女得山河之灵气，突破了传统闺阁吟咏的局限，由个体走向群体，由闺内走向闺外，由小空间走向大天地。特别是她们的闺外结社，成为当时女性文学创作的亮点。

阮氏家族才女群体中的领军人物，当属阮元的继任夫人孔璐华。孔璐华，字经楼，山东曲阜人，又称经楼夫人。孔璐华是孔子第七十三代孙女、衍圣公孔庆镕女兄，诰封一品夫人。她是清代圣裔孔氏家族中女性诗人的杰出代表，其子阮福、祐、孔厚在《行状》中称："论者谓闺秀能诗礼者，难得福命，若阮孔夫人本为海内第一门望，又为宰相夫人，经史满楼，子孙绕膝，闺阁中第一人矣。"在同时代的文人眼中，孔璐华有"近代闺阁诗当奉为法则"之誉。

乾隆五十五年（1790）三月，乾隆皇帝驾幸曲阜，孔璐华时年十四岁。她作为衍圣公府亲眷跟随衍圣公夫人程氏跪迎宫舆，皇帝停辇问询了孔璐华的年龄，并赐宫花一朵。孔璐华写诗记述了此事，有"何幸随亲同被泽，皇恩优待圣人家"之慨。

阮元与承担祭孔职责的衍圣公府交往密切。乾隆五十八年（1793）六月，阮元出任山东学政，出试兖州、曲阜、济宁等地，并主持仲冬上丁日祭孔仪式，撰祭文《乾隆癸丑仲冬上丁祭曲阜孔庙文》。乾隆六十年九月初三，阮元父亲阮承信由京城回扬州,途经曲阜,时任山东巡抚的毕沅做媒,为阮元聘孔璐华为继室夫人。

嘉庆元年(1796)四月,孔璐华与阮元成婚,孔宪增亲自送女儿到阮家成礼。礼仪舆服,隆于一时,但压衾之物,只有《十三经》。用《十三经》作为女方的嫁妆,体现了孔氏家族独特的文化底蕴。

孔璐华自幼习读毛诗,奈不能颖悟,笔性颇拙,其父叮嘱她"能学礼,不必定有才",所以待字闺中时,未多得诗稿。成年后,受阮元的影响,勤于创作,曾说:"夫子喜言诗,始复时时为之。"孔璐华婚后承担着侍奉阮父、教育子女、治理内务的重任,阮元于浙地任官时,她多居于扬州、杭州。阮元因事革职又被重新起用后,孔璐华开始跟随阮元四处宦游,创作了许多题材多样的诗作。嘉庆二十一年(1816),孔璐华将此前创作的诗稿删订为七卷,题为《唐宋旧经楼诗稿》,收录诗歌四百余首。从内容范围看,其诗突破了闺阁诗的藩篱,表露出一种从容淡定的闲适感,字词醇雅,性情敦厚,有大家闺秀的风范。

孔璐华的诗作很大一部分是以阮元为中心,大致可分三类:一类是与阮元的唱和之作,一类是与阮元的往还寄诗,一类是因阮元的政绩或其他活动而写的兴发之作。如嘉庆八年(1803)六月,孔璐华修葺阮元出生地扬州白瓦巷旧宅为海岱庵。因阮母早卒,阮元思母情深,孔璐华在《冬日墓庐有感》中说:"常见吾夫子,逢节慕亲恩。伤心不敢语,幸有椿堂存。"修缮后,立阮母神主,令女尼供奉香火,自己也朔望必拜,既成全了阮元孺慕之思,又便于子孙祭拜。这一年夏,阮元得真子飞霜镜,孔璐华即作《咏真子飞霜镜》。九月,阮元过扬州,孔璐华与其同游傍花村,买菊数种,作诗《路过傍花村偶成三首》。

孔璐华的诗作中更有韵味的是咏事、咏物、即景抒怀之作。如《读长恨歌》,诗曰:"尽可宫中宠太真,但须将相用贤臣。君王误在渔阳事,空把倾城咎妇人。假使绵绵恨早成,殿中妃子未长生。安杨将相仍如旧,未必渔阳不反兵。"驳斥了将安史之乱、唐玄宗的失败归咎于杨贵妃的观点。又如《读明娄妃墓碑感赋》,云:"惭愧宁王是男子,妇言不用反倾城。"讽刺宁王朱宸濠不听贤妃的劝谏而终致覆败,见解独特新颖。

她还关注民生。如《久雨初晴》:"阳回万物生,殷勤是农叟。遥想春田家,朝朝锄在手。但愿得丰年,黎民糊其口。"久雨初晴后,她首先想到的是百姓生计。《示八儿妇》云:"能知稼穑艰难事,方称两家门第高。"认为出身高门,更要懂得底层民众的艰辛。《江北不养蚕,因从越中取蚕种来,采桑饲之,得茧甚多,诗以纪事》曰:"静思吴越中,民妇实可怜。每到春夏交,育蚕胜力田。采桑不辞劳,陌上破晓天。江北蚕独少,求之尚艰难。我取越蚕子,育于楼榭间。……何不教村妇,采桑满陌阡。民风既可厚,民力亦少宽。为语儿女辈,物力当知艰。"她了解到扬州、淮安一带的江北地区,民众养蚕辛苦与获种不易,决定亲自培育新蚕种,向百姓推广,并教导儿女后辈,要知晓百姓艰难,珍惜民力。

孔璐华绘《仕女图》轴
（江都区博物馆藏）

孔璐华兼工绘事。江都博物馆藏有孔璐华的《仕女图》一幅,工笔淡彩,线条流畅,有高古之感。

孔璐华亦知兑酒之法。相传,阮元在漕运总督任上,查勘运河河道,途经宝应,得知德成烧酒坊的烧酒在江淮一带颇有名气,为解途中之乏,阮元让随船的孔璐华前去沽酒。孔璐华用夫君拿出的青铜酒器,将德成烧酒坊的酒重新勾兑,使其酒质如同孔府家酒,且更为香醇。阮元品饮后吟道:"民腾善气春如海,官有清声酒亦贤。"

在阮元女眷中,陪伴阮元最久的是侧室刘文如。刘文如(1777—1847),字书之,号静香居士。巫晨《阮元仪征事》考证:"随江夫人出嫁的媵女刘文如,天长人。"刘文如原为阮元原配江氏的陪房侍女,九岁陪同江夫人进入阮府。到阮家后,陪江夫人念书写字,吟诗作画,受到了良好的文学熏陶,为以后的诗歌创作打下了基础。江夫人病故后,乾隆五十八年(1793),阮元受父命,纳刘文如为妾。

刘文如擅诗文,兼工绘事。著有《四史疑年录》七卷,又有《古列女传诗》。《四史疑年录》是一部历史考据著作。她认为钱大昕《疑年录》系随笔偶记之作,有诸多缺失,如西汉未列一人,东汉仅有郑玄一人。于是遍考正史列传所载人物,订其年岁,如史无明文者,则以前后事迹辗转推算,或约计之。如项籍生于秦始皇十五年,秦二世元年籍年二十四,卒于汉高帝五年十月,知其年三十一。从两汉迄两晋得数百人,编为《汉书疑年录》一卷、《后汉书疑年录》一卷、《三国志疑年录》三卷、《晋书疑年录》二卷。阮元充分肯定刘文如《四史疑年录》的学术成果,亲自为该书编校、作序,对其中存在的问题也予以纠正。

刘文如还有一篇重要文献,是《金石录》的题跋,被藏书家潘祖荫收入《滂喜斋藏书记》。其内容是根据李清照的《〈金石录〉后序》,考察了赵、李夫妇生平中的几个关键问题。刘文如经过一番梳理,推定赵、李两人成亲之日,是双方长辈同官礼部之时。刘文如还对序中所述"建炎丁未春三月,奔太夫人丧南来"提出质疑,认为李清照早就过了知天命之年,是否有再嫁一事,令人生疑。

刘文如留存的诗歌不多,《晚晴簃诗汇》中收录三首。有一首《题养蚕图》,颇有生活气息:"昔年蚕事传余杭,以纸裹种来维扬。一冬霜雪不甚冷,几番任向书楼藏。"诗中记述了养蚕要从头眠到三眠再到抽丝的全过程,表达了对蚕农艰辛的同情。更重要的是,此诗讲述了扬州蚕种是从杭州传来,是当时扬州乡村生产生活状况不可多得的真实记录。

阮元女眷中,还有一位颇有才华的侧室唐庆云。唐庆云(1788—1832),字古霞,吴县(今江苏省苏州市)人。嘉庆七年(1802),唐氏十五岁时为阮元侍妾,婚后无子女。

唐庆云工诗善画,著有诗集《女萝亭诗稿》六卷。嘉庆十九年(1814),在孔璐华的支持与建议下,唐庆云将嘉庆十七年(1812)以前的数百篇诗歌一一刻印,孔璐华为其作序。唐庆云的诗风灵动轻快,能将生活中的些许小事写得生动有趣。如《广州冬夜》:"迟迟钟漏夜初三,新月悬钩影半涵。如此碧天云气淡,依稀风景胜江南。"唐庆云眼中的冬天是暖色调的,诗境清丽温暖。当北方寒风萧瑟、万里雪飘时,广东的冬天却是温暖如春,屋内几缕炉香飘过,如此"碧天云气淡"与故乡相似的环境,引起诗人思乡之情,无一般思乡诗的忧愁之感,而是寄情于景,委婉含蓄,充满张力与想象。

在阮元的支持下,妻妾们吟诗作画蔚然成风,侧室谢雪更为其中翘楚。谢雪(1782—1836),字月庄,号蓉庄,江苏长洲(今江苏苏州)人。嘉庆二年(1797)闰六月,十五岁的谢雪被阮元纳为侍妾,后被封为恭人。孔璐华曾说:"(谢氏)性情幽静,从黄净因夫人学诗,画折枝小幅,颇得恽家风格。闺中唱和之作,宦迹游览之篇,得数百首。"

谢雪工诗,善绘事,尤擅花卉。嘉庆十四年(1809),浙西大稔,曾手绘《蚕豆花图》,阮元为之题,今藏南京博物院。阮元的学生、幕僚陈文述在《画林新咏》里说,嘉庆十一年(1806),他经过扬州,阮元以谢雪所绘陆游"白菡萏香初过雨,红蜻蜓弱不禁风"诗意团扇见赠,并说这是第二幅团扇。谢雪又绘有《太常仙蝶图》,阮元在卷后题有长跋:"壬申春,有异蝶来公之园,识者知为太常仙蝶。恭人祝曰:'如近我,当图之。'蝶果落袖,审视良久,得其形色,乃从容鼓翅而去。爰名园曰'蝶梦'。"谢雪著有《咏絮亭诗草》四卷,嘉庆二十三年(1818)刻本,孔璐华作序,诗风清新自然。

阮元长媳刘繁荣,字涧芳,江苏宝应人。学者刘台拱女,阮元嗣长子阮常生妻。善绘事,工吟咏,曾摘取挈经室诗句分写十六帧。刘繁荣有诗集《青藜馆诗钞》四卷,道光年间刻本。

许延锦(1801—1872),字云姜,号仲绚,阮元之子阮福妻,著名女诗人梁德绳之女。在母亲教导下,许延锦亦擅赋诗,著有《鱼听轩诗稿》。道光十九年(1839)秋日,著名女诗人、《名媛诗话》一书的作者沈善宝与许延锦姊妹等结秋红吟社,沈善宝称许延锦的诗"灵警不可磨灭"。许延锦亦精于鼓琴、篆刻、书法,多妙品。许延锦与清代著名女词人顾太清还有一段渊源,当年,她随阮福住在京城,道光十五年(1835)春,与闺友前往法源寺赏海棠,偶遇顾太清,遂为密友。顾太清以《法源寺看海棠遇阮许云姜、许石珊枝、钱李纫兰,即次壁刻钱百福老人诗韵二首赠之》诗纪此事。顾太清在《东海渔歌》中,多次提到"云姜",可见二人感情之深。

钱德容,字孟端,阮元之子阮祜妻,后病逝于阮元滇南官署,有《德容诗集》。沈善宝《名媛诗话》录其诗作数首。道光十八年(1838)十一月十八日,在阮元的主持下,阮祜再次与嘉兴钱氏联姻,娶钱继芬为继室。钱继芬,字伯芳,为钱楷之女,工诗善画,也是一位才华出众的闺秀,曾在京城结秋红吟社。沈善宝《名媛诗话》、黄秩模《国朝闺秀诗柳絮集校补》收录其诗四首。

阮元爱女阮安(1802—1821),字孔静,孔璐华生。阮安自幼聪颖,曾从钱塘严杰读书,从奉新刘蒙谷学画,从父母、哥嫂学诗,十岁即能诗能画,著有《百梅吟馆诗》。阮安仿元人韦德珪咏梅诗,五言律诗一百首。其诗构思精巧,格律工整,显示了深厚的家学渊源,深得父母喜爱。阮元为阮安《广梅花百咏》题跋:"宋范石湖谱梅至十五种,元冯子振、韦德珪咏梅各百首。予从吴下钞得韦诗,乃至正五年杨铁笛所序七言截句,内子嫌其未工,用五律分咏之。幼女安,时方十余岁,初能诗画,于百题中亦分咏得十六首。乙亥长夏少闲,予又随意写出梅花百题,命安次第咏之,积成一卷,遂名其读书之室为百梅吟馆。"可惜的是,阮安这样一位才女,十九岁时离世,实为一大憾事。

扬州阮氏的才女群体,闺秀文风流被百年,余韵不绝。她们的吟唱,不仅满足了自我的情感表达,也为古城扬州增添了不可磨灭的文学记忆。

第四节　子孙奋进　各有所成

阮元有五子：长子阮常生，系过继来的族中子弟，官至清河道，署直隶按察使；次子阮凯，早夭；三子阮福，侧室谢雪生，官至德安知府；四子阮祜，侧室刘文如生，官至潼川知府；五子阮孔厚，正室孔璐华生，特用员外郎。除了早夭的次子阮凯外，其他四个儿子都走上仕途，也都继承了阮氏风范，官声很好。

阮常生（1788—1833），阮元长子，一作长生，字彬甫、寿昌，号小云，国学生。阮常生是阮慕陈（阮嗣琳）的长子，生母是邵太宜人。乾隆五十八年（1793），阮元妻江氏卒，阮承信命以族子常生为江氏出，过继为阮元之子，行一。阮元请经学家凌廷堪为阮常生之师，学业甚佳。嘉庆元年（1796），阮常生蒙恩授二品荫生。嘉庆二十二年，以荫生引见，授户部福建、陕西司主事，后任实录馆详校官，山东、山西司员外郎，云南司郎中等职。

阮常生耿直清正，服官户曹十五六年，除了正常的俸禄外，虽一丝一粟不敢妄取。他的一件皮衣穿了三十年，见到他人鲜衣怒马，也常常好言相劝，勉励其节俭奉公。

道光元年（1821），阮常生受命襄理宝华峪帝陵前段工程，一车一仆，勤廉自律。外出时，自费雇车，偕同老仆住村民土屋。常常是清晨就赶赴工地，督率工匠施工，天暮方才返回。平时从不与上司、工头胡乱交往，不拿公家的一钱一物。遇有工头送礼求情，总是一律不理。吃喝嫖赌等，从不沾边。

后来,因工程的后段承办人草率从事,兼有侵冒之弊,导致宝华峪地宫渗水,引发了大案。工员多获重谴、法办,抄家的抄家,充军的充军,唯有阮常生耿耿清操,无瑕可议,是极少数大案中未被牵连的官员。人们都称赞他是廉直清正的好官,因其操守清介,他的名声在大案后不降反升。

道光十年(1830),阮常生任直隶永平知府,十分重视教育。清代中期著名的校勘家、名宦卢见曾,于乾隆十二年(1747)在永平府创建了敬胜书院,书院位于永平府卢龙县(今秦皇岛市卢龙县)城内。因为境内有"夷齐读书处"的传说,使得敬胜书院成为读书人的圣地。阮常生对敬胜书院非常重视,集资修葺,又大聘名师,学子云集,一时称盛。

道光十二年(1832),阮常生升任清河道,统管畿南诸河河工,以消减水患、拱卫京师。清河道辖二府、五直隶州,阮常生兢兢业业,一到任便亲自巡视河堤,检查要隘险段,修防堵筑,巩固河防。道光十三年(1833),阮常生兼署直隶按察使,正三品。去州县巡察,总是轻车简从。百姓看到他,都不晓得他是大官。闻风出迎的下属,也往往与他失之交臂。阮常生决狱明允,当时滦河渡船敲诈勒索来往过河的客商,民以为患。阮常生查清事实,严加惩处。此事一传,各渡口之弊乃绝。

阮常生好学深思,通经史,工诗文,善书法。楷书端庄,隶书浑厚,尤其擅长擘窠书,得柳公权笔意。亦工篆刻,铁笔古雅,曾辑录《团云书屋藏印谱》(又名《名人遗印》),现藏于上海博物馆。据上海博物馆孙慰祖《〈团云书屋藏印谱〉小考》一文介绍,此谱为连史纸钤本,后重新装订成册,计八十页,印一百六十二方,多为清代屠倬、王锡原、梁同书、江青、赵贤、汪彤云等钱塘名士的用印。其中有丁敬、黄小松等浙派前辈的珍贵印作。谱中收录屠倬自用印最多,计四十七方,是研究清代著名篆刻家屠倬的宝贵资料。

阮常生在书籍刻印上亦有贡献。嘉庆十一年(1806),刻《刘端临先生遗书》;嘉庆十三年,又刻《刘端临先生遗书》续刊本。乾隆进士、广东学政钱大昕所撰《恒言录》，生前未能刻版，嘉庆十年，阮常生承阮元训示，据原稿和乌程张鉴的补注，刊刻行世，并撰《序》宣传，日后收入《文选楼丛书》。阮常生还曾编著了《雷塘庵主弟子记》第三、四卷。

阮常生还著有《后汉洛阳宫室图考》及《小云吟馆诗抄》。《群雅集》评价阮常生的诗作："高秀爽朗，方轨先正。"

道光十二年（1833）春，阮元继室孔璐华病故于云南，阮常生悲恸不已，忧劳致疾，加之误于医药，卒于任所，年仅四十六岁。此时，阮元正在北京，见君面圣时，据实汇报了夫人和长子相继去世的情况，道光皇帝安慰他说："尔夫人自然也，年老尚是人家常事，惟尔子可惜，他是个材料。"

阮常生去世后，因生父阮嗣琳葬于北湖常生桥（今扬州市邗江公道镇常生圩），故而阮常生初葬于公道镇常生桥畔。道光二十一年（1841）十二月初五日，阮元命长孙阮恩海将阮常生迁葬于仪征白羊山。

阮常生娶宝应刘台拱长女刘蘩荣为妻，生有五子一女。长子阮恩海，甲辰恩科举人；次子阮恩洪，郡庠生，候补知县，署浙江常山县事；三子阮恩浩、四子阮恩畴、五子阮恩喜，俱为庠生。女阮恩滦，幼从母亲受教，能画，尤擅琴，阮元呼为"琴女"。阮恩滦于咸丰元年（1851）为杭州诸生沈霖元室。咸丰三年（1853）太平军逼近江浙，阮恩滦随君姑避居董湾，此时已患咯血之疾，日趋清弱。翌年，"琴女"因惊惧而卒于杭州。

阮福（1801—1875），阮元三子，字赐卿，一字小芸，号喜斋。阮福出生时，适逢阮元得御赐"福"字，并鹿肉、狍肉、野鸡等，遂名"福"。阮福幼承庭训，后受教于著名学者江藩、凌曙，博雅好古。道光三年（1823），寄读于学海堂。阮元曾以《文笔策问》课学海堂士子，先叫阮福拟对。道光七年（1827），"以大臣之子，理当纳资"，阮元为阮福捐纳郎中。道光二十九年（1849），由吏部拟选，阮福任甘肃平凉知府，后转任湖北宜昌知府。

阮福著述颇丰，且涉猎广泛，涵盖经学、史学、金石学、文学等多个领域。代表作《孝经义疏补》十卷，是其在经学领域的主要成果。该书博纳广采,补阙备异,精于校勘,是一部乾嘉汉学影响下较为纯粹的学术性专著,具有重要的研究价值,后人誉之为《孝经注疏》流传史上的又一里程碑。舒大刚《儒学文献通论》谓,该书使《孝经注疏》"文字得到校正,内容得到补充,讹误得到纠正,体例得到调整,渊源也得以厘清"。

道光六年(1826),阮福随阮元在云南写成《普洱茶记》。文章虽只有短短的八百多字,却介绍了普洱茶的渊源、六大茶山、贡茶案册、采摘时间及相应名称等多方面的知识。尽管此后涌现出无数关于普洱茶的专著或文章,却无法与这篇小文媲美。

阮福对金石学亦颇有研究,著有《两浙金石志补遗》一卷。道光六年,阮福随父到滇后,即受父命寻访、精拓《爨龙颜碑》。日后又访得四种,在父亲的指导下撰成《滇南古金石录》,详述了自己留心收藏的自汉至唐各种碑刻和有铭文的各种古器物的拓片及实物,有《刘宋爨使君碑》《唐王仁求碑》《南诏德化碑》《崇圣寺钟款》《前汉货布》等,书中附有阮福跋文及诸家题跋。

阮福在文论方面也有所研究,所辑《文笔考》收录了阮元《揅经室集》中论文笔、文韵之作四篇,阮福自己的文稿及学海堂诸生的考论等。

在诗文创作与整理方面,阮福撰有《归里诗草》一卷、《鱼听轩诗稿》一卷、《小琅嬛诗文草》一卷、《小琅嬛仙馆诗草》一卷、《小琅嬛主晚年诗稿》一卷,辑有《楚北武闱监院煎茶诗》一卷附录一卷、《珠江送别诗》一卷、《广西庚辰三元诗事》一卷。现存的均为《仪征阮氏遗稿》稿本,南京图书馆有藏。

阮福的小琅嬛仙馆刻有多部清代学者著述的书籍。清代齐召南撰《历代帝王年表》十四卷,现存的《文选楼丛书》本即为阮福刻本;清代钱大昕撰《宋辽金元四史朔闰考》二卷,有嘉庆二十五年阮福刻本,复旦大学图书馆、辽宁省图书馆有藏;清代钱曾撰《读书敏求记》四卷,有道光五年小琅嬛仙馆刻本,国家图书馆、天津图书馆、湖南图书馆等有藏。除了刻书,阮福

《爨龙颜碑》拓片（昆明市博物馆藏）

还有一些校勘成果,如焦循的《雕菰集》二十四卷,阮福受父之命校勘该书,于道光四年(1824)刊刻发行,并为该书作跋,影印的跋语页收录于《清代诗文集汇编》。阮福还曾随父参与了《皇清经解》的编刻和《揅经室外集》(亦称《四库未收书提要》)的编纂工作。

阮祜(1804—1870),阮元四子,侧室刘文如生。因为其出生时的居所"受祜堂"乃康熙帝御书匾,即以此命名。其师凌曙是乾嘉道时期的经学家、礼学家。

阮祜在其父去世之前,通过了道光二十三年(1843)癸卯恩科顺天乡试,成为举人,被道光皇帝钦点为刑部山西司郎中。咸丰三年十二月,以举人任四川潼川知府,后于咸丰八年五月、九年,同治四年闰五月三度回任。

"阮元"款大理石屏(扬州博物馆藏)

阮祜与其父阮元合编有《石画记》五卷,其中后两卷为阮祜所作。

在云南大理石的开发、收藏、鉴赏史上,阮元是最重要也是最为关键的人物之一,而阮祜出力甚多。大理石以产云南大理点苍山而得名,又名点苍石、云石,黑质白章,纹路如山峦、云气,和米家山水意境最合,是制作屏风、桌面的上好材料。明代徐霞客曾叹曰:"故知造物之愈出愈奇,从此丹青一家,皆为俗笔,而画苑可废矣。"阮元任云贵总督之时,对大理石画爱之成痴,和儿子阮祜收藏了数百块大理石画,还把大理石画《吴道子降魔图》等寄回家乡扬州,并为其题咏"画家粉本入石骨,诗人魄力通天根"。

阮元、阮祜著《石画记》五卷,首次将大理石屏定名为"石画",收集了阮元以及友人收藏的数百件大理石屏精品。该书视角独特,以云南点苍山产的大理石屏为主要鉴赏内容,石中有画,画中有诗,以画赏石,并按照品鉴书画藏品的格式,冠以题铭,标以尺寸,述以画意,咏以诗文,在谱录类艺术史上独树一帜。书中录石五百一十片(另十三片),撰写文字三百九十一篇,多以唐宋诗词和宋元绘画破题品鉴,虽然没有图绘形象,却让人身临其境,如见风采。

阮孔厚(1805—1862),阮元五子,原名阮祎,孔璐华生,一品荫生,特用员外郎,诰授奉直大夫、例授朝议大夫。妻彭氏,彭希濂女。阮孔厚参与了《雷塘庵主弟子记》卷七的撰写。

任两广总督时,阮元曾到钦州阅兵,这儿是阮元祖父阮玉堂最后的任所,阮元即兴写了一首示儿诗,云:"后人有庆先人德,文武科名岂易哉!"在京都,阮元听诸子夜读,甚为高兴,作《听福、祜、孔厚诸儿夜读》诗:"秋斋展卷一灯青,儿辈须教得此情。且向今宵探消息,东窗西户读书声。"阮元还书写楹联"欢喜性生方嗜学;和平心定即修身"悬挂于塾中,以资鞭策。阮元的道德文章影响了一代又一代人,其子孙也都是承继家风,勤勉奋进,各有所成。

第五节　家族互助　情深谊厚

古人家族意识很强,阮玉堂来扬州郡城之前,住在北湖。中武举后离开了北湖,但阮氏家族中的大部分人还在北湖聚居。到了阮元少年时期,北湖族人与阮元已经是三代之外,但仍属一个家族,论起辈分,都是族祖、族叔、族兄,阮元常去走动。

在长辈中,有一位对阮元帮助较大的从叔,他就是阮元称之为"北渚二叔"的阮鸿。

阮鸿(1760—1843),字遥阳,又字湘南,号北渚,是阮氏十六字辈排行中的"承"字辈,是阮元的堂房叔叔。阮鸿在兄弟中排行老二,故阮元称其为"北渚二叔"。其实,论年龄,阮鸿只长阮元四岁。

乾隆五十八年(1793),阮鸿入京应试,虽名落孙山,但品学优长。他与阮元会于京师时,都是三十岁左右的青年,两人学问识见相仿,情趣爱好投缘。后来,阮元在山东、浙江学政任上,聘请他帮助处理阅卷诸事。

阮鸿与阮元虽为叔侄,实是挚友,二人情谊深厚,相互信任、相互依赖。阮鸿对阮元帮助较大。一是在阮元山东、浙江学政任上,充当幕僚,帮助阅卷。二是在阮元任巡抚浙江期间,主持扬州阮氏家庙及宅第的建造、监督等事宜。三是按阮元之意撰写制定了《阮氏义产章程》。此后,阮鸿没有再随阮元宦游,专心打理族中产业,族中大事,如婚嫁、养老、丧葬、祠墓等等,都由他来筹定。

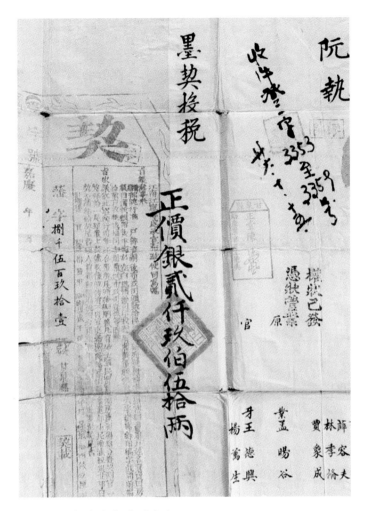

阮元家庙东宅购置房契

道光二十三年（1843）四月二十七日，阮鸿在扬州北湖公道桥家中去世，享年八十四岁。阮元亲往祭奠，在公道阮氏祠堂书写了挽联："鲁浙试文章，杜绝院棚关节；江湖种芦稻，筹开祭赡章程。"上联是对阮鸿在山东、浙江辅助阮元披览阅卷、公正严明、拒收托请的赞赏，下联是对阮鸿主持建造扬州阮氏家庙和执办《官批阮氏义产章程》表示感激。

阮鸿七十岁后号蛰室老人，著有《蛰室集》四卷、《山左笔记》一卷。生有三子，长子阮克（1812—？），字敬斋，国学生。次子阮先（1814—1893），字慎斋,一字慎言,曾以国学生应顺天乡试,特赏六品衔詹事府主簿,著有《扬州北湖续志》六卷。三子阮充(1826—1892),字实斋,号云庄,别署碧香吟馆主人。年少好学,风流儒雅。年十七即患咯血症,遂绝意试场,养疴故里,寄兴湖山,专以笔墨自娱,工诗善画,精篆刻。著有《云庄印话》一卷、《云庄文集》四卷、《云庄诗存》三卷、《北湖竹枝词》一卷、《碧香吟馆笔谈》二卷、《扬州鼓吹词续编》一卷、《赤湖杂诗》一卷,以及《云庄唱和录》《云庄题赠录》等,另辑有《北湖耆旧集》六卷。

在家族中,还有一位族人与阮元私交甚密,在学问上相互切磋,他就是阮元的族姐夫焦循。

乾隆四十三年(1778),阮元第一次到仪征县学应童子试,虽然没有被录取,并没有过多沮丧。相反,他考试完毕后,就去北湖游玩了。族伯阮承勋请他吃饭,同席还有一个少年,比阮元大一岁,与阮元谈得来,是小时候一起玩的,这个少年就是焦循。

焦循的家在北湖黄珏桥,阮氏家族定居在北湖九龙冈,两地隔着湖。焦循后来于嘉庆十三年(1808)撰写《北湖小志》,请回扬丁忧的阮元作序。焦循后来去阮元的山东学政署做幕宾,接着又跟着阮元去了浙江学政署。嘉庆六年(1801),焦循中举。嘉庆七年(1802)正月,赴北京参加礼部考试,不第。四月,焦循在北京拜访了朱珪,朱珪对他的学问大加赞赏。

嘉庆七年(1802)秋,时任浙江巡抚的阮元检查海盐县的仓储情况,发现地方官送呈的账册不实,就请焦循细加核算,原报三百五十石的存谷,实为二百五十五石三斗,少了九十四石七斗。阮元了解到地方官中许多人不谙数学,不能察觉出胥吏作弊,就与焦循研制出简明实用的测量法,名为"依斗定尺议"。依此法制定出标准的"丈尺",一存藩署,一存抚署。再复制出若干,每县配发一把,命各地知县学习使用。新"丈尺"颁发后,方便实用,米谷仓储再也不被不法胥吏欺蒙。

阮元在《通儒扬州焦君传》中对焦循评价极高,称他为通儒,将其列

阮元赠焦循书法山水折扇 (浙江省博物馆藏)

阮元赠焦循书法山水折扇背面

入儒林。

阮元还有一位过从甚密的族弟,叫阮亨。阮亨(1783— 1859),字梅叔,号仲嘉。过继给阮元二伯父阮承义为嗣子。阮亨虽是阮元堂弟,但年龄相差近二十岁,与阮元的长子阮常生年龄相仿。阮亨是少年才子,品学端方,诗文精敏。年未弱冠,即能诗歌,为艺林传诵。十六岁时,随阮元宦游京师,作《蕉花曲》:"小栏定有吟花客,浅碧罗衫一样长。"一时传诵京城,人称"阮蕉花"。后来跟随阮元在浙江巡抚衙署做幕宾,浙江的儒林士子争相与他作诗唱和。咸丰元年（1851）举孝廉方正，不就。

阮元的母亲林氏，家在扬州西山陈家集。那里有阮元的外公、外婆、舅舅、表兄弟们，阮元也常去走亲戚。阮元的堂舅父林苏门（1748—1809），字步登，号啸云、兰痴，甘泉人。林苏门曾在衍圣公府做事，阮元出任山东学政时，他辞了孔府的差事，到阮元学政署中做幕宾。后来阮元去浙江做学政、当巡抚，他都陪伴左右。阮元丁忧回扬州，他亦回扬，就住在文选楼。在此期间，林苏门撰成《邗江三百吟》。阮元复任浙江巡抚，他又跟随前往。

阮元表弟林述曾（1764—1819），字季修，号小溪，甘泉人，是阮元三舅父的长子。林述曾跟阮元同龄，曾在阮元的巡抚衙署做幕僚，后出任浙江武康知县，在任六年。因觉得做官束缚自我，便辞官还乡。临行作诗留别，云："归家高卧梦魂安，只仗清风两袖还。"嘉庆五年，阮元在浙江巡抚任上指挥剿灭安南海盗和凤尾帮海匪，战果辉煌。林述曾负责将士的后勤保障，使得阮元无后顾之忧。林述曾有诗《庚申六月外兄阮芸台中丞台州平海大捷纪事》表示祝贺。阮元八十多岁时，回顾四十多年前的往事，想到表弟林述曾，仍不禁老泪纵横。

第六节　当代翘楚　风范传承

当代阮元家族的后人中，阮元五世孙，同济大学教授，著名学者、建筑规划专家阮仪三是杰出代表。

阮仪三曾经深情回忆说："我虽生长在苏州，但我的父、母以及祖辈都是扬州人，许多亲戚都在扬州，因此能说一口道地的扬州话。抗战初期逃难到扬州，住过一段时间，那时我年纪还很小，但留下忘不了的印象。父辈们引以为自豪的是我家是阮元的后代，带我去过太傅街，看过阮家祠堂，也拜谒过阮元墓。依稀记得离城很远，要坐独轮车，吱呀、吱呀走不少的路……"

阮仪三，1934 年 1 月出生于苏州西美巷，上面还有两个姐姐。阮仪三刚满月，住在扬州的老祖父还专门赶到苏州吃满月酒。1938 年，四岁的阮仪三随着父母从苏州逃难回扬州。逃难中，阮仪三的弟弟在扬州一处竹园出生。扬州城很快也被日本人占领，母亲就带着他们逃到祖籍公道镇。后来，阮仪三在扬州城念了半年私塾，就住在常府巷。战事平息后，阮仪三回到了苏州。1951 年，阮仪三报名参加了海军。1956 年 9 月，考进同济大学建筑与城市规划系，师从著名古建筑园林艺术专家陈从周、著名城市规划学家董鉴泓两位教授。1961 年毕业留校任教。那时的他借着帮老师编写《中国城市建筑史》的机会，跑遍了全国各地，一路走来，他被众多保存完好的历史遗迹深深折服，从而爱上了中国古代建筑学科，并将研究和探索保护古代建筑作为终身事业。他从教数十年，兢兢业业，硕果累累，桃李满天下，成为学界翘楚。

阮仪三历任建设部同济大学国家历史文化名城研究中心主任,同济大学建筑城规学院教授、博士生导师,中国历史文化名城保护专家委员会委员。20世纪80年代以来,阮仪三努力促成平遥、周庄、丽江等众多古城古镇的保护,因而享有"古城卫士""古城保护神""都市文脉守护者"等美誉。其主要著作有《护城纪实》《护城踪录》《江南古镇》《历史文化名城保护理论与规划》等。其实践和理论在中国建筑史、人文发展史上都具有十分重要的意义和影响。

为保护中国古建筑,阮仪三留下许多感人的故事。改革开放之初,旧城拆迁改造之风刮到了山西晋中。富裕的太谷县拥有着丰富的历史遗存,却被稀里哗啦拆毁了。平遥县相对落后,只是把城墙拉开了几百米的豁口。正当一百八十幢明清建筑面临着生死存亡时刻,阮仪三赶到了平遥,直奔当地政府部门,可是没人理他。于是,他找到省建委主任,当场承诺"只要停工一个月,我们就可以免费制定建设规划,并帮助实施"。在一番苦口婆心的劝说下,当地相关部门终于同意了阮仪三的请求。随即,他带着十二名学生在平遥搞测量、做规划,又将当地文物保护的技术人员请到同济大学免费培训。他还邀请了国家城市规划和文物保护部门的权威人士,与省政府主管部门的负责人一道到平遥考察,争取到了保护经费。建设部总工程师郑孝燮和文化部文物处处长罗哲文十分感动,在阮仪三的规划书上写下"这是刀下留城救平遥"的批文。终于,规划被山西省建委批准了,平遥古城被救了下来。据说,山西相关部门为感激阮仪三"刀下救平遥"的壮举,曾几次上门赠金答谢,都被阮仪三一再婉拒。他这种务实、清廉的精神正是继承了先祖阮元的风范。

20世纪80年代初,随着苏南乡镇企业的快速发展,各地开始了拆旧翻新的基础建设,众多江南古镇面临存亡危机。当时,江南一带古镇有一百七十个,阮仪三深入乡镇调研,发现很多古镇在公路沿线,一开路就大拆迁,把老房子推掉,把老河填掉,把老桥拆掉。看到这种状况,阮仪三心急如焚,主动找到乡镇领导,提出要有古镇保护规划,要按照保护规划搞开发建设。对于阮仪三的保护理念,很多地方管理者不能理解,拒绝接受。于是阮仪三改变了策略,不再找交通沿线的古镇,转而寻找一些交通不发达、乡镇企业办得慢,开发意识比较淡薄的古镇。

　　当时还很偏僻的周庄,保存着良好的传统民居生态,吸引了阮仪三。他主动提出免费做规划,希望能按规划搞建设。他提出的规划方案是,先保护古镇,然后在古镇外面发展工厂。为了体现诚意,阮仪三还将申请到的五千元科研经费投入到周庄的规划设计上。其时,为了进一步发展旅游,有人提出要修建一条公路,从周庄的西北侧穿镇而过。此举会把周庄的古镇格局完全破坏,阮仪三坚决反对:"要开公路,先让车从我身上轧过去。"面对阮

20 世纪 80 年代初,阮仪三(左)在常州淹城勘察

仪三的坚决抵制,那条路最终作罢。

为保护古镇周庄,阮仪三多方奔走,数次往返周庄、北京两地,最终为周庄探索出了保护与开发并重的"周庄模式",为建设"中国第一水乡"奠定了基础。后来,阮仪三成为苏州市的政府顾问、周庄的总规划师。

阮仪三一直坚持倡导古城保护中人是最关键的,有人在,古镇就在。水乡古镇的保护与修缮,要最严格地坚持对原真性的保护,而不是博物馆式的陈列。江南水乡古镇,灵魂在于水,古镇的历史河道,该恢复的也应尽量恢复,保证它的原汁原味,一味迎合旅游市场的发展是不可取的。乌镇是著名作家茅盾的故乡,古韵十足。当年,阮仪三拿着文化部的介绍信来到乌镇做保护规划,阮仪三坚持"保护为第一要务,保护与开发并举,开发是为了更好地保护"原则,在乌镇总结出一整套经验和方法,被联合国和外国专家称之为"乌镇模式"。

在国家首批"全国十大历史文化名镇"中,有五个镇的保护规划出自阮仪三之手,这就是周庄、同里、甪直、乌镇和西塘。如今,这些古镇的基础设施都更新了,旅游也发展了,古镇依旧保持着它原有的风貌。古镇得到经济效益后,老百姓对家乡也有了感情,许多年轻人不再出去打工,原住民的第二代、第三代都乐意在古镇安居乐业,给古镇带来新的生机和活力。

阮仪三对第二故乡苏州知根知底,更是尽责尽力地参与保护与建设。

1961年,大学三年级的阮仪三,毕业设计选题就是苏州市中心规划。1986年,已是同济大学教授的阮仪三,率一批研究生和本科生与苏州市规划局合作,共同研究苏州古城保护。师生们收集了第一手科学系统的数据资料,对苏州古城及一些特殊的街坊,提出了保护与更新相结合的规划。此后,又将几个街坊列为毕业设计课题,被列为苏州第一批保护与更新相结合的试点工程。1996年,阮仪三又制定了苏州平江历史街区的保护规划,向国家申请到专项保护资金。2006年,平江街区的保护项目获得联合国教科文组织亚太地区文化遗产保护奖。同时进行规划的还有苏州城西的山塘街历史街区。

上海是阮仪三的第三故乡,同济大学又是他成才出成就的摇篮。他对国际大都市上海的保护规划也作出了杰出贡献。

1991年,他受上海市规划局委托,制定上海历史文化名城保护规划。当时学术界对上海的城市特点有不同的看法,他针对性地提出科研课题"上海历史文化名城的特色要素分析",总结出上海城历史发展的四大阶段:以港口航运而兴的发展阶段、以租界为中心的发展阶段、以商贸金融为主导的发展阶段、面向全国和国际的全方位发展阶段。他还为上海归纳出如下特征:近代产业经济的崛起地、近代金融商业的根据地、近代科学技术的引进地、近代人文史迹的富集地、近代优秀建筑的荟萃地。他的观点受到业界的一致好评,科研课题获得了上海科技进步奖。在上海,阮仪三还参与制定了提篮桥、外滩、南京路、老城厢地段及石库门的保护和发展规划。

几十年来,阮仪三出版了三十多部专著,他带领的团队完成了大小近百座古城镇的保护规划,赢得了国内外多个嘉奖。1998年,他获得建设部优秀城市规划一等奖;2000年,获得法国文化部"法兰西共和国艺术与文学骑士勋章";2003年,获得联合国教科文组织亚太地区遗产保护杰出成就奖;2008年,第44届国际规划大会在大连召开,"阮仪三基金会"获国际规划界最高奖,其"大运河保护与研究"项目获国际规划协会的最高荣誉——杰出贡献奖;2008年,由阮仪三任技术顾问、同济大学主持的福建土楼保护规划项目,获联合国教科文组织亚太地区文化遗产保护杰出奖;2011年6月,他又获"文化中国十年人物大奖"。

万古流芳昭祖德,千秋垂泽纪宗功。阮仪三与其先祖阮元一样,将理论与实践有机结合,坚持实事求是、经世济用,为当代中国的城乡建设做出了巨大贡献,是阮氏家族的当代翘楚。

主要参考文献

〔清〕阮亨《瀛舟笔谈》，嘉庆二十五年（1820）刻本。

〔清〕徐珂编撰《清稗类钞》，中华书局1984—1986年版。

〔清〕陈康祺撰，晋石点校《郎潜纪闻初笔·二笔·三笔》，中华书局1984年版。

〔清〕梁章钜等撰，白化文、李如鸾点校《楹联丛话（附新话）》，中华书局1987年版。

曹永森主编《扬州民间故事集》，中国民间文艺出版社1989年版。

〔清〕阮元撰，邓经元点校《揅经室集》，中华书局1993年版。

王章涛《阮元传》，黄山书社1994年版。

〔清〕张鉴等撰，黄爱平点校《阮元年谱》，中华书局1995年版。

王章涛《阮元年谱》，黄山书社2003年版。

刘永龙编著《太傅阮元的故事》，天津古籍出版社2003年版。

梁启超《中国近三百年学术史》，天津古籍出版社2003年版。

王章涛《阮元评传》，广陵书社2004年版。

郭明道《阮元评传》，社会科学文献出版社2005年版。

胡文楷编著，张宏生增订《历代妇女著作考：增订本》上海古籍出版社2008年版。

〔清〕黄秩模编，付琼校补《国朝闺秀诗柳絮集校补》，人民文学出版社

2011 年版。

金丹著《阮元书学研究》，荣宝斋出版社 2012 年版。

〔清〕梁章钜撰，吴蒙校点《浪迹丛谈·续谈·三谈》，上海古籍出版社
2012 年版。

欧忠荣《三老砚事考》，文化艺术出版社 2014 年版。

〔清〕阮元撰，沈莹莹点校《揅经室集》，北京大学出版社 2016 年版。

〔美〕马士著，区宗华译《东印度公司对华贸易编年史（1635—1834
年）》，广东人民出版社 2016 版。

扬州博物馆编《阮元研究国际学术研讨会论文集》，文物出版社 2016
年版。

〔美〕魏白蒂著，朱已泰、朱茜、许志强等译《清中叶学者大臣阮元生平
与时代》，广陵书社 2017 年版。

〔清〕焦循著，〔清〕阮先辑，孙叶锋整理《北湖小志·北湖续志·北湖续
志补遗》，广陵书社 2017 年版。

颜广文、关汉华《论阮元与〈广东通志〉的编纂》，《华南师范大学学报
（社会科学版）》2000 年第 3 期。

毛丽娟《阮元的方志思想》，《中国地方志》2014 年第 6 期。

黄政《哈佛大学所藏〈山东学政阮芸台示生童书目〉考论》，《古典文
献研究》2017 年第 1 期。

伍玉西《鸦片战争前英国对中国司法主权的破坏——以"伶仃岛事件"
为中心的研究》，《韩山师范学院学报》2018 年第 1 期。

夏勇《论〈两浙輶轩录〉的编纂特征与历史定位》，《杭州电子科技大
学学报（社会科学版）》2021 年第 2 期。

郭英夫《嘉道时期两广总督阮元对外交涉述析》，《历史档案》2022 年
第 4 期。

后 记

　　2024 年是阮元 260 周年诞辰。为隆重纪念这位扬州先贤，并以阮元的为人风范、从政业绩、治学成就等启迪今人，促进当代廉政文化建设、地方文史整理和社会的进步与发展，由广陵区政协牵头、广陵区纪委参与共同策划、组织了《话说阮元》一书的编纂出版工作。在各方面的共同努力下，本书如期出版问世。

　　本书以机关干部和普通市民为主要阅读对象，力求做到既有教育性，又有可读性。考虑到当代读者生活节奏快、阅读时间短、追求信息量大的特点，本书采用"化整为零、积零成整"的方式进行编撰，以便读者能够在较短的时间内读完一节，从一个个具体生动的故事入手，日积月累地读完全书，进而全面了解阮元各个方面的业绩和成就。全书分为六章、三十六节，每一章讲述一个主题，每一节讲述一个或一组较为完整的事项和事迹，章节之间相对独立，但又承上启下，如同串珠，构成全书。本书采用了一个篇章邀请一位主撰人（可邀约他人合作）的方法进行写作。具体的写作分工与各个篇章的作者是：第一章：巫晨；第二章：方亮、王海华；第三章：曹永森、陈楠；第四章：郭院林；第五章：罗加岭；第六章：阮锡安、朱广盛；全书总纂由曹永森负责。

　　在本书策划、编纂和出版过程中，广陵区政协主席王峰、广陵区纪委书记傅颖等相关领导全过程地予以关心和指导；阮元五世孙、同济大学教授、全国著名古建保护专家阮仪三先生及阮元研究著名学者王章涛先生欣然为本书写序，王章涛先生还在百忙中审阅了全书；广陵区政协教文卫体和文史委、广陵区文联、阮元文化研究中心、广陵区摄影家协会参与了本书的组织策划，并在资料征集、图片摄影等方面予以了大力支持；广陵书社副总编辑刘栋与编辑部主任金晶为本书的编辑出版增补不少资料并提出了许多有益的建议，使得本书有了较好的品质保证。在感激之余，对于书稿存在的不足之处，也恳请专家读者予以指正；对社会各界和相关人士的奉献、关心和支持，在此一并表示衷心的感谢！

编　者

2023 年 12 月